广西审判实务与探索

2021年　第3辑　总第21辑

卢上需／主编

GUANGXI JUDICIARY
PRACTICE AND STUDIES

法律出版社
LAW PRESS·CHINA
北京

图书在版编目(CIP)数据

广西审判实务与探索. 2021年. 第3辑 : 总第21辑 / 卢上需主编. -- 北京 : 法律出版社, 2022
ISBN 978-7-5197-6688-7

Ⅰ. ①广… Ⅱ. ①卢… Ⅲ. ①法院-审判-工作-研究-广西 Ⅳ. ①D926.22

中国版本图书馆CIP数据核字(2022)第069394号

广西审判实务与探索(2021年第3辑)(总第21辑)
GUANGXI SHENPAN SHIWU YU TANSUO
(2021 NIAN DI 3 JI)(ZONG DI-21 JI)

卢上需 主编

责任编辑 章 雯 慕雪丹
装帧设计 汪奇峰

出版发行 法律出版社
编辑统筹 法商出版分社
责任校对 赵明霞
责任印制 胡晓雅
经　　销 新华书店

开本 710毫米×1000毫米 1/16
印张 18　**字数** 318千
版本 2022年8月第1版
印次 2022年8月第1次印刷
印刷 固安华明印业有限公司

地址:北京市丰台区莲花池西里7号(100073)
网址:www.lawpress.com.cn
投稿邮箱:info@lawpress.com.cn
举报盗版邮箱:jbwq@lawpress.com.cn
销售电话:010-83938349
客服电话:010-83938350
咨询电话:010-63939796

书号:ISBN 978-7-5197-6688-7
定价:48.00元

凡购买本社图书,如有印装错误,我社负责退换。电话:010-83938349

《广西审判实务与探索》编辑委员会

目　录

Contents

专题策划

改革探索

司法调研

司法论坛

案例分析

专题策划

论一站式多元解纷机制建设

杨晓春*

多元化纠纷解决机制是指一个社会中多种纠纷解决方式（包括诉讼与非诉讼两大类）并行，特定的功能相互补充、相互协调所构成的一种满足社会主体多种需求的程序体系和动态调整系统。我国的多元化解纷机制，不仅注重纠纷疏导与分流，更侧重于对纠纷的预防和从源头化解。通过对社会治理资源的有效整合，把国家权力和社会力量紧密地结合在一起，充分发挥纠纷解决的不同主体的特定作用，从源头上化解纠纷，预防纠纷产生。2019年8月最高人民法院出台《关于建设一站式多元解纷机制　一站式诉讼服务中心的意见》指出，到2020年年底，全国法院要基本健全一站式多元解纷机制。所谓一站式多元解纷机制，就是在法院主导下，集中、融合多种资源，让纠纷当事人享受到一次性完成或一步到位的便捷服务，同时达到公正、高效、便捷、低成本地解决矛盾纠纷的目标。2021年5月最高人民法院出台的《诉讼服务指导中心信息平台质效评估指标体系2.0+版》指出，2021年年初，全国法院已基本建成一站式多元解纷和诉讼服务体系，2021年将重点巩固、深化一站式建设成果，进一步突出诉源治理、多元解纷工作的重要地位。

---

* 杨晓春，广西壮族自治区桂林市中级人民法院院长，原广西壮族自治区河池市中级人民法院院长。

一、一站式多元解纷机制的时代价值

（一）满足人民群众日益增长的多元化司法需求

随着我国法治建设的发展，公民的法律意识也不断增长，导致诉讼案件逐年递增。我市法院受理案件量从2016年的26951件到2020年的40423件，平均每年增加了2694.4件。社会矛盾的快速增长造成司法资源的短缺，让利用司法途径化解纠纷更加艰难，同时人民群众的多元司法需求也不断增加，导致创新纠纷解决机制变成社会的迫切需要。另外，部分公民在解决社会纠纷时更偏好将诉讼作为其解纷的第一渠道甚至是唯一选择。但是，有限的司法资源无法及时有效地解决人民群众日益增长的司法需求。并且因为司法有其局限性，如强制性、对抗性、高成本、周期长等，并不是所有的冲突都适合用诉讼机制化解。一站式多元解纷机制强调非对抗、效率、便利、协商、低成本等价值，追求以疏导为主的矛盾纠纷解决理念，通过当事人的平等协商、有效参与、化解和预防各类矛盾纠纷。这种机制不仅有利于矛盾纠纷的化解，更是从根源上保证了法律效果和社会效果的统一。同时，一站式多元解纷机制注重各个部分相互间的动态平衡与环节上的删繁就简、标准上的规范统一，从效果上要求一回办好、一次化解。通过形成诉与非诉协调联动模式，对各环节、标准以及效果严格要求，充分发挥行政调解、人民调解等多样化途径化解矛盾纠纷的优势，在纵向上解纷方式间互相补充，在横向上解纷主体间互相配合，使纠纷解决机制具有层次性、整体性、有序性。既顾及了“情、理、法”的各个层面，能够满足不同诉求主体的各种需求，又能便捷有效地化解各领域矛盾纠纷，促进社会稳定和谐。

（二）整合社会力量，促进司法资源合理化配置

一站式多元解纷机制以综治协调、多元共治为原则，要求人民法院建立完善社会矛盾纠纷排查化解对接机制，实现信息互通共享，进一步满足群众解纷需求，压降矛盾化解成本。坚持主动融入党委和政府领导的诉源治理机制建设，发挥法院在诉源治理中的参与、推动、规范和保障作用。坚持加强与行政机关的联系，支持行政机关依法通过行政和解、行政调解手段解决纠纷，加强对人民调解工作的指导，加强与仲裁机构、公证机构，行业调解组织，商业调解组织的衔接，充分发挥各方专业能力解决冲突和纠纷。这种各司其职、相互补充配合的综合纠纷解决模式贯穿纠纷的产生、发展、灭亡各个阶段，在纠纷矛盾逐渐多样化、复杂化的情形下，比法院“单打独斗”的诉讼解决模式，更加符合社会治理现代化的实质内涵。一站式多元解纷机制使社会治理责任更加明确、更加细致，诉讼不再是解决纠纷的唯一途径，落实了诉讼是纠纷解

决最后一道防线的理念，使纠纷解决满足人民群众低成本、高效率、公平正义的期待，社会治理效果更好。

（三）促进国家治理水平和治理能力现代化

目前，我国正处于从社会管理向社会治理的新时期国家治理体系变革中，社会治理强调整合各种社会资源，充分调动各类社会主体解决争端的积极性，实现共同参与、共同合作、共同治理的现代治理体系。一站式多元解纷机制的重要理念，即是强调在进一步明确人民法院在促进我国治理水平和治理能力现代化过程中的职能作用的基础上，加强诉讼与非诉机制的合理衔接，完善流程与制度设置，维护社会秩序。所以推进一站式多元解纷机制建设，有效整合各类纠纷解决资源，共同参与更加多样化的矛盾纠纷化解，充分契合新时期对于纠纷多元化解的现实需求，对实现国家治理体系和治理能力现代化具有重要意义。

二、构建一站式多元解纷机制的实践

（一）加强解纷平台建设，构建多元联动解纷网络

强化多元纠纷化解平台建设，将法院、公安、司法、基层社会组织等部门力量进行资源整合，建立多层次、多途径、立体化纠纷解决机制。联合有关部门出台推进多元解纷文件，加强与调解、仲裁、公证、行政复议等的程序衔接，健全完善行政裁决救济程序衔接机制。畅通与工会、共青团、妇联、法学会、行政机关、仲裁机构、公证机构、行业协会、行业组织、商会等的对接渠道，加强数据协同共享，指派专人开展联络工作。加强在立案、审判、执行、信访数据上与各解纷主体的数据协同共享，畅通与社会团体、行业协会，行政机关的对接。支持当事人进行诉前调解，完善司法确认与调解组织的衔接机制，充分发挥人民调解，专业调解、行政调解等诉前解纷作用。通过与各解纷主体建立联动衔接机制，构建多元联动解纷立体化网络，推动司法资源重心下沉，整合资源，做到一站式解决纠纷。

（二）探索创新工作机制，完善法院内部解纷机制

建立案件繁简分流机制，深化分调裁审机制改革，根据法院具体情况设置专门的分流人员，将案件按照繁简分到不同的业务部门，确定审理程序，同时大力推进小额诉讼程序的适用，实现不同案件在诉讼系统内的分流，做到“简案快办、繁案精审”。全面推动诉讼调解机制建设，贯彻“能调则调”原则，将调解贯穿案件审判执行全过程。促进建立调解前置机制，发挥人民调解、行政调解、律师调解、行业调解、专业调解、商会调解等诉前解纷作用，在前端解决纠纷。大力吸收调解员进入法院，对于简

单案件,积极开展诉前疏导析理工作,引导当事人通过调解方式解决问题。特别是对家事纠纷、物业纠纷、医疗纠纷等类型纠纷,引入特邀调解组织或者特邀调解员进行诉前调解,高质高效解决相关纠纷。加强调解协议的司法确认工作,进一步完善司法确认程序,探索建立司法确认联络员机制,推动司法确认全面对接人民调解等线上平台,实现人民调解司法确认案件快立快办。

积极开展“一村一法官”活动,让法官“走出去”,主动融入党委和政府领导的诉源治理机制建设,从源头减少矛盾纠纷。通过大力开展法律知识培训、乡村矛盾纠纷排查、指导制定“村规民约”、线上线下常态化指导基层组织规范开展调解工作等,引导乡村干部群众不断增强法治意识,共建法治、平安、和谐乡村,推动“诉源治理”工作向广大乡村延伸。2019 年全市法院指导基层组织成功调解案件 1171 件,2020 年成功调解 1641 件;2021 年上半年(截至 6 月 23 日),全市法院引进特邀调解员 104 人,参与调解案件 3327 件,调解成功 2249 件,调解成功率 67.6%,调解平均时长 8.39 天。

(三)提高诉讼服务水平,加大现代科技技术运用

一站式多元解纷机制以现代化技术为支撑,需不断根据新情况和新需要加大对技术的研发和投入,将大数据、云计算、人工智能等嵌入多元化纠纷解决机制,打造“互联网 + 多元解纷”工作模式。通过“厅、网、线、巡”为一体化的诉讼服务中心建设,推进建立以在线立案、在线调解、在线审理、电子送达等为一体的综合信息平台,在为当事人提供“一站通办、一网通办、一号通办、一次通办”的诉讼服务的同时实现纠纷解决的资源整合、信息共享、数据分析。对纠纷解决进行全程监控,为当事人提供多种纠纷解决方式,强化司法大数据对矛盾风险态势发展的评估和预估预警作用,提前防控化解重大矛盾风险,助力多元化纠纷解决机制发展。

三、建设一站式多元解纷机制的阻碍

(一)一站式多元解纷机制社会认可度不高

为实现国家治理水平和治理能力现代化,法院大力推动多元解纷机制建设,提倡当事人选择非诉讼途径解决矛盾,但人民群众解决纠纷的第一选择仍然是诉讼,对于多元解纷接受度不高。主要原因如下:一是随着社会的发展,当事人的法律意识和权利意识得到普遍提高,对纠纷解决中自身权益的实现要求更加严格,不再满足于过去的“老娘舅”式解纷,而是更追求实质上的正义。二是因宣传较少、调解组织品牌不够响,没有相关专业网站进行全方面介绍等原因,相当大一部分群众对于多元解纷的认

识不全面、不充分，对委托调解、仲裁、民间调解等纠纷解决途径和司法确认工作并不熟悉，在纠纷发生时，只能想到寻求法院的救助。三是社会上的解纷组织参差不齐，部分解纷组织在人、财、物力量上有所缺失，存在调解过程粗糙，效果不理想的情况，导致在群众中的公信力不足。案件不断复杂化、多样化，调解组织能力跟不上需求，也加剧了民众对调解组织能力的质疑。四是多元化纠纷解决机制还没有形成完善的制度体系，而非诉解纷不具有强制执行效力，当事人在选择非诉解纷后，其结果如果得不到司法确认，或一方通过诉讼提出异议，纠纷不能及时化解，当事人又会选择重新打官司，这容易增加当事人负担，使群众不愿意接受多元纠纷解决机制。

（二）一站式多元解纷机制的队伍建设不完善

一站式纠纷解决机制的队伍建设还需要加强体现在两个方面：一是当前矛盾纠纷解决的主体较为分散，各种非诉讼解决方式往往属于不同的部门和组织，有居委会或村委会，公证机构、行业协会，人民政府、公安、法院等，各类机构在矛盾纠纷排查解决中起到了积极作用。但是，不同机构之间的分工、衔接和支持不到位，缺少矛盾纠纷化解机制的整体设计，导致时常出现各自为政的情况，无法实现纠纷化解资源的有效整合。例如，人民调解委员会与法律服务所、司法所间的调解，工商行政管理机关与消费者协会间的调解就常会在程序运转时发生交叉重复，浪费了社会资源。在法院内部因案多人少，审判法官与调解法官的身份同一，分工缺乏专业化和职能化。二是虽然现有的一站式多元解纷决机制已形成初步操作规范，但是由于相关职能部门的合作配合以及工作人员能力限制，多元解纷队伍的专业素质参差不齐。在法院内部更加注重对审判资源的利用，没有专业调解法官的职业化成长环境。在法院外部，一些法院虽与非诉解纷机构进行了交流和指导，但调解员、仲裁员等解纷人员的专业培训仍然较为缺乏。与之相对的是，矛盾纠纷呈现越来越复杂、越来越多样的特征，对多元解纷队伍提出了更高的要求。如家庭纠纷、机动车侵权责任纠纷、民间借贷纠纷等，除了要求调解员具备专业的法律业务知识，还需要对技术性环节答疑释惑；不仅要交叉应用心理学、教育学等多学科，还要具备丰富的社会阅历和经验。

（三）纠纷解决机制主体间衔接不顺畅

法院建设的一站式多元解纷机制是充分整合不同的力量资源化解矛盾纠纷的机制，其建设离不开各解纷部门间的密切配合，特别是在信息化时代，整合共享矛盾纠纷信息对纠纷解决大有帮助。各部门的高效衔接，能极大减少当事人的耗时和成本，更有利于对矛盾的控制和解决。从实际运作情况来看，我国目前的一站式多元化纠纷解决机制的系统化、整体性不足，诉讼与非诉讼机制在程序衔接方面没有建立起长效机制，相关调解人员流动性大、不稳定，导致工作联络不畅通。缺少一个坚实的领导机构，对各职能机构进行自上而下的协调、组织其相互配合，纵向推进各部门间的联动衔接，充分调动运用各种资源力量。地方党委政府支持不够，非诉讼矛盾纠纷解决主体的联动意识不强，还需在法院专职人员与行政机关、人民调解等非诉纠纷解决主体之间建立起密切的联络机制，充分利用各部门特定优势共同解决突出矛盾问题。通过不同程序、机制间的衔接配合，给当事人提供解决矛盾纠纷的自主选择权，使其能找到符合自身实际的便利解决途径。

四、一站式多元解纷机制的发展要求

（一）加强多元调解队伍的建设

调解作为现代社会治理体系的重要组成部分和公共法律服务的重要内容，在矛盾纠纷多元化解机制中发挥着基础性作用。建设一站式多元纠纷解决机制应大力推进调解队伍的建设，达到更高质量、高效率地化解各类矛盾纠纷的目标。

一方面，要完善人民调解组织工作机制，发挥专业调解组织的专业优势。司法部等四个部门联合下发的《关于推进行业性、专业性人民调解工作的指导意见》中指出，推进行业性、专业性人民调解工作，是适应经济社会发展、化解新型矛盾纠纷的迫切需要，是创新社会治理、完善矛盾纠纷多元解决机制的重要内容。法院要加强与各人民调解组织的联动对接，深入推进覆盖各行业的人民调解工作室建设，充分发挥人民调解作为化解矛盾纠纷的第一道防线作用，将各类矛盾纠纷化解在诉讼程序前。加强对调解工作的监督管理，确保人民调解组织在尊重当事人意愿的基础上，严格依照现行政策规定进行调解工作，使当事人得到公平公正、不偏不倚的调解结果。另外，行业调解组织具备专业知识，更了解基层情况。在矛盾多发的领域，应推动建立“政府扶持、协会牵头、会员参与”的行业矛盾纠纷排查化解机制，发挥律师事务所、商业协会、行业协会在纠纷调处过程中的专业、中立、客观等优势，着力化解各类矛盾。加强对相关领域行业性调解组织的指导，提升专业化调解服务功能。

另一方面，法院应大力引入调解员，建立一支专业化、高素质的调解队伍。除了选聘擅长调解的司法辅助人员以及有经验的退休法官担任专职调解员外，更要鼓励具有审判职称但未能评选为员额法官的人员担任法院调解员，实现矛盾纠纷在立案前的高效分流。通过积极吸纳律师、各行业调解员、调解组织调解员进入法院担任特邀调解员的方式，不断促进法院内部调解的专业化、高效化，助力诉讼案件诉前、诉中调解，更好地满足群众需求。要按照“两个一站式”建设的新要求，把“一村一法官”

工作作为人民法院加强诉源治理的基础性工作，注重创新实践和提升完善，推动法院工作向纠纷源头防控延伸，发挥人民法院在诉源治理中的参与、推动、规范和保障作用。加强对法院人民调解工作的指导，推动制度化、规范化的社会调解组织建设，依据实际情况扩大社会调解组织辅助人民法院解决矛盾纠纷的范围，建立起覆盖城乡的调解组织网络，达到高效便捷解决社会普发纠纷的效果。充分发挥法院人民调解员的重要作用，利用人民调解员的职业特点、能力特长，建立品牌人民调解工作室，处理婚姻家庭、劳动争议等纠纷，配合开展调解、调查、送达、执行等工作。

（二）加强一站式多元解纷平台建设

信息化高速发展的时代，法院应紧跟时事，大力支持在线解纷平台的建设，深入探讨在线解纷的依据和法律效力，完善程序和制度构建，为审判实务和理论研究相结合打好基础，做到线上纠纷解决与线下纠纷解决间转换的无缝衔接，要充分利用信息化技术进行多元纠纷化解机制方面的创新突破。建立集多元化解、诉讼服务、立案登记、涉诉信访、诉调对接等多项功能为一体的一站式诉讼服务中心。该中心应以智慧法院的建设为目标，按照“标准化、集约化、智能化”要求，集中特邀、人民、律师调解及速裁法庭，深化线上立案、调解、审理作用，极尽满足当事人一站式解决矛盾纠纷的需求。建立与其他各类纠纷解决主体的对接机制，统一各类调解组织之间、调解和速裁之间的工作标准和流程，推动各种社会力量和司法资源全面对接、深度融合。在当事人与法院、调解组织、仲裁机构、行政机关之间建立起纠纷受理、分流、调解、仲裁、跟踪等全流程覆盖、数据共享、一站式运行模式，形成多方衔接、高效便民、协调联动的在线一站式多元解纷平台，不断满足群众的新期待、新要求。

（三）加强解纷主体工作衔接联动

1. 完善法院与综治部门、行业团体的联动机制

一方面，法院应加强与各综治部门的衔接。通过在各级人民法院、公安机关、综合部门、行业主管部门等综治部门建立信息交换共享机制，及时将各自业务系统内的交叉信息在纠纷解决信息共享平台上发布，利用互联网的大数据处理技术，及时掌握矛盾纠纷的最新动态，为当事人矛盾纠纷化解方式的多种选择与优势提供数据支持。对重大社会案件、群体性纠纷应及时通报并联动处理，形成相互配合、优势互补、信息共享纠纷解决互动机制，实现纠纷解决各阶段中各部门间高效配合。司法调解、人民调解、行政调解在矛盾纠纷不同的阶段担当不同的作用和功能，各级法院要建立司法调解、人民调解、行政调解等有机衔接的大调解联动机制，实现各类调解主体有效互动，进而形成调解工作整体合力，在最短时间内用最节省的社会资源解决纠纷。具体

而言，就是在开展纠纷调解过程中，按照社会调解、行政调解、司法调解、诉讼的顺序，详细记录各类型矛盾纠纷，包括调解、处理、结果等具体情况，对本部门无法进行调解处理的案件，及时上报下一调解机关解决，最后将案件跟踪情况通报法院，使法院能充分掌握案件相关情况，请双方当事人进行庭前调解以及决定是否进入诉讼程序，尽可能减少矛盾纠纷进入法院、开始诉讼程序。

另一方面，法院要加强与商业、行业协会、社会团体的协调联动。通过推动在具备条件的商会、行业协会等单位设立调解组织，规范调解规则和对接程序，与行业调解组织、商事调解组织等专业调解组织形成合力。完善与行业仲裁机构的对接机制，加强与人事劳动争议仲裁机构、民商事仲裁机构、基层土地承包仲裁机构等的联动衔接，及时执行和审查仲裁机构作出的调解书。例如，司法局联合住建等部门，针对法律关系相对简单的物业合同，开展专业化、常态化调解，建立法官司法指导、业主委员会介入配合、矛盾调处中心专职调解的工作模式，最终实现物业纠纷的预防化解从行政主导逐渐过渡到基层自治模式的目的。人民法院还可以加强在道路交通、劳动争议、医疗卫生、物业管理、消费者权益保护以及其他纠纷多发的专业领域，与行业调解组织等进行资源整合，建立行业联动诉调对接工作机制。进一步邀请特邀调解员专门调解，供当事人参考，促使双方当事人和解。

2. 加强司法确认工作

司法确认能够使调解协议具备强制执行力，是完善多元化纠纷解决机制中至关重要的一环，法院应当明确各运转要素之间的衔接程序与有关职责。进一步完善对非诉讼纠纷解决机制调处结果的司法确认程序，确保调解结果能够得到及高效有序的执行，消除当事人对协议执行的顾虑。法院对具有调解职能的组织达成的调解协议，要加快审查，按照规定予以确认，保证其与人民法院判决具有同等的法律效力；对达成调解解决的纠纷之后另行向法院提起诉讼的，在立案、审理受理上应有优先权，完善速裁机制，及时高效调处化解矛盾纠纷。

（四）加大宣传力度

各级法院特别是基层人民法院在对人民群众普法宣传教育的同时，要加大对一站式多元化解纠纷机制的宣传，广泛动员人民群众参与、支持矛盾纠纷多元化解工作，引导群众自觉把调解作为解决矛盾纠纷的首要选择。以“一村一法官”工作为连接点，通过实际工作应用宣传一站式多元化解纠纷机制，提升人民对多元解纷的了解和支持。在诉讼服务中心、社区、乡镇街道办事处等地大力宣传诉讼程序外有关人民调解、行政调解、商业调解、行业调解、行政仲裁等矛盾纠纷解决机制，释明各方式的优势以及衔接程序，引导当事人更多地选择通过和解、调解等非诉机制解决纠纷；法院在当事人想通过诉讼解决矛盾时，应根据纠纷的类型，向当事人介绍相关解纷机构的情况和典型性、权威性案例的裁判情况，引导其预判诉讼风险，宣传高效解决纠纷的典型案例，为当事人提供多种解纷方式，促进当事人理性评估其司法诉求，提高纠纷调解解决的可行性。

顺应信息化的发展，充分运用信息化的优势并与媒体形成良性互动，利用电视、网站、报刊、微博、微信等现代媒体，让民众知晓律师调解、人民调解、行业调解、仲裁等多元解纷方式，全面宣传多元解纷的典型经验和做法，宣传多元化纠纷解决机制成本低廉、灵活、便捷、高效的优势，及时回应社会关切，自觉接受社会监督，广泛凝聚社会共识，营造良好氛围。

以“尽可能一次性解决纠纷”为指导推动小额诉讼适用新格局

陆洪鸣*

小额诉讼程序指基层人民法院独任审理诉讼标的金额小的轻微民事案件，并实行一审终审的民事诉讼程序。为缓解民商事案件逐年攀升造成的司法资源紧张局面，实现案件有效分流，需要针对大量的小额民事案件建立简便快捷的小额诉讼程序。2012 年修订的《民事诉讼法》第 162 条确立小额诉讼制度。2015 年，最高人民法院出台《关于适用〈中华人民共和国民事诉讼法〉的解释》，通过 13 个条文对小额诉讼程序的案件类型、举证期限、程序转化等作出细化规定，将制度具体化。目前小额诉讼程序作为民事简易程序的再简化程序，广泛适用于全国各地法院，在提高诉讼效率、减轻当事人诉累方面日益发挥重要作用。

2020 年，广西壮族自治区高级人民法院提出“尽可能一次性解决纠纷”司法理念，要求审判体系各环节充分发挥功能作用、协调配合，尽早、尽快、尽可能完善化解每一件纠纷。小额诉讼是制度化“一次性解纷”程序，并通过案件分流推动“一次性解纷”全局工作。广西壮族自治区高级人民法院 2020 年 3 月下发《关于在全区法院开展“尽可能一次性解决纠纷”活动的工作方案》（桂高法〔2020〕36 号，区高院 2020 年 3 月 4 日印发），将小额诉讼作为推进“尽可能一次性解决纠纷”活动重要措施，要求加大小额诉讼程序适用力度。崇左市法院深入把握方案精神，充分认识到小额诉讼制度的典范作用和全局意义，大力推进小额诉讼程

---

* 陆洪鸣，广西壮族自治区崇左市中级人民法院党组书记、院长。

序适用。2020年,全市基层法院一审民事案件小额诉讼程序适用率50.28%,同比上升35.86%,位列全区第一。案件平均审理周期24.8天,比法定审限缩短65.2天。2021年1月至6月,全市基层法院小额诉讼程序适用率36.17%,位列全区第三。

一、抓好“四个方面”推进小额诉讼程序适用

崇左市法院抓好审判资源配置、案件流转机制、裁判文书简化、监督管理四个方面工作,全方位推进小额诉讼。

(一)配强审判力量

一是成立专门团队,实行小额诉讼案件集中办理。全市基层法院在立案庭设立速裁组或速裁团队,统一审理包括小额诉讼案件在内的所有简易程序案件。目前两级法院民事速裁团队有26名员额法官,51名法官助理、92名书记员,法官占全市法院员额法官编制总数的13.15%。二是优化人员配置,提高速裁团队工作效率。针对“简案快办”特殊要求,有针对性地安排速裁团队的辅助人员配备比例,如天等县人民法院速裁团队采取法官与辅助人员1+N+N的结构,扶绥县人民法院和宁明县人民法院速裁团队以1+1+1结构为主,江州区人民法院速裁团队以3+2+3结构为主,并随着收案态势动态调整,合理调整速裁团队内部职责分工,实行主审法官相对集中统筹管理、紧密结合、团队化运行的工作模式。三是推行“庭室自主分流”。为了提高案件审理的质效,各院在快审团队内部,结合员额法官的专长分配案件,基本做到类案由相对固定的法官审理,打造特定法官审理专门案件的专业化模式。

(二)建立案件高效流转机制

一是从源头过滤案件,推进立案环节案件分流。充分发挥诉讼服务中心诉前释明、立案受理、立案调解等职能,尽可能将矛盾纠纷化解在诉前调解阶段,使速裁团队更加专注裁判,提高审判质效。全市法院诉讼服务中心大力实施诉前调解、立案调解、委托调解、律师调解,并注重应用智慧法院的优势,推广“互联网+诉非衔接”纠纷化解新机制,提高调解效能。2020年多元化解案件11032件,占一审民商事案件的57.29%,调解结案率97.51%。二是加强立案引导。基层法院受理的一审民商事案件,除法律规定不得适用的以外,立案时一律适用简易程序;对符合《民事诉讼法》第162条规定的民事案件,一律适用小额诉讼程序,确保小额速裁案件应用尽用。三是明确流转机制。小额速裁案件统一由立案庭识别并经初步处理后流转至速裁团队。由速裁团队委托集中送达组完成对被告送达,若案件不能如期送达被告则转为普通程序,与经裁定转为普通程序案件一并移交业务庭。四是辅助事务集约办理。经过

审判辅助事务集约化管理改革，全市法院诉讼服务中心均成立辅助事务集约化管理中心，统一办理小额案件立案、送达、排期、卷宗装订，尽可能简化速裁组业务流程，提高小额案件审理效率。

（三）简化诉讼文书

根据最高人民法院《关于适用〈中华人民共和国民事诉讼法〉的解释》、《关于民商事案件繁简分流和调解速裁操作规程（试行）》和广西壮族自治区高级人民法院《关于严格依法适用小额诉讼程序的通知》，崇左市法院结合实际，及时出台《适用简易程序速裁案件要素式审判若干规定》等制度文件，指导辖区法院小额诉讼案件诉讼文书制作及适用。一是简化裁判文书，缩短裁判文书撰写时间。在劳动争议、人身损害赔偿、婚姻家事、民间借贷、物业服务、买卖合同等案件中着力推行要素式等简式裁判文书，减少撰写判决书时间和庭审时间。2020年，全市法院适用小额诉讼程序审结案件9544件，占一审简易程序案件的50.28%，平均审理周期比法定审限缩短65.2天。二是丰富简化裁判文书样式，扩大简化裁判文书适用面。推行类案裁判文书标准化格式，根据案件类型及难易程度，设计“令状式”“要素式”“表格式”三类简化裁判文书。探索要素式庭审，围绕争议要素进行法庭调查和辩论，提升庭审效率。三是缩短宣判周期。就标的额较少、案情简单、事实清楚、当事人双方争议不大的简易案件，适用“门诊式”庭审模式集中开庭审理，坚持“快转、快送、快调、快审、快判、快结”。

（四）加强小额诉讼程序适用监管

崇左市中级人民法院每半月通报基层法院小额诉讼程序适用率，针对适用率低的法院进行跟踪检查，研究问题、分析对策、形成措施。对外公布小额诉讼程序审理相关法律和司法解释的规定，说明适用小额诉讼程序的优势，提升社会公众对小额诉讼程序的知晓度和认可度，引导当事人选择小额诉讼程序解决纠纷。对内不定期抽查小额诉讼程序适用情况，发动各基层法院就抽查范围案件进行互评，互相促进。2020年，全市法院小额诉讼程序适用率大幅提升，向实现“应用尽用”目标迈出一大步。

二、小额诉讼程序适用问题

虽然崇左市法院在适用小额诉讼程序方面成绩明显，但还是与制度预期目标存在差距。这主要表现在各院适用率不均衡，不同法院差距大，未完全实现“应用尽用”；2021年1月至6月，全市法院小额诉讼程序适用率同比下滑，小额诉讼程序适用水平不稳定，制度成果需进一步巩固。经分析，影响小额诉讼程序适用的问题主

要有:

(一)当事人接受度低

当事人对小额诉讼程序接受度始终不高,需要法院做释明工作。有相当一部分当事人现场才知道小额诉讼程序,不了解小额诉讼程序的作用与价值,怀疑其效果;还有不少当事人认为小额诉讼的一审终审制扣减上诉权利,不愿适用。此外,实际收入水平也是考虑因素。2020年,崇左市农村居民人均可支配收入14306元,全区法院应当适用小额诉讼程序的标准线——22000元,为该收入的1.54倍[1],农村当事人不愿将年收入一倍多的债权额交小额诉讼程序处置,认为风险过大。

(二)法官适用积极性不高

法官主动适用小额诉讼程序的动力不足。不少法官认为,小额诉讼程序难以获得当事人理解,容易引发申诉、信访,后续工作多。还有部分法官认为,小额诉讼程序要对当事人做大量的释明,短时间完成的工作与简易程序差不多,压力更大;且错案终身负责,一旦出错,缺少纠正机会,风险更大。为规避风险,法官倾向于调解结案,因刻意追求调解结果,增加了投入小额诉讼程序的精力、成本。种种因素导致法官对小额诉讼态度消极,对可适用小额诉讼程序、标的额在广西城镇非私营单位就业人员年均收入30%以上一倍以下的案件,也不主动向当事人释明,限制小额诉讼适用范围扩大。

(三)审判程序不够简化

小额诉讼程序制度建设并不完善。目前,全市7家基层法院,仅3家法院制定小额诉讼程序专门制度文件。4家法院以最高人民法院司法解释、广西壮族自治区高级人民法院文件作为小额诉讼程序适用依据。但上述文件重在明确小额诉讼适用条件、方式和基本要求,基于制度层级,不便具体规定如何进行程序简化。小额诉讼程序相比一般简易程序,在审理方式、审理期限、文书制作等方面均有简化空间。缺少简化适用的具体规定,法官就会依照简易程序习惯办案,将小额诉讼程序变成一审终审的简易程序,不能充分发挥程序优势。如最高人民法院《关于适用〈中华人民共和国民事诉讼法〉的解释》第282条规定,小额诉讼案件的裁判文书可以简化,但对应否使用简化文书没有具体要求。个别法院长期使用简易程序制式文书,没有体现简易

---

〔1〕 根据广西壮族自治区高级人民法院《关于严格依法适用小额诉讼程序的通知》(桂高法〔2019〕160号)的规定,案件符合简单案件类型、标的额在上年度广西城镇非私营单位就业人员年均工资30%(22000元)以下,应适用小额诉讼程序;案件符合简单案件类型、标的额在上年度广西城镇非私营单位就业人员年均工资30%(22000元)以上、一倍以下(70606元),经当事人一致同意,可以适用小额诉讼程序。

程序与小额诉讼程序的区别。此外，法官不能控制送达时间长短，部分案件首次送达用时一周，加上答辩15天、举证7天法定时限，走完审前流程已近一月，严重挤压办案时限。“速裁案件难速裁”，增加法官适用小额诉讼程序顾虑。

（四）制度衔接不到位

近年来，随着“一站式”建设、市域治理、诉源治理政策深入推进，各院诉前调解、多元化解工作取得明显进步，通过案件分流，优化小额诉讼程序运作质量。但在单个案件化解方面，不同制度衔接不到位，没有形成合力。首先，诉前调解与小额诉讼程序分工不明，仅有部分小额案经过诉前调解，诉前调解分流功能没有充分发挥。其次，小额诉讼程序与简易程序、普通程序之间缺少有机衔接。各院对小额诉讼案件转为简易程序、普通程序后，前后程序衔接规定不明。部分法院规定小额诉讼案件转为普通程序，审限重新计算，没有考虑后一程序对前一程序成果的使用问题。由于程序衔接不紧密，上一阶段程序认定的证据、查明的事实在下一阶段要重新操作，造成司法资源浪费和当事人诉累。

三、深化理念指导，强化小额诉讼程序适用

2019年，广西法院受理民商事案件438770件，2020年受理451844件，民商事案件递增趋势持续，小额诉讼程序地位更加凸显，“尽可能一次解决纠纷”意义更加重要。2020年，全区法院小额诉讼程序适用率24.53%，相较2019年增长17.73%，还有较大上升空间。在“尽可能一次性解决纠纷”的方向指导下，崇左市法院小额诉讼程序适用取得明显进步，下一步应着力提高程序应用质量，进一步加强小额诉讼程序在可适用案件中的适用力度。“尽可能一次性解决纠纷”包括“尽可能将每一个司法环节工作做到最好、尽可能依法一并解决纠纷案件相关联问题、尽可能避免引发新的诉讼”三大核心要义。对此，应深入理解“尽可能一次性解决纠纷”理念，把握三大核心要义，对小额诉讼程序适用进行全面检视。“尽可能将每一个司法工作环节做到最好”，要求打造高质量程序模式、创造便于程序运作的主客观条件，最大程度发挥小额诉讼程序效能；“尽可能依法一并解决纠纷案件相关联问题”，要求经小额诉讼程序处理案件实现法律效果、社会效果、政治效果统一；“尽可能避免引发新的诉讼”，要求通过小额诉讼程序彻底解决纠纷。遵循上述标准，结合现存问题，分析现行制度机制、资源配置方面不足，可以采取五大措施，全方位改进小额诉讼程序适用。

（一）规范小额诉讼程序流程

“诉讼程序设计应当与案件性质、争议金额、争议事项复杂程度等因素相匹配，这

是诉讼制度‘程序相称’原则”[1],要充分认识主导小额诉讼程序设计的这一内在规律,把握小额诉讼程序高效、便捷、低成本满足当事人解纷需求的本质特征,确立其与一般简易程序的定位差别。以此为准,规范程序简化流程,奠定小额诉讼程序制度框架。毕竟,“一个好的诉讼规则将精确规定诉讼过程并详细确定诉讼参与人的权利”[2]。应在总结基层法院经验基础上,参考最高人民法院2020年发布的《民事诉讼程序繁简分流改革试点实施办法》精神,以“简化程序不减损权利”为原则,出台指导性文件,统一小额诉讼程序各环节简化标准。新标准应有效指导各院适用,充分发挥小额诉讼程序优势,包括但不限于确定法院可采用简化方式传唤、送达、通知当事人及证人;要求小额诉讼程序案件在庭审录音录像前提下使用令状式裁判文书,并就适用其他类别简化文书规定条件;限定小额诉讼案件审理时限最长不超过2个月,具体由各院自行安排;以开庭一次、简化审判、当庭宣判、当庭制作文书为原则,延期为例外并规定简化审判方式;明确小额诉讼程序转化简易程序、普通程序,审判时限连续计算,前一程序中当事人认可的证据和事实,后续程序不再举证、质证。鼓励基层法院结合实际探索小额诉讼程序简化模式,形成可复制推广的经验成果。

(二)构建小额诉讼调解前置机制

小额诉讼案件标的额有限且法律关系简单,当事人对抗性弱,适合调解。[3]实践中,大量小额诉讼案件以调解结案。采用“调解后续小额速裁”模式,有利于发挥两类制度特长,汇聚纠纷化解合力。经过调解程序的当事人,情绪更为平稳、思考更为理智,更可能接受小额诉讼程序。[4] 有必要依托法院特邀调解资源,建立小额诉讼案件调解前置机制。对案情简单、权利义务关系明确且标的额在上年度广西城镇非私营单位就业人员年均工资以内案件,一律适用诉前调解。对调解不成功的标的额在上年度广西城镇非私营单位就业人员年均工资30%以内案件,直接转速裁团队适用小额诉讼程序立案;对标的额在上年度广西城镇非私营单位就业人员年均工资30%以上一倍以内案件,积极做好释明工作,引导当事人接受适用小额诉讼程序。依托调解人员做好送达准备工作,引导当事双方填写送达地址确认书,并随案件移送速裁团队,彻底解决小额诉讼案件送达难题;对诉前调解联系不到当事人的案件,不再适用

---

〔1〕 危浪平:《优化小额诉讼程序应当把握的几个问题》,载《人民法院报》2020年4月9日,第8版。

〔2〕 [德]奥特马·尧厄尼希:《民事诉讼法》,周翠译,法律出版社2003年版,第10页。

〔3〕 参见段思明、胡立峰:《新民事诉讼法小额诉讼程序规定对民事司法的影响》,载中国民事诉讼法学研究会:《民事程序法研究》(第十一辑),厦门大学出版社2014年版,第237页。

〔4〕 参见赵清:《“调解优先”下的小额诉讼运行困境及改善》,载《成都行政学院学报》2013年第1期。

小额诉讼程序。切实做好诉前程序案情梳理功能，要求调解人员就调解过程中获取的当事人信息、纠纷情况录入系统，方便接手材料法官全面了解案情，把握重点，在案件处理上做到情、理、法相融，一并解决相关联问题。

（三）提升小额诉讼审理专业化水平

小额诉讼程序不同于一般简易程序、普通程序，适用于小额诉讼程序处理的案件也不同于其他类型案件。要保障小额诉讼程序高效运转，需要法官准确把握类型案件性质、严格按照时限节点管理案件进程，并具备当庭宣判、当庭出具裁判文书、一次性处理案件的能力，对法官专业水平和审判经验提出较高要求。目前，崇左市法院速裁团队法官不能完全达到专业要求，力不胜任导致法官对扩大小额诉讼程序适用范围、提升小额诉讼程序效能持消极态度。对此，有必要采取以下措施：一是加强经验交流。定期召开全市法院小额诉讼程序推进会，总结工作经验，明确工作进度，决定下一步计划。通过交流经验措施，发挥先进带后进作用，促进全市法院小额诉讼程序适用率整体提高。二是推行专业培训。开设专门培训课程或培训班，帮助法官掌握小额诉讼程序要义、流程、适用要求，培训小额诉讼案件审理方法和审判技巧，提高专业化水平和理论积累。三是探索打造专业化审判组织。小额诉讼程序一审结案，与一般简易程序、普通程序存在重大差别，对法官要求也不同于其他审判程序。建立专门审判队伍，有利于法官积累经验，进一步提高小额诉讼案件审判效率，优化资源配置。2020 年，崇左市有 5 家基层法院小额诉讼率达 50% 以上，适用案件数普遍达 1000 件左右，最高达 2500 件。支持小额诉讼案件数量满足条件法院，探索成立小额诉讼团队，强化类型案件审判。

（四）加强小额诉讼宣传

当下社会对小额诉讼程序知晓度不高，多数当事人通过向法院起诉才首次认识小额诉讼程序，对程序不了解、不认同，需要法院做大量释明工作。要大力推动面向社会的小额诉讼宣传，通过宣传铺垫，帮助群众形成对小额诉讼程序的正确认识，提高对小额诉讼程序接受度。充分利用传统媒体与新媒体报道、专题普法宣传、诉讼服务中心场所宣传、法院工作成果展示等途径，普及小额诉讼知识，加深群众印象。注重典型案例和负面案例报道，通过正反面比较，让群众充分认识小额诉讼程序的价值，了解小额诉讼收费少、时间短、判决实现快的优势。积极宣传法院近年审判业绩，尤其小额诉讼成绩，增加当事人司法信任。

（五）完善小额诉讼程序配套措施

针对当事人、法官的顾虑，完善配套措施，降低风险损害，建立小额诉讼程序适用保障机制，为深化程序适用奠定基础。一是灵活运用程序转化，赋予当事人使用"二次程序选择权"的正当理由。对案件适用小额诉讼程序开庭后出现不适宜继续适用程序情况的，允许当事人提出异议，法官审查认定理由正当且成立，案件不符合小额诉讼适用条件的，[1]及时转换诉讼程序，避免当事人在裁判生效后申诉、信访。如案件强制适用小额诉讼程序的当事人主张年收入较低，对标的额不接受一审终审，法官审查属实，可启动程序转换。二是加大判后答疑。构建判后答疑工作机制，在当事人拿到判决书当场即向其予以必要的释明，力争宣判当时消除疑惑；当事人事后重新询问时做到随时释法。答疑法官注重融合法、理、情，尽量用群众通俗易懂的语言为当事人答疑解惑，让当事人"赢得清楚、输得明白"，从源头上减少申请再审、涉诉信访。三是针对小额诉讼案件设立合理绩效考评标准。鉴于小额诉讼制度适用并不成熟，当事人申诉率偏高的现实，在法官个人绩效考评中就适用小额诉讼程序"一审终结"案件不设申诉率考评指标，解除法官"后顾之忧"。四是探索建立小额诉讼程序适用推荐机制。对符合法定要求且标的额在上年度广西城镇非私营单位就业人员年均工资30%以上一倍以内、可适用小额诉讼程序案件的当事人，一律发出小额诉讼程序适用通知，法院配合通知做好释明工作，双方当事人未表示异议的，视为接受适用小额诉讼程序，进一步扩大小额诉讼程序适用面。

四、小结

"尽可能一次性解决纠纷"，既是思想理念，也是态度方法。作为思想，它指导我们的工作方向；作为方法，它要求我们将专项工作放在系统中研究、从实际出发研究、以结果为导向研究，寻找问题对策，推动工作发展。"尽可能一次性解决纠纷"，是习近平法治思想在纠纷治理领域的贯彻，是"系统观念、法治思维、强基导向"的实际运用，充满辩证精神，反映人民立场。以"尽可能一次性解决纠纷"指导小额诉讼，要求我们从系统联动、制度架构、运作环境入手，查漏补缺、开拓创新，推动工作发展。完善小额诉讼程序，充分发挥制度优势，发挥"一次性解决纠纷"制度榜样作用，将长远推动审判格局优化，为司法服务国家治理体系和治理能力现代化做出重要贡献。

---

[1] 最高人民法院《关于适用〈中华人民共和国民事诉讼法〉的解释》第275条规定："下列案件，不适用小额诉讼程序审理：……（五）其他不宜适用一审终审的纠纷。"最高人民法院通过列举加概括方式限定小额诉讼程序适用范围，即只要有正当理由认为不适宜小额诉讼的案件，均可排除适用范围。

改革探索

南宁铁路运输两级法院跨行政区划审判工作的司法检视与进路完善

南宁铁路运输中级法院党组*

引　言

中央全面依法治国工作会议明确了习近平法治思想在全面依法治国中的指导地位，深入学习贯彻习近平法治思想，在新时代不断把法治中国建设推向前进，是当前和今后一个时期深入推进全面依法治国的重大政治任务。

跨行政区划司法工作战略构想是习近平法治思想的有机组成部分。党的十八届三中全会通过的《中共中央关于全面深化改革若干重大问题的决定》明确提出，要探索建立与行政区划适当分离的司法管辖制度，保证国家法律统一正确实施。党的十八届四中全会通过的《中共中央关于全面推进依法治国若干重大问题的决定》进一步提出要“探索设立跨行政区划的人民法院和人民检察院，办理跨地区案件”。两次全会都对探索建立跨行政区划的司法管辖制度作出明确部署，充分证明以习近平同志为核心的党中央对这个问题的高度重视和改革决心。在党的十八届四中全会上，习近平总书记亲自对《中共中央关于全面推进依法治国若干重大问题的决定》作了说明，其中对设立跨行政区划法院、检察院的目

---

* 执笔人：南宁铁路运输中级法院党组成员、副院长、政治部主任、司改办主任林国香。

的作了重点解读,“随着社会主义市场经济深入发展和行政诉讼出现,跨行政区划乃至跨境案件越来越多,涉案金额越来越大,导致法院所在地有关部门和领导越来越关注案件处理,甚至利用职权和关系插手案件处理,造成相关诉讼出现‘主客场’现象,不利于平等保护外地当事人合法权益、保障法院独立审判、监督政府依法行政、维护法律公正实施。全会决定提出,探索设立跨行政区划的人民法院和人民检察院。这有利于排除对审判工作和检察工作的干扰、保障法院和检察院依法独立公正行使审判权和检察权,有利于构建普通案件在行政区划法院审理、特殊案件在跨行政区划法院审理的诉讼格局”。

党的十八届四中全会通过的《中共中央关于全面推进依法治国若干重大问题的决定》是以习近平同志为核心的党中央团结带领全国各族人民推进全面依法治国取得的重要历史性成果,是习近平法治思想形成的重要体现。其中提出的“探索设立跨行政区划法院和检察院,办理跨地区案件”是《中共中央关于全面推进依法治国若干重大问题的决定》中一个耀眼的闪光点,探索设立跨行政区划法院和检察院办理跨地区案件,有利于加强和改进党对司法工作的集中统一领导,有利于满足人民群众对公平正义的新期待,有利于实现中国特色社会主义司法制度自我完善,有利于推进司法体系和司法能力现代化,有利于全面推进公正司法,有利于法治国家、法治政府、法治社会一体建设,与习近平法治思想的其他内容一脉相承、一体构建,具有十分丰富的内涵、重要的法治意义和时代价值。

一、跨区划审判工作的实践考察

在党中央、中央政法委和最高人民法院部署下,全国法院迅速推进跨行政区划审判工作。2015 年 2 月 26 日,最高人民法院《关于全面深化人民法院改革的意见——人民法院第四个五年改革纲要(2014—2018)》发布,第一大项改革任务就是“建立与行政区划适当分离的司法管辖制度”,包括设立最高人民法院巡回法庭、探索设立跨行政区划的法院、推动设立知识产权法院、改革行政案件管辖制度、改革海事案件管辖制度、改革环境资源案件管辖制度、健全公益诉讼管辖制度、继续推动法院管理体制改革、改革军事司法体制机制九个子任务。2019 年 2 月 27 日,最高人民法院发布《关于深化人民法院司法体制综合配套改革的意见——人民法院第五个五年改革纲要(2019—2023)》,对“深化与行政区划适当分离的司法管辖制度改革”进行进一步部署。自 2014 年年底上海市第三中级人民法院、北京市第四中级人民法院开启跨行政区划法院改革以来,各地陆续展开了跨行政区划审判工作。2018 年 5 月 1 日,在广西壮族自治区高级人民法院指导下，经最高人民法院批复，南宁铁路运输两级法院（以下简称宁铁两级法院）开启跨行政区划集中管辖行政案件试点改革，集中管辖以广西壮族自治区人民政府、南宁市和柳州市人民政府以及其直属行政机关为被告的行政案件。经过近3年的探索实践，试点改革取得了明显的成效。2018—2020年，两级法院共受理各类行政案件3089件，审结3062件，结案率99.13%，调撤330件，调撤率10.78%。一审平均审理天数87天，服判息诉率51.69%，二审平均审理天数52天。行政机关负责人出庭应诉203件，出庭率为12.5%，结案率、一审服判息诉率、调撤率、案件发改率等审判质效指标排在全区前列，有力地推动了行政争议实质性化解和法治政府建设。

尽管宁铁两级法院的试点改革取得了一些成绩和经验，但是试点改革只是跨行政区划司法改革的探索性阶段，与党中央和习近平总书记的战略部署，以及最高人民法院的改革目标还有很大距离。随着“十四五”规划的开启，中国特色社会主义事业迈上新征程，跨行政区划司法改革也应当尽快从各地试点改革中总结可推广经验，全面推进跨行政区划司法改革，为“十四五”规划、为中国特色社会主义建设发展提供更加有力的司法保障。从更高水平建设法治中国的视野来看，宁铁两级法院的跨行政区划审判工作还有很大的改革空间：一是跨区划的范围不够广。目前，宁铁两级法院跨区划管辖的范围仅限于南宁、柳州两地，在全区的范围比较小。设立跨行政区划法院最主要的任务是解决影响公正司法的机制体制性问题，如果跨区划管辖范围只有少数一两个城市，只局限于小部分地区，影响公正司法的机制体制性问题就无法从根本上得到全面解决。二是管辖的案件类型比较单一。目前，宁铁两级法院跨区划管辖的案件除了涉铁的刑事、民商事案件之外，只有行政案件，案件类型比较单一，距离最高人民法院《关于全面深化人民法院改革的意见——人民法院第四个五年改革纲要（2014—2018）》提出的“将铁路运输法院改造为跨行政区划法院，主要审理跨行政区划案件、重大行政案件、环境资源保护、企业破产、食品药品安全等易受地方因素影响的案件、跨行政区划人民检察院提起公诉的案件和原铁路运输法院受理的刑事、民事案件”的目标相去甚远，跨行政区划法院的审判职能没有发挥应有的作用。三是与行政区划法院和其他跨行政区划审判体系融合不够。全区的跨行政区划审判体系，除了宁铁两级法院的跨行政区划集中管辖之外，还有各地市法院开展的地市内集中管辖、各地中级人民法院的提级管辖、海事法院的专属管辖等，共同构成全区跨行政区划审判体系。为了更好地完成跨行政区划审判工作任务，应当加强全区跨行政区划审判体系的深度融合，形成跨行政区划审判工作的合力，推动跨行政区划审判体系整体融合发展。但目前宁铁两级法院尚无与其他行政区划法院和跨行政区划审判体系沟通协调机制。

二、进路

为了贯彻落实党中央和习近平总书记的战略构想和最高人民法院的改革部署，推动宁铁两级法院跨行政区划审判工作实现新发展，更好地服务“十四五”规划和广西经济社会发展，应当在以下几个方面推进工作：

（一）坚持问题导向，加强对跨行政区划试点改革的经验总结、科学谋划

经过近3年的试点改革，宁铁两级法院在跨行政区划审判工作上进行了积极的探索，积累了宝贵的经验，值得好好总结，为下一步推进全面跨行政区划审判工作提供决策依据。

一是全面评估试点改革的成效，尤其是全面比较跨行政区划管辖行政案件和行政区划法院管辖行政案件之间的优势和不足，为全面推进跨行政区划审判工作提供实践依据。

二是要进一步加强对跨行政区划审判工作的理论研究，包括跨行政区划管辖案件的范围和标准、跨行政区划审判体系等，形成比较完整的跨行政区划审判理论体系，为全面推进跨行政区划审判工作提供理论依据。

三是要加强对跨行政区划审判工作的科学谋划，坚持以人民为中心，坚持从大局出发，坚持系统思维，解放思想，担当实干，提出切实可行的推进改革方案，为上级法院谋划跨行政区划审判工作提供决策依据。

（二）坚持在法治轨道上推进跨行政区划审判工作

推进宁铁两级法院跨行政区划审判工作向纵深发展，重点在于谋划好进一步扩大管辖的案件范围；谋划扩大案件管辖范围，关键在于厘清跨行政区划案件管辖的法理依据和管辖标准，在法治轨道上推进改革。我国跨行政区划管辖制度的法理依据是回避原则和异地管辖、指定管辖制度。我国案件地域管辖的主体是行政区划管辖，一审案件一般由与案件有密切联系的行政区划人民法院管辖，但如果管辖法院与管辖的案件之间存在利害关系，或受到强烈干扰，可能影响公正司法时，行政区划法院应当整体回避，案件移交或指定给其他法院跨区划管辖。因此，跨行政区划管辖案件的重要标准是行政区划法院与管辖案件存在重大利害关系，可能影响司法公正，进而需要整体回避的案件。最高人民法院明确由跨行政区划法院管辖的案件范围是“跨行政区划案件、重大行政案件、环境资源保护、企业破产、食品药品安全等易受地方因

素影响的案件”,对跨行政区划法院管辖的案件已经作了明确的界定。最高人民法院《关于深化人民法院司法体制综合配套改革的意见——人民法院第五个五年改革纲要(2019—2023)》提出,要“科学界定人民法院跨行政区划管辖案件的范围和标准,推动形成有利于打破诉讼‘主客场’现象的新型诉讼格局”,我们推进跨行政区划审判工作,必须严格把握跨行政区划案件管辖的标准,防止随意划定跨行政区划案件管辖范围,既要精准识别管辖相应的案件,又要不破坏地域管辖的一般原则,确保案件管辖制度的整体稳定。

(三)坚持系统集成,积极推动跨行政区划审判体系构建

跨行政区划审判体系是一个复杂的体系,包括集中管辖、异地管辖、交叉管辖、提级管辖、专属管辖等不同类型。跨行政区划审判工作也是一项系统的工作,需要协调各方面的审判资源共同参与。虽然最高人民法院把铁路运输法院改造成跨行政区划法院,但跨行政区划审判工作不仅仅由铁路运输法院单独完成。以行政审判工作为例,为了解决影响公正司法的机制体制性问题,最高人民法院先后推行提级管辖、交叉管辖、异地管辖等改革措施,广西全区法院也在各地市推行行政案件集中管辖、交叉管辖、重大案件提级管辖,与宁铁两级法院的跨行政区划集中管辖相呼应,全区跨行政区划审判体系已现雏形。地方法院的集中管辖、交叉管辖可以化解大量的普通行政纠纷,是行政审判工作的主力军,但受行政区划所限,只能解决地市范围内的问题;以县区政府为被告的行政案件提级到中级人民法院管辖,解决了县区法院不便审理的问题,但市中级人民法院又不便于审理以市政府为被告的行政案件;宁铁两级法院审理以市政府为被告的行政案件不存在机制体制性障碍,但宁铁两级法院人数较少,难以承担大量案件的审理工作。三个体系各有所长也各有所短,但三者如能统筹结合起来,将相互取长补短,形成跨行政区划审判工作的强大合力。因此,我们推进宁铁两级法院跨行政区划审判工作,就必须要树立系统思维,主动融入优化四级法院职能定位系统工程,积极推动全区跨行政区划审判体系整体构建,形成普通案件在各地基层法院管辖、以县区政府为被告的案件由各地中级人民法院管辖、以地市政府为被告的案件由铁路运输法院管辖的新型诉讼格局,最终实现广西境内跨行政区划审判工作新发展。

(四)坚持以能力建设为重点,打造跨行政区划审判队伍

人才是事业之基,推进跨行政区划审判工作实现新发展,必须建设一支专业能力过硬的跨行政区划审判队伍。宁铁两级法院自转型改革以来,先后承担了上级法院指定的租赁合同纠纷、行政案件的审判任务,两级法院队伍也经历了两次审判能力的

专门提升。为了适应全面推进跨行政区划审判工作的需要，两级法院队伍还要做好能力再提升的准备。一方面要挖潜扩能，根据新扩大的案件管辖范围开展针对性培训，培养跨行政区划审判工作的多面手、全能型人才。另一方面要引进人才，在全区甚至全国范围内引进审判人才甚至审判专家，迅速提升专业审判水平，更好地完成跨行政区划审判工作任务。

三、完善跨行政区划审判工作的建议

为了更好地推动跨区划审判工作高质量发展，进一步保障法院独立公正行使审判职权，尽可能排除地方干扰，应当从体系构建、机构设置、案件管辖范围三个方面出发完善跨区划审判工作。

（一）关于跨行政区划审判体系构建

1. 普通一审案件由各地基层人民法院管辖，二审由各地市中级人民法院管辖；

2. 以县区政府为被告的一审行政案件、不跨地市的其他类型重大一审案件由各地市中级人民法院管辖，二审由自治区高级人民法院管辖；

3. 以地市政府为被告的一审行政案件、跨地市的各类型重大一审案件由跨行政区划法院管辖，二审由自治区高级人民法院管辖；

4. 以自治区政府为被告的一审行政案件、跨省区的重大案件一审由自治区高级人民法院管辖，二审由最高人民法院第一巡回法庭管辖。

（二）关于跨行政区划法院机构设置

为了优化资源，参照海事法院机构设置，跨行政区划法院只设中级人民法院一级，基层人民法院改为派出法庭，为了方便审理全省（自治区）范围内的跨行政区划案件，可根据实际情况多设派出法庭以便于群众诉讼。以宁铁两级法院为例，南宁铁路运输中级法院改造为南宁跨区划法院，撤销下属的南宁、柳州铁路运输法院，改为南宁、柳州派出法庭，另在桂林、玉林、百色、河池、北海等地各设派出法庭。

跨行政区划法院内视案件管辖范围设刑事、民事、行政、环境资源、知识产权、金融等专业审判庭，实现案件审理的专业化。

（三）关于跨行政区划法院的案件管辖范围

1. 以各地级市人民政府为被告的行政案件（不包括政府对土地、林业、水利等自然资源行政裁决案件）；

2. 跨地市的重大环境资源保护案件、重大食品药品安全案件（海事法院专属管辖的除外）；

3. 涉自治区、各地级市直属国有企业的民商事案件中,有一方当事人提出管辖异议的案件;

4. 跨行政区划检察院提起诉讼的案件;

5. 其他地方法院不宜管辖或超出地方法院管辖范围的案件;

6. 自治区高级人民法院指定管辖的其他案件。

行政行为程序瑕疵“指正判决”的实践与修正

——基于159份裁判文书的考察

林中材　林　滢[*]

一、引言:“瑕疵”抑或“违法”

随着中国法治建设不断深入,程序正义原则也得到不断强化,程序建设取得了一定的成效。尤其是近年来,行政法立法领域对行政程序违法的司法审查得到了不断细化和完善。从1989年颁布的《行政诉讼法》第54条明确具体行政行为违反法定程序的,人民法院司法审查后作出撤销判决的结果,2014年修正的《行政诉讼法》明确对滥用职权、明显不当的行政行为作出撤销判决,对无效的行政行为作出确认无效判决,对程序轻微违法的行政行为作出确认违法判决。这一系列法律法规的颁布和出台,都反映出我国越来越重视程序合法原则,这是全面推进依法治国的总目标的重要举措。

但是,在行政诉讼的司法实践中,对于行政程序瑕疵,法院普遍使用一种做法,即法院对被诉行政行为仅指出存在程序瑕疵之处,而不全盘否定整个行政行为的合法性。这样的判决书被称为“指正判决”。此类判决书是否突破了现有的法律规定?是否具有法理的正当性?适用范围如何界定?其法律后果如何?如何厘清“指正判决”与撤销、确认违法的判决方式的界限?笔者在中国裁判文书网上选取“指正判决”的样本,对行政程序瑕疵的“指正机制”进行探究,发现被指正的行政程序瑕

---

* 林中材,广西壮族自治区南宁市青秀区人民法院院长;林滢,广西壮族自治区南宁市青秀区人民法院审管办副主任。

疵没有统一的判断标准，并且与程序轻微违法混为一谈，出现了同案不同判的结果，损害了司法公信力。我国目前尚未颁布行政程序法，但理论界中，对于行政程序的研究取得了一定的成果，如江必新和周卫平编著的《行政程序法概论》、章剑生著的《行政程序法学原理》等专著，对行政程序的内涵、价值、类型等方面进行了研究。然而，学界和理论界对于行政程序瑕疵的“指正判决”鲜有论述，因此，笔者有必要从现有的研究成果出发，对“指正判决”作粗浅的研究，以期对行政程序法的构建献出绵薄之力。

二、检视：行政行为程序瑕疵“指正判决”的实证考察

为了深入研究行政行为程序瑕疵“指正判决”，笔者登录中国裁判文书网，并以“指正”“纠正”“矫正”为关键词对行政案件进行检索，抽取 2017 年至 2019 年公布的 159 份指正判决书为样本〔1〕，通过对这些指正判决进行梳理，发现其有以下几个特点：

（一）应用广泛

自 2017 年 7 月 1 日新修正的《行政诉讼法》颁布实施以来，全国各地法院“指正判决”如雨后春笋般地被广泛应用。2017 年至 2019 年，共有 16160 件案件采用了指正的方式对具体行政行为予以纠正，其中 2017 年 4271 件，2018 年 5355 件，2019 年 6534 件（见图 1）。由此可见，“指正判决”呈现出逐年增长的趋势，且主要以中级人民法院、基层人民法院的裁判为主。因“指正判决”具有较大自由裁量空间的特点，适用起来可以作为“口袋”将司法问题往里装，因此，大多数法官在遇到行政程序轻微违法的行政案件后，他们往往会采用“指正判决”来处理，将指正方式作为应对瑕疵行政行为的一大法宝。然而，过多地适用“指正判决”将会带来许多亟待解决的问题，笔者将在下文中展开。

〔1〕 参见中国裁判文书网，https://wenshu.court.gov.cn。

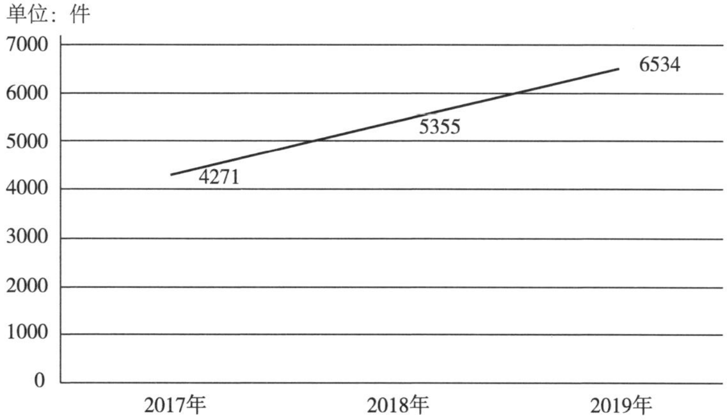

图 1　2017—2019 年中国裁判文书网“指正判决”数量

（二）上诉率高

从上述数据可以看出，“指正判决”主要被中级、基层人民法院这两个层级的法院运用得较多。这反映出此类指正判决书的上诉率非常高，且上诉人以原告居多。这些被指正的行政行为或多或少地存在一些程序瑕疵的问题，而这些被指正的程序瑕疵，基本上都是因为没有损害利害关系人的合法权益，或者不影响行政机关作出具体决定，故没有被人民法院认定违法。原告往往会认为被指正的程序瑕疵大多数是行政机关的义务性程序，违反了相关法律法规的规定，但法院仅仅指出行政行为的瑕疵所在，没有救济原告的权益，故而对“指正判决”不满。由于法院“对原告权利不产生实际影响”难以把握其标准〔1〕，而行政机关确实存在程序瑕疵，因此，原告对于法院的指正判决往往难以接受，从而选择了上诉，导致“指正判决”上诉率居高不下。

（三）瑕疵类型多样化

笔者在中国裁判文书网上抽取了 159 份“指正判决”，发现被指正的行政行为存在程序轻微的瑕疵主要类型有理由不充分、顺序颠倒、遗漏步骤、逾越时限、形式不合法等几种类型（见图 2）。

〔1〕 参见山东省高级人民法院行政判决书，（2016）鲁行终 56 号。

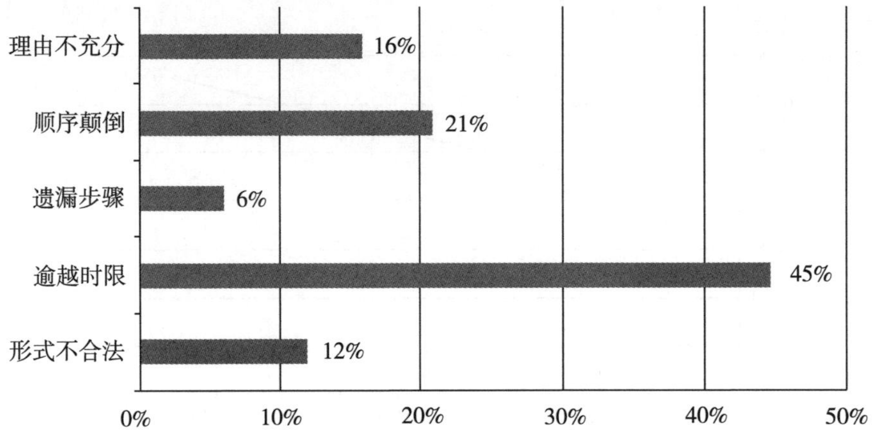

图2 行政行为程序轻微瑕疵的主要类型

1. 行政行为不符合法定形式

行政机关作出的行政行为，必须符合法定形式的具体要求。159份样本中此类占了12%的比例。例如，行政机关应当书面告知行政相对人而采用了口头形式，属于行政行为形式瑕疵。再如，行政机关应当采取书面形式告知行政相对人，但是文书制作不规范，亦属于行政行为形式瑕疵。[1]

2. 行政行为超过法定期限

为了提高行政效率，行政机关履职必须在法定期限内进行，否则行政行为超期作出会导致行政行为的程序瑕疵。其主要有公安机关无正当理由延长或超出办案期限、政府职能部门超期答复、工伤处罚超期、工伤认定超期等情形。159份样本中此类占了45%的比例，占比较大，说明行政机关在作出具体行政行为时经常发生超过法定期限的现象。如刘某动案中，原告刘某动认为被告超期作出工伤认定侵害其合法权益，[2]而法院审理认为行政机关超期作出的工伤结论，不属于程序违法，只认定为程序瑕疵。

3. 行政行为遗漏步骤

该类型具体表现为，行政机关作出具体行政行为时，遗漏了某个步骤或程序。

〔1〕 参见国家法官学院、中国人民大学法学院编：《中国审判案例要览（2010年行政审判案例卷）》，中国人民大学出版社2011年版，第399页。

〔2〕 参见中华人民共和国最高人民法院行政审判庭编：《中国行政审判指导案例》（第1卷），中国法制出版社2010年版，第202页。

159 份样本中此类占了 6% 的比例。例如,李某强诉广西壮族自治区南宁市公安局案,李某强认为广西壮族自治区南宁市公安局某民警在检查其身份证前未出示执法证件,导致其权益受损,[1]而法院认为虽然程序存在瑕疵,但不足以造成行政相对人合法权益受损,故驳回了原告的诉讼请求。

4. 行政行为顺序颠倒

行政行为先后顺序有所颠倒,导致行政行为存在瑕疵。159 份样本中此类占了 21% 的比例。如顾玉龙诉天宁区人民政府案,被告天宁区人民政府在作出房屋征收决定前,征收补偿费用没有足额到位,违反了征收决定实施的顺序,但是法院最终认为,被告天宁区人民政府按征收进度及时分批补足征收费用,不影响被征收人依法获得征收补偿款,驳回了原告的诉讼请求。[2]

5. 行政行为理由不充分

行政机关在作出行政行为时未能充分说明理由,或者说理不透彻,或者引用法律法规不周全,构成行政行为瑕疵。159 份样本中此类占了 16% 的比例。例如,杨某帆案,杨某帆认为被告在作出行政处罚时,未能在行政处罚决定书中载明其所违反的法律法规而致使其权益受损,法院认为此种情况不足以侵害原告杨某帆的权利,仅属于行政瑕疵。[3]

(四)同案不同判

从抽取的 159 份判决书样本来看,各法院之间"指正判决"的判决形式和判决结果均不相同,甚至大相径庭,出现同案不同判的现象。从现行的行政诉讼法律体系而言,人民法院对于行政行为瑕疵进行司法审查后,主要作出以下几种判决形式(见图 3)。[4]

---

〔1〕 参见国家法官学院、中国人民大学法学院编:《中国审判案例要览(2014 年行政审判案例卷)》,中国人民大学出版社 2016 年版,第 317 页。

〔2〕 参见王碧野、周雯:《国有土地上房屋征收决定的正当程序和事实要件》,载《人民司法(案例)》2012 年第 10 期。

〔3〕 参见国家法官学院、中国人民大学法学院编:《中国审判案例要览(2014 年行政审判案例卷)》,中国人民大学出版社 2016 年版,第 259 页。

〔4〕 参见章剑生:《现代行政法专题》,清华大学出版社 2014 年版,第 54 页。

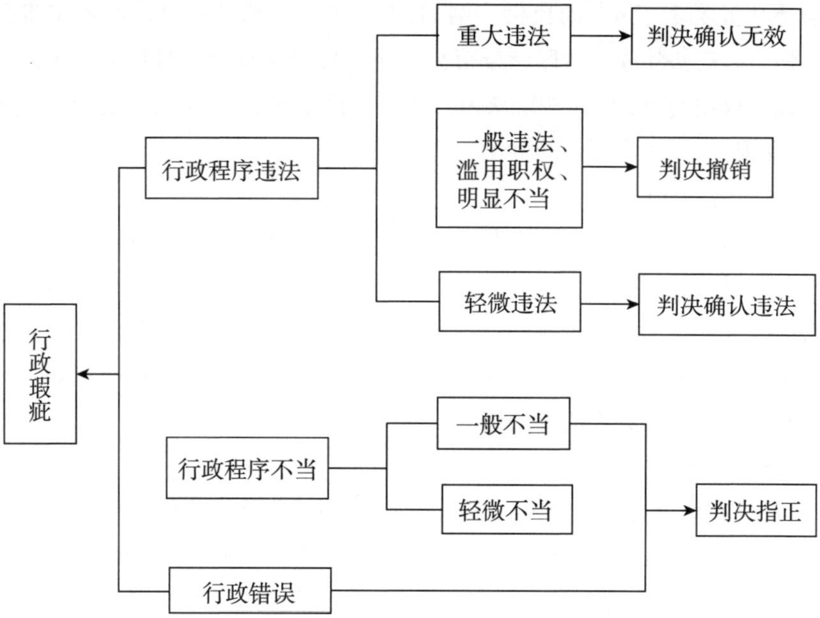

图 3　行政瑕疵的类型及司法审查结果

“指正判决”的同案不同判（见图 4）如对于行政机关超过法定期限办案，有的法院在判决书论理部分仅仅指出行政行为存在程序上轻微的瑕疵，但适用《行政诉讼法》第 69 条之规定判决驳回原告的诉讼请求；有的法院认为程序存在瑕疵，适用《行政诉讼法》第 74 条第 2 款第 3 项之规定而判决确认行政行为违法。由此可见，目前学界和司法界尚未统一行政行为程序轻微违法的认定标准，不同地域判决结果大不相同，出现了同案不同判的现象。同案不同判的现象虽然不是常态，但这在一定程度上削弱了行政机关的职能，也损害了司法公信力。

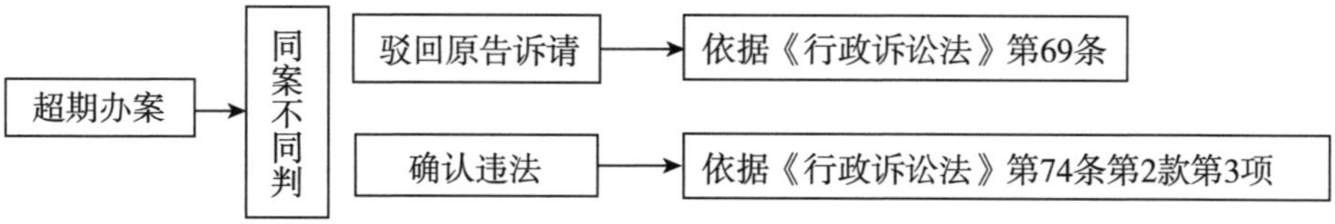

图 4　超期办案同案不同判结果示意图

（五）社会效果不佳

行政相对人或利害关系人发现行政行为有瑕疵，受到“光环效应”[1]的影响，难免产生先入为主、以偏概全的心理。行政机关不必为自己的瑕疵而“买单”，行政行为违法成本降低，这样的判决方式容易激化社会矛盾，引起原告对行政机关的不满，甚至社会矛盾的矛头会转向人民法院，人民群众将逐渐对行政权威及司法权威失去信赖和信心。行政相对人会因行政行为存在瑕疵而放大对行政机关的不信任，如果法院作为社会公平正义的最后一道防线，没有及时正确评价瑕疵的行政行为，反而会激化官民的矛盾，从而衍生出社会维稳问题。

三、审思：行政行为程序瑕疵“指正判决”的原因剖析

（一）法理支撑不够

行政程序瑕疵的“指正判决”长期以来备受司法界的青睐，被广泛地使用，但是行政行为程序瑕疵的“指正判决”面临着合法性和合理性的质疑。“指正判决”尚处于法律空白期，现行的行政法律体系没有“指正”或“纠正”等类似的词。“指正判决”存在的法理基础及法律依据不够夯实。

坚持程序本位主义的学者认为，“指正判决”是对程序独立价值的挑战，它的存在否定了程序公正原则。“指正判决”这种具有中国特色的司法实践合理性及合法性备受质疑的原因有以下三点：一是行政行为的程序轻微违法在实践操作中难以认定。被指正的具体行政行为存在的瑕疵是程序轻微违法，还是行政行为不合理？若是轻微程序违法，为何不适用确认违法判决？构成“违法情节轻微”且“对原告权利不产生实际影响”的标准在实际操作中更是难以界定。行政行为的合法性和行政行为的效力之间，如果不能形成任何一种平衡的对应状态，这就是“对应不能”。二是行政行为轻微违法形式多种多样、纷繁复杂，其对应的法律后果如何界定也是学界和司法界难以区分的问题。三是法院“指正判决”理由论述部分与轻微程序违法的判决理由混为一谈，难以区分“指正判决”与确认违法判决两种形式。[2]

（二）适用条件不明

2017 年《行政诉讼法》第 70 条以及第 74 条对撤销判决、确认违法判决适用条件

---

[1] 属于心理范畴，是指当认知者对一个人的某种特征形成好或者坏的印象后，还倾向于据此推论该人的其他方面的特征。

[2] 参见张杰：《行政审判中法院指正机制的检视与修正——以狭义行政瑕疵指正为研究视角》，载《山东法官培训学院学报》2020 年第 1 期。

均作出了明确的规定，而“指正判决”的适用条件在法律上一片空白。笔者通过检索中国裁判文书网的案例发现，实践中，法官往往适用《行政诉讼法》第 74 条第 1 款，虽然在“指正判决”中所指正的行政程序瑕疵往往已达到了“程序轻微违法”的程度，但是最终都没有被法院确认违法。由此可见，“指正判决”适用对象的认定标准还存在不统一的问题。例如，王某芝、王某成诉襄阳市政府确认行政复议行为违法案，〔1〕二审法院认为“一审法院认定行政机关超期答复被上诉人的事实，但对其行政行为的违法性没有进行确认，属于适用法律错误”。再如，上文中提到的刘某动案，法院认为不属于程序违法，只认定为程序瑕疵。由此可见，各地法院对同一类行政程序的瑕疵，会作出不同的界定，适用的界限不清，这也导致了同样的案件出现了不同的判决结果的现象。特别是“指正判决”如何区别于确认违法判决，两者适用标准上界定不明，会使判决结果不一，社会效果不佳，因此，界定“指正判决”与其他判决方式适用的界限显得尤为重要。“指正判决”对具体行政行为的否定程度比确认违法、确认无效的判决更轻，被“指正判决”的行政程序瑕疵，笔者认为，比“对原告权利不产生实际影响的程序轻微违法”更微不足道。笔者将在下文中进一步阐述。

（三）价值追求不正

受到“轻程序、重实体”的传统法治观念的影响，部分行政机关及其工作人员对法律法规的理解和重视还停留在实体法上，对程序法的认识和重视严重不足，越来越多的行政机关存在程序法律意识淡薄的问题，从而导致轻微程序违法案件的数量呈现井喷式增长。以 N 市法院 2019 年行政诉讼案件为例，因行政程序问题被判决确认违法的案件明显增多，占该市法院一审败诉的行政案件的 15.1%。由此可见，政府为追求高效率在一定程度上适用了现代化的发展趋势，行政机关“重实体、轻程序”，为追求行政效率披上了华丽的外衣，从而忽视了程序公正的价值。

当司法权介入行政领域时，法院通过对具体行政行为合法性进行司法审查来制约行政权，必然面临着行政程序公正与行政效率的价值选择。实践中，行政执法人员与法院司法人员都存在一种共同的心理：就算行政机关没有出现这个程序瑕疵，行政机关也同样会作出这样的行政决定，也就是说，该行政程序瑕疵轻微到不足以影响行政机关的决定，甚至达到可以忽略的程度，那么，这样的行政程序是可以放弃的。然而，仅仅指正行政机关存在瑕疵、“驳回原告诉讼请求”，这样的司法审查结果是原告所无法认同和接受的。因此，人民法院在审查行政行为的瑕疵时，要同时兼顾程序合

〔1〕 参见湖北省襄阳市中级人民法院行政判决书，(2020)鄂行终 467 号。

法与实体合法。

四、修正：行政行为程序瑕疵“指正判决”的完善路径

（一）夯实法理基础

法院对具体行政行为的合法性进行审查时，依据《行政诉讼法》第 69 条之规定，如果具体行政行为同时满足了“证据确凿”“适用法律、法规正确”“符合法定程序”三个必要的条件，且不存在“超越职权、滥用职权、明显不当”的情形时，法院才会作出驳回原告诉请的判决。换句话说，法院审查后认定行政瑕疵存在以上情形的，法院仅指正该瑕疵，这就是“指正判决”存在的法理基础。

“指正判决”作为矫正行政行为瑕疵的一种方法，[1]从这个角度而言，是有其存在的法理正当性的。笔者认为，行政行为程序瑕疵的矫正机制，要建立在行政合法、行政程序正义原则的基础之上，同时也要兼顾其他法律原则，不能以偏概全，不可一概而论。我国学界学者主张对于行政行为不同程度的瑕疵采取不同的矫正方式。例如，学者张步洪认为：“如果程序和实体均违法，应对行政行为予以撤销；如果程序违法，实体无错，则区别以待之：如果程序违法轻微的，原则上可维持被诉的行政行为，但有必要指出其瑕疵，责令有关部门进行改正。若程序严重违法，即使实体处理真实，也要予以撤销。”[2]再如，学者章剑生主张：“如何处理违反法定程序的行政行为，应当考虑两个因素：是否损害了行政相对人或利害关系人的合法权益，是否对行政相对人有利。若行政行为程序违法，损害了行政相对人或利害关系人的合法权益，法院应当作出撤销判决或确认违法的判决；反之，法院认定行政行为已构成程序违法，依法判决维持或驳回诉讼请求，但法院可以通过司法建议给行政机关必要的警告。若行政行为违反法定程序，却让行政相对人获利，而且行政相对人保留这一法律后果也并不违反法律法规，也不损害国家、社会或其他公民的合法权益，那么法院不应当作出撤销的判决或者确认违法的判决。”[3]

（二）端正价值追求

美国法律遵循严格程序正义原则（Principle of Due Process），将“正当法律程序”

---

〔1〕 参见杨登峰：《行政行为程序瑕疵的指正》，载《法学研究》2017 年第 1 期。

〔2〕 张步洪：《行政诉讼法律解释与判例述评》，中国法制出版社 2000 年版，第 422 页。

〔3〕 章剑生：《对违反法定程序的司法审查——以最高人民法院公布的典型案件（1985—2008）为例》，载《法学研究》2009 年第 2 期。

视为法律生命之所在。美国司法实践中,在行政机关作出程序违法的行政行为时,该行政行为效力主要取决于行政机关是否侵犯了行政相对人的宪法权利,诸如知情权、举证权、辩论权、听证权、阅卷权等权利。[1] 如果行政机关的瑕疵行政行为侵害了行政相对人的宪法权利,法院可以毫无顾忌地裁决该行政行为无效,而不是作出"轻微违法"的判决。[2]

与英美法系的严格正当程序相比,大陆法系对行政违法则宽容一些。若一概因具体行政程序违法而完全撤销该行政行为,势必会影响该具体行政行为的行政效率及行政资源。因此,追求怎样的价值,保护什么样的法益,是"指正判决"折射出来的价值选择问题。德国学者认为,限制撤销程序违法行政行为,主要出于程序经济权衡的考虑。[3] 我国台湾地区学者认为,不应当拘泥于形式主义而动辄对具体行政行为予以撤销或确认违法,而应当注重社会公共利益以及公民对行政机关公权力的信赖。[4]

笔者认为,出于严格程序考虑而一律撤销有瑕疵的具体行政行为,在一定意义上牺牲了行政效率。若程序违法的程度轻微且对行政相对人权利义务无实质的影响,撤销该行政行为亦与法治精神背道而驰,影响行政机关依法履行行政职责。[5] 坚持程序本位的学者认为,如果因为行政行为的实体内容未受到影响,也没有侵害利害关系人的权益,就对程序违法或程序瑕疵予以补正、指正,这种做法是对程序违法的纵容,折射出司法机关对行政程序的轻视,与程序正义是背道而驰的。随着西方法治"程序公正原则"的文化对我国法律文化的影响,正当程序原则在我国已逐渐被接受并开始生根发芽,虽然不能说程序本位的法律价值观在我国占据主导地位,但对于法律程序的独立价值,我们是完全认同的,我国人民法院已不再无视程序的内在独立价值。然而,笔者认为,"指正判决"与程序本位主义并不存在矛盾,即使承认程序具有其内在的独立价值,也不意味着在任何情况下都要不折不扣地保护程序权益或程序价值。当某个程序价值或程序权益与其他法律价值发生冲突时,则应当"两权相害取

---

〔1〕 参见[美]理查德·B. 斯图尔特:《美国行政法的重构》,沈岿译,商务印书馆2011年版,第149页。

〔2〕 参见焦明君、鲁昌松:《微瑕的程序正义:行政程序轻微违法司法审查标准之构建》,载贺荣主编:《深化司法改革与行政审判实践研究(下)——全国法院第28届学术讨论会获奖论文集》,人民法院出版社2017年版,第158页。

〔3〕 参见[德]G. 平特纳:《德国普通行政法》,朱林译,中国政法大学出版社1999年版,第234页。

〔4〕 参见罗传贤:《行政程序法基础理论》,台北,五南图书出版社1993年版,第261页。

〔5〕 参见林鸿潮:《行政法与行政诉讼法》,北京大学出版社2015年版,第355页。

其轻、两权相利取其重”，可以视实际情况而对某种价值予以限制，因此，从这个意义上来说，“指正判决”并未危及程序独立的价值，其与程序工具主义之间没有必然的联系。

（三）建立补正机制

1. 明确补正范围

可指正的行政行为瑕疵应当包括行政程序不当和行政错误，区别于重大且明显违法、滥用职权、明显不当、程序轻微违法这几种行政程序违法的情形。指正的根本特征和前提条件是，程序瑕疵尚不构成违法，或者程序裁量权的行使没有达到滥用和明显违法的程度。《德国联邦行政程序法》第 45 条规定了五种可以补正的行政行为：一是事后提交申请；二是事后说明理由；三是事后补做的听证；四是事后作出的委员会决议；五是另一行政机关的必要协作。〔1〕 目前我国尚未制定颁布行政程序法。笔者认为，德国的经验和做法值得我们借鉴，在制定我国的行政诉讼法时也可以分情形而处理。

结合上文的论述，笔者认为，行政程序问题可以分为三个层级：重大且明显的违法、一般违法和轻微违法，并就不同程度的程序违法对应不同的判决形式：确认无效判决、撤销判决、确认违法。〔2〕 对于前文分析的理由不充分、顺序颠倒、遗漏步骤、逾越时限、形式不合法类型的程序违法，应当依据《行政诉讼法》第 74 条第 1 款之规定认定为程序轻微违法。“指正判决”指正的行政程序瑕疵跟确认违法判决的轻微行政程序瑕疵相比，程度更轻。被指正的行政瑕疵应当仅仅是行政程序不当和行政错误。对于可指正行政瑕疵行为与被确认违法的程序违法之间的界限，笔者认为，如果行政行为所存在的程序问题不是法律规定的主要程序，而且对整个行政行为的效力无影响，则该瑕疵不构成违法，可以通过行政行为瑕疵的方式予以指正或补正。

2. 明确补正主体

“指正判决”作出后，行政机关应当是被指正行政行为的补正主体，而不是交给法院行使补正权，对行政行为进行纠错纠正。行政机关应当按照法律法规的规定，在正确的时间，按照正确的程序、准确的方式和有效的效果予以补正，以实现司法权对行

---

〔1〕 参见高宏亮：《审慎治愈：行政程序轻微违法的司法审查与矫正——基于〈行政诉讼法〉第七十四条第一款第二项展开》，载《深化司法改革与行政审判实践研究（下）——全国法院第 28 届学术讨论会获奖论文集》。

〔2〕 参见胡建淼：《行政法学》，法律出版社 2015 年版，第 658 页。

政权的有效监督。另外,行政行为经过行政复议的,复议机关可否成为补正主体?笔者认为,答案是肯定的。根据我国行政复议法的相关规定,因行政复议机关肩负着对下级行政机关的监督职权,因此有必要将行政行为瑕疵的补正权回归到行政复议机关,故行政复议机关也应当是补正主体。综上,行政复议机关和作出原具体行政行为的行政机关均是瑕疵行政行为的补正主体。

3. 明确补正期限

为了确保判决书对行政机关的约束力,防止行政机关久拖不决,避免再次出现行政行为的程序违法,有必要在"指定判决"中限定行政机关补正的时间期限。《德国联邦行政程序法》第 45 条规定,补正的时间延续到行政法院行政程序结束之前,并给予行政机关不超过 3 个月的补正时间。[1] 笔者认为,德国的法律规定具有其借鉴意义,可以兼顾行政效率及行政程序公正。对于限定的时间,可以参考行政机关履行行政职责而定,若超期补正,则应当追究相关人员的不作为法律责任。

4. 明确补正措施

为了确保"指正判决"的可执行力,保障行政相对人的合法权益,法院在"指正判决"中对于行政机关所采取的补正措施不能过于笼统,应当对补正措施予以明确。笔者认为,行政瑕疵行为的补正措施可以引入民事责任的承担方式,以达到预期的法律效果。例如,可通过判决行政机关对行政相对人赔偿损失、赔礼道歉等方式,消除和缓和原告因行政行为的瑕疵而造成的内心不满。

(四)完善司法建议

司法权对于行政领域的监督,不应当仅限于行政诉讼,法院应当延伸审判触角,充分利用司法建议白皮书制度,不断地推进行政机关依法行政。法院在判决书中所指出的问题是有限的,而司法建议往往能弥补判决书的不足,对行政机关在提高执法效率、规范执法程序、优化执法效果等方面均可以提出建议。因此,在"指正判决"无法触及的领域,可以通过司法建议来完成。

首先,畅通与行政机关沟通的渠道,加强与行政机关沟通交流。为了让法院的行政法官全面了解被诉行政行为,主办法官应当从受理案件后,在案件宣判前加强与行政机关的沟通,了解事情的来龙去脉,摸清行政机关的初衷,充分听取各方意见,认真

〔1〕 参见[德]G. 平特纳:《德国普通行政法》,朱林译,中国政法大学出版社 1999 年版,第 154 页。

衡量各方利益。[1]

其次,建立健全行政审判司法建议制度。在司法实践中,行政领域司法建议发挥着不可替代的作用。例如,上海市高级人民法院自 2002 年以来连续 17 年发布行政审判白皮书,据统计,2019 年上海市两级法院受理的行政案件出现了下降的趋势,缓解了官民矛盾,对行政争议的解决起到了积极的作用。笔者认为,判决书无法做到对具体行政行为所有细节的纠正,而法院制作白皮书可以对行政机关的问题进行总结并提出有效的建议,让白皮书发挥有效的司法监督作用。

最后,建议行政机关将行政程序违法作为绩效考评内容之一。"指正判决"存在的前提是行政行为存在瑕疵,而要从源头上治理行政瑕疵,则还需要行政机关对行政程序予以重视。像行政负责人出庭应诉率、行政诉讼败诉率一样,行政机关将程序违法纳入绩效考评的内容,且将这一考评指标按照行政行为的违法程度,或者被法院依法撤销、变更、确认轻微违法、指出瑕疵等予以细化、完善,促进行政机关严格按照法定程序和期限依法办案。

五、结语

行政程序的价值既在于保护行政相对人的合法权益,也在于维护社会对行政机关的信赖。行政机关为了追求行政效率而作出程序违法的行政行为,导致法院对行政行为程序瑕疵进行司法审查时,出现了大量的"指正判决",因此,对于行政行为程序瑕疵的"指正判决"需要夯实法理基础,端正价值追求,建立补正机制,完善司法建议。司法机关对行政行为程序瑕疵的指正,是监督、规范行政机关依法行政的手段,而不是立法目的。司法机关要提醒行政机关对程序公正时刻保持敬畏,政府部门要依法行政、依程序履职,只有这样才能实现官民和谐。

---

〔1〕 参见齐越:《行政行为程序轻微违法问题的实证研究与完善——以适用〈行政诉讼法〉新增第七十四条第一款第(二)项的 168 份判决书为例》,载《深化司法改革与行政审判实践研究(下)——全国法院第 28 届学术讨论会获奖论文集。

限制抑或任意：行政公益诉讼起诉期限的司法认定与规范路径

——基于我国法院相关裁判文书的实证考察

曾　芳　陈文君*

2017 年 7 月 1 日施行的《行政诉讼法》第 25 条第 4 款新增了检察机关提起行政公益诉讼的规定。行政公益诉讼作为一种特殊的诉讼类型，在立法确立后还需要有符合其性质规律的诉讼程序和裁判相关制度。但在现有法律和司法解释中，均未提及检察机关提起行政公益诉讼的起诉期限。本文从诉、辩、审三方视角，全面考察行政公益诉讼制度施行以来关于起诉期限的实践现状，结合现有理论研究，对是否应受起诉期限限制及起算点、期限长度、扣除问题进行深入分析，最终提出较为全面、可行的规范路径。

一、三元视角：行政公益诉讼起诉期限的实践现状

2020 年 5 月 15 日，笔者通过中国裁判文书网，以“行政公益诉讼”“起诉期限”进行全文检索，共得到 89 份文书。经甄别，实际涉及行政公益诉讼起诉期限问题的有效样本共计 75 份，并以此为基础进行研究。

（一）诉方之论：不受起诉期限限制或不予正面回应

第一种意见表现为检察院认为其在行政公益诉讼中不应受起诉期限限制，此类样本占比 64%。理由主要有以下四点：一是检察院不属于

---

* 曾芳，广西壮族自治区柳州市中级人民法院政治部宣传教育培训科副科长、三级主任科员；陈文君，广西壮族自治区柳州市鱼峰区人民法院立案庭五级法官助理。

行政公益诉讼起诉期限所规范的对象。检察院作为公益诉讼人，其诉讼地位有别于其他行政诉讼主体。[1] 二是国家和公共利益仍持续受到损害。对侵害公益的行为，任何时候都应受到法律的规制。[2] 三是检察院提起行政公益诉讼具有特殊属性。[3] 检察院提起行政公益诉讼存在诉前程序，在督促行政机关履职的过程中，由于受季节、气候等条件限制，要求行政机关立即完全履职存在困难。四是在行政公益诉讼中，发现国家和公共利益受到侵害的难度较大。[4] 从上述四个理由可见检察院在行政公益诉讼起诉时面临行为隐蔽性、发现滞后性、损害持续性、敦促紧迫性、季节限制性等困境。因此，检察院认为应当允许其在被诉行政行为得到纠正前提起诉讼。

第二种意见表现为检察院在起诉中未主动提及期限或未直面回应行政机关和第三人提出的起诉期限抗辩，仅强调行政机关未履行职责或检察院已履行诉前程序，符合行政公益诉讼起诉要件相关规定，此类样本占比36%。例如，在常州市钟楼区人民检察院诉常州市政钟楼区环境保护局（现名：常州市钟楼生态环境局）不履行法定职责案中，[5]2010年12月，被告作出行政处罚决定，因怠于履行追缴职责，造成行政处罚决定未得到有效执行。检察院2017年发现后认为被告早已超过法定申请执行期限，称其已发出检察建议，故于2017年12月向法院起诉。

（二）辩方之驳：应受起诉期限限制及考量客观实际

第一种答辩意见表现为直接提出检察院提起的行政公益诉讼已超过法定期限，法院应当驳回检察院的起诉。此类情况占样本比例为42.7%。例如，在乳源瑶族自治县人民检察院诉乳源瑶族自治县财政局等不履行法定职责纠纷案中，[6]被诉行政机关辩称自法院作出《刑事判决书》认定被告行政行为违法之日起，检察院就应当知道该行政行为，故应自知道之日起6个月内起诉。

第二种答辩意见表现为间接提出公益诉讼起诉期限过短，行政相对人仍在履行期限内或处罚决定未生效，行政机关无法申请法院强制执行。处罚决定“未生效未能执行”与“怠于履行职责”相矛盾。此类情况占样本比例为21.3%。例如，在清远市清城区人民检察院诉清远市国土资源局清城分局（现名：清远市自然资源局清城分

[1] 参见四川省绵阳市中级人民法院行政裁定书，(2019)川07行终104号。

[2] 参见云南省楚雄市人民法院行政判决书，(2017)云2301行初33号。

[3] 参见湖北省嘉鱼县人民法院行政判决书，(2019)鄂1221行初17号。

[4] 参见湖北省宜昌市西陵区人民法院行政判决书，(2017)鄂0502行初1号。

[5] 参见江苏省常州市武进区人民法院行政判决书，(2017)苏0412行初118号。

[6] 参见广东省韶关市武江区人民法院行政判决书，(2017)粤0203行初190号。

局)不履行法定职责案中,[1]被告于 2017 年 1 月 13 日作出行政处罚决定后,被处罚的行政相对人仍有复议或诉讼权利,在此期间被告无法申请法院强制执行,但检察院在该处罚决定起诉期限内即提起公益诉讼。

第三种答辩意见表现为行政事务客观上具有复杂性,在有限的公益诉讼起诉期内,即便行政机关有依法履职的意愿,但易受客观障碍影响造成无法完全履职。此类情况占样本比例为 38.7%。例如,在和龙市人民检察院诉和龙市住建局不履行城市污水处理监管职责案中,[2]由于河水污染治理涉及多方协调,和龙市住建局辩称正在履行管理职责,没有怠于履行。但检察院于 2017 年 7 月 7 日便向法院提起诉讼,距离其检察建议发出日不到 2 个月。

综上,被诉行政机关在履行职责中面临执行期限矛盾、修复整改周期长、修复季节性等困境。因此,行政机关认为应当考量客观实际,设置合理的期间保障其完全履行相应职责。

(三)审方之见:期限限制观点不同使裁判结果不一

在 75 份样本中,法院针对行政公益诉讼起诉期限问题的裁判情况如下(见表 1)。

表 1 裁判文书样本裁判概况

<table>
<tr><td>裁判方式</td><td colspan="4">一审裁判文书样本/份</td><td colspan="2">二审裁判文书样本/份</td><td>共计/份</td><td>占比/%</td></tr>
<tr><td rowspan="2">裁定</td><td colspan="2">不予受理</td><td colspan="2">驳回起诉</td><td>维持</td><td>改判</td><td rowspan="2">2</td><td rowspan="2">2.7</td></tr>
<tr><td colspan="2">0</td><td colspan="2">1</td><td>1</td><td>0</td></tr>
<tr><td rowspan="2">判决</td><td>受一定期限限制</td><td>不受期限限制</td><td>不明确(回避)</td><td>未主动审查</td><td>维持</td><td>改判</td><td rowspan="2">73</td><td rowspan="2">97.3</td></tr>
<tr><td>11</td><td>12</td><td>18</td><td>15</td><td>17</td><td>0</td></tr>
</table>

部分裁判中法院认为检察院应受到起诉期限的限制,表现为在判决意见中有确定的起算点,明确检察院已超过或未超过某个起诉期限,此类样本占比 26.7%。例

[1] 参见广东省清远市清新区人民法院行政判决书,(2017)粤 1803 行初 63 号。

[2] 参见吉林省延吉市人民法院行政判决书,(2017)吉 2401 行初 92 号。

如,在三台县人民检察院诉三台县人民防空办公室怠于履行法定职责案中,[1]法院最终以超过了6个月法定起诉期限为由,一审作出驳回起诉的裁定,二审维持原裁定。在盱眙县人民检察院诉盱眙县农业委员会怠于履行法定职责案中,[2]一审法院认定公益诉讼人未超过法定起诉期限,未采纳被告的起诉期限抗辩意见,径行判决。

部分裁判中法院认为检察院不应受到起诉期限的限制,此类样本占比28%。例如,在乳源瑶族自治县人民检察院诉乳源瑶族自治县财政局等不履行法定职责纠纷案中,[3]法院在判决书中提出"公益仍受侵害,检察院均可起诉"的表述即为此种情形。

部分裁判中法院对检察院是否受起诉期限限制不明确表达,采用回避问题的方式直接判决,[4]此类样本占比26.7%。部分案件可能已过起诉期限,当事人没有抗辩,法院未主动审查径行判决。[5] 此类样本占比18.7%。

二、裁判反思:行政公益诉讼起诉期限的问题剖析

考察后发现行政公益诉讼仍有围绕起诉期限的三大共性问题和裁判差异,并分析造成问题的原因。

(一)问题表现

1. 起诉期限起算点不一致

由于行政公益诉讼起诉期限尚无专门规定,法院在裁判中采取了截然不同的起诉期限起算点,主要呈现为以下四种观点:一是以检察建议回复日或回复期满日为起算点。[6] 二是以发出检察建议之日为起算点。[7] 三是以知道或应当知道行政行为内容之日为起算点。[8] 四是以知道行政机关有怠于履行职责的行为与国家公共利

---

[1] 参见四川省三台县人民法院行政裁定书,(2019)川0722行初14号;四川省绵阳市中级人民法院行政裁定书,(2019)川07行终104号。

[2] 参见江苏省淮安市清江浦区人民法院行政判决书,(2018)苏0812行初9号。

[3] 参见江苏省淮安市清江浦区人民法院行政判决书,(2018)苏0812行初9号。

[4] 参见湖北省钟祥市人民法院行政判决书,(2019)鄂0881行初60~61号。

[5] 参见山东省东明县人民法院行政判决书,(2018)鲁1728行初25号;安徽省砀山县人民法院行政裁定书,(2019)皖1321行初11号。

[6] 参见山东省东明县人民法院行政判决书,(2018)鲁1728行初25号;安徽省砀山县人民法院行政裁定书,(2019)皖1321行初11号。

[7] 参见广东省韶关市中级人民法院行政判决书,(2017)粤02行终153号。

[8] 参见广东省韶关市中级人民法院行政判决书,(2017)粤02行终153号。

益受到侵害之间存在因果关系之日为起算点。[1]

2. 适用起诉期限长度不同

由于行政公益诉讼起诉期限尚无专门规定，法院在裁判中选择了不同的起诉期限长度，主要呈现为以下四种观点：一是自收到检察建议回复之日或回复期满之日起6个月内。[2] 二是自知道或者应当知道作出行政行为之日起6个月内。[3] 三是公益诉讼起诉人向法院提起公益诉讼在法定的1年起诉期限内。[4] 四是从知道或者应当知道具体行政行为内容之日起最长不得超过2年。[5]

3. 未能正确适用扣除规定

部分案件中检察院在发出检察建议后收到行政机关回复正在整改，预计一定期间才可完成。但待检察院发现其整改不力再起诉时，被诉行政机关便称检察机关已过起诉期限。行政机关整改期间如果较长，应该向检察院提出申请一定的整改期间，并经检察院同意。该期间根据《行政诉讼法》第48条的规定应理解为不属于自身原因耽误起诉期限的情形，依法可以扣除。例如，在嘉鱼县人民检察院诉嘉鱼县自然资源和规划局不履行法定职责案中，[6]法院在面对起诉期限抗辩时没有对整改期间进行扣除，而是以法律没有相关规定为由，不采纳被告的意见直接判决。

（二）技术分析

行政公益诉讼是否受起诉期限限制常成为案件争议焦点。面对起诉期限这一问题，文书样本呈现出四种不同裁判结果。一是明确应受起诉期限限制；二是明确不应受起诉期限限制；三是回避期限抗辩，未做出明确回应；四是未主动审查期限问题。通过SPSS分析，[7]法院的不同裁判结果卡方检验 $\chi^2(3)=1.64, P=0.65>0.05$，即四种不同判决结果分歧较大（见表2）。比例不存在显著差异，全部个案在四种判决结果上分布均匀，难以形成统一的观点。

---

[1] 参见广东省韶关市中级人民法院行政判决书，(2017)粤02行终153号。

[2] 参见甘肃省天水市秦州区人民法院行政判决书，(2017)甘0502行初6号。

[3] 参见陕西省礼泉县人民法院行政判决书，(2017)陕0425行初1号。

[4] 参见吉林省榆树市人民法院行政判决书，(2018)吉0182行初41号。

[5] 参见广东省韶关市中级人民法院行政判决书，(2017)粤02行终153号。

[6] 参见湖北省嘉鱼县人民法院行政判决书，(2019)鄂1221行初17号。

[7] 在SPSS软件统计中，都会看到 P 值“渐进显著性”，如果 $P>0.05$ 则差异不显著，意味着结果分布均匀，难以形成统一观点，分歧较大；如果 $P<0.001$ 则差异极显著，意味着结果多向一种意见倾斜。

表 2　法院的不同裁判结果卡方检验

判决结果			
裁判结果类型	观测到的 N	预期的 N	残差
受限	20	18.8	1.3
不受限	21	18.8	2.3
不明回避	20	18.8	1.3
未主动审查	14	18.8	-4.8
总计	75		
检验统计			
卡方 $\chi^2(3)$	1.640		
自由度	3		
渐近显著性 P	0.650		

采用此方法比较法院判决“明确应受起诉期限限制”的 20 份文书样本中起算点、期限长度、是否扣除的差异。起算点和期限长度中的观点均呈现极大差异。对于起算点差异卡方检验 $\chi^2(3)=26.8$，$P=0.000<0.001$，观点主要倾向于从“检察建议回复日或回复期满日”起算（见表 3）；对于期限长度差异卡方检验 $\chi^2(3)=27.2$，$P=0.000<0.001$，观点主要倾向于期限长度为“回复之日或回复期满之日起 6 个月内”（见表 4）。

表 3　起算点差异卡方检验

起算点			
起算点节点	观测到的 N	预期的 N	残差
回复或回复期满日	15	5.0	10.0
检察建议发出日	2	5.0	-3.0
知道或应当知道行政行为内容之日	2	5.0	-3.0
知道行政机关有怠于履职行为与公共利益受侵害存在因果关系之日	1	5.0	-4.0
总计	20		

续表

检验统计	
卡方 $\chi^2(3)$	26.800a
自由度	3
渐近显著性 *P*	0.000
精确显著性水平	0.000
点概率	0.000

表 4　期限长度差异卡方检验

期限长度			
期限时间长度	观测到的 *N*	预期的 *N*	残差
回复或回复期满 6 个月	15	5.0	10.0
知道或应当知道作出行政行为之法定 1 年起诉期内日起 6 个月	3	5.0	-2.0
最长 1 年	2	5.0	-4.0
最长 2 年	1	5.0	-4.0
总计	20		
检验统计			
卡方 $\chi^2(3)$	27.200a		
自由度	3		
渐近显著性 *P*	0.000		
精确显著性水平	0.000		
点概率	0.000		

对于是否扣除差异卡方检验 $\chi^2(3)=0.8$，$P=0.371>0.05$，是否能扣除的分歧较大，比例不存在显著差异，个案在扣除适用上分布均匀，未形成统一的观点（见表 5）。

表 5　是否扣除差异卡方检验

是否扣除			
扣除类型	观测到的 *N*	预期的 *N*	残差
可扣除	12	10.0	2.0

续表

未提及	8	10.0	-2.0
总计	20		
检验统计			
卡方 $\chi^2(3)$	0.800		
自由度	1		
渐近显著性 P	.371		
精确显著性水平	.503		
点概率	.240		

综上所述,实务中各法院在关于起诉期限裁判结果、适用扣除上仍有较大分歧,裁判中具体采用的起算点、期限长度具有巨大差异,在同为“起诉期限”问题上异判的现象严重,值得引起立法者的重视。

(三)原因探究

造成公益诉讼起诉期限认识不统一的原因主要有以下四方面:一是公共利益的至高性与诉权期限的冲突。案件争议焦点集中在公益诉讼人所代表的公共利益是否受起诉期限的限制。法院也有根据期限规定驳回起诉的少量案例,检察院则对此表达了强烈反对意见,其认为公共利益具有至高性,应当突破现有《行政诉讼法》对起诉期限的规定。二是相关立法不完善且缺乏相应司法解释。行政公益诉讼起诉期限在现行法律以及最高人民法院、最高人民检察院(以下简称“两高”)司法解释中均没有特殊规定,因此,全国法院还未形成对行政公益诉讼是否应进行期限审查和如何审查的统一认识。三是裁判案例对起诉期限审查的指引不足。综观“两高”发布的行政公益诉讼典型案例,均缺乏对于起诉期限审查问题的明确指引。由于受到审理层级的限制,行政公益诉讼案件也缺乏较高层级法院作出的裁判作为审判参考。四是法院权益平衡下受到非法律因素影响。行政公益诉讼试点所带来的政策贯彻落实,在当时取得了一定成效,但也有其消极一面。遇到起诉期限问题时,多方可能进行利益冲突协调,从而出现回避起诉期限问题、寻找合适期限支持公益诉讼人等方式判决。

三、理论分歧:行政公益诉讼起诉期限的学理论辩

目前,学术界对行政公益诉讼是否应当适用起诉期限及起诉期限起算点、期限长度、是否适用扣除四项关键事项,均有不同观点。

（一）起诉期限：理性限制或选择任意

目前，一些学者已经认识到起诉期限规定在检察行政公益诉讼制度中的缺失问题，并呼吁要尽快明确行政公益诉讼起诉期限。有的学者通过设立起诉期限原理、行政公益诉讼起诉期限类型化等方面进行论证，提出了具体的起诉期限建议。〔1〕 相反，小部分学者从检察机关不是行政行为相对人，难以及时发现案件和行政行为对公益的危害，具有滞后性等角度出发，〔2〕提出检察行政公益诉讼不应受到起诉期限限制的观点。面对起诉期限应当限制还是任意的观点碰撞，笔者认为，应当建立在对"任意"否定的基础上，进行理性限制，理由有三：

第一，行政机关违法行使职权或不作为对公益的危害，在结果显现上具有滞后性并不是行政公益诉讼免除起诉期限的充分理由。首先，并非所有的行政行为对公益的危害都具有滞后性，一些行政行为对公益危害是即时显现的。其次，通过创设合理的起算点，便能妥善解决此类问题。

第二，行政公益诉讼虽然是一种特殊的行政诉讼，但依然不能脱离整个行政诉讼立法框架的规制。起诉期限关系到行政行为效力理论和法的安定性原则，〔3〕行政公益诉讼是规定在《行政诉讼法》第 25 条第 4 款中的，因此，依旧应当受到起诉期限制度的规制。

第三，国家利益和社会利益持续受到侵害，不能成为检察机关无限期起诉的理由。首先，行政公益诉讼保护的法益大部分具有现实紧迫性，如在生态环境遭到破坏后若不能及时得到修复、食品药品安全事件一旦发生不能及时纠正，都会对公益造成极大损失。其次，法律不保护权利上的"睡眠者"，检察机关若没有起诉期限的限制，将会怠于起诉，导致公益持续受侵害。因此，一个科学合理的起诉期限对保护公益具有很强的监督作用。

（二）起算起点：难以确定或简明清晰

对于行政公益诉讼起诉期限的起算点，学界有以下四种观点：第一种观点认为，鉴于行政公益诉讼针对的是令国家、社会公共利益受到侵害的行为，因此，行政公益诉讼起诉期限的起算点应从检察机关知道或者应当知道公益受到侵害时起算。〔4〕

---

〔1〕 参见李庆保：《论环境公益诉讼的起诉期限》，载《中国政法大学学报》2020 年第 2 期。

〔2〕 参见崔卓兰、卢护锋：《建构行政公益诉讼制度的若干问题探析》，载《长白学刊》2006 年第 5 期。

〔3〕 参见林俊盛：《论行政诉讼起诉期限制度的完善——兼谈我国〈行政诉讼法〉的修改》，载《行政法学研究》2013 年第 3 期。

〔4〕 参见赵智慧：《检察机关提起公益诉讼期限该如何确定》，载《检察日报》2018 年 4 月 8 日，第 3 版。

第二种观点认为，对照最高人民法院《关于适用〈中华人民共和国行政诉讼法〉的解释》（以下简称《行政诉讼法司法解释》）第64条“从知道或者应当知道行政行为内容之日起最长不得超过一年”的规定，检察机关不是行政行为的相对人，无法第一时间知道行政行为何时发生，因此应当考虑将行政公益诉讼的起诉期限起算点设定为检察机关立案之日起3个月。[1] 第三种观点认为，在检察建议程序后，诉讼客体已从先前的违法行使职权或不作为行为，变为行政机关回复或逾期未回复行为。因此，行政公益诉讼的起算点应为检察建议回复日或回复期满日。[2] 第四种观点认为，起诉期限应当从行政机关收到检察建议后1个月开始起算。[3]

综观以上观点，笔者认为，第一种观点是最贴近《行政诉讼法》现有规定范式的起算点设置，但检察机关知道或者应当知道国家或社会利益受损之日在操作上较难确定。在进入诉讼后，被告难以知晓该起算点，无法就检察机关是否超过起诉期限进行答辩。第二种观点虽然比第一种观点设置得更容易确定，但以检察机关立案后3个月为起点缺乏理论支撑，较为随意。笔者同意第三种观点的起算点设置，不仅简明清晰，而且检察机关的起诉期限不受诉前程序的挤压，但该观点认为诉前程序后，诉讼客体已变为行政机关对检察机关回复或逾期未回复的行为，值得商榷。第四种观点认为起算点应从行政机关收到检察建议后1个月开始起算，即行政机关回复检察建议期满之日起算，该观点不够全面。若行政机关在期满前已经回复，则起诉期限起算点应该要从行政机关回复之日起计算。

（三）期限长度：选择现有或重新创设

关于起诉期限长度，学界观点更是五花八门。既有认为可以与现有普通行政案件中的6个月期限相一致的观点，[4] 也有创设了多种新期限的观点，如认为应借鉴《环境保护法》的起诉期限，将行政公益诉讼的起诉期限延长到3年，[5] 或为避免公共利益因诉讼时效的消灭而得不到有效保护，应将起诉期限设置为4年或更长时间。[6] 将起诉期限设为3年甚至更长时间，超过了《行政诉讼法司法解释》中1年的期限规定，况且从公益的紧迫性、及时性及保护法的安定性角度考虑，设置过长的起

---

〔1〕 参见刘艺：《检察公益诉讼的司法实践与理论探索》，载《国家检察官学院学报》2017年第2期。

〔2〕 参见施立栋：《论行政公益诉讼的起诉期限》，载《浙江社会科学》2020年第1期。

〔3〕 参见马怀德、孔祥稳：《拓展案件范围完善行政公益制度》，载《检察日报》2017年4月3日，第3版。

〔4〕 参见马怀德、孔祥稳：《拓展案件范围完善行政公益制度》，载《检察日报》2017年4月3日，第3版。

〔5〕 参见高宗祥：《行政公益诉讼制度施行疑难探讨》，载《人民检察》2016年第10期。

〔6〕 参见巩富文、杨辉：《我国检察机关提起公益诉讼制度研究》，载《人民检察》2015年第5期。

诉期限反而不利于公益的及时救济。除此之外,也有个别学者以行政诉讼类型化为视角进行起诉期限设计,[1]如将行政诉讼分为撤销之诉、给付之诉、确认之诉,按诉讼类型设置不同起诉期限,但这种观点在综合各类请求的案件中可能会造成实操的混乱。

(四)扣除事项:概括规定或明确列举

《行政诉讼法》第 48 条规定因不可抗力或其他不属于自身原因耽误起诉期限的,可以将该段被耽误的时间扣除在起诉期限之外。许多学者比照该条规定,认为应当将检察机关启动诉前程序到终结诉前程序的时间从起诉期限中扣除。[2] 但笔者认为上述观点扣除的期间不符合《行政诉讼法》第 48 条的扣除的情形。还有学者认为,检察机关若诉前准备时间充足,原则上不应适用扣除规定。[3] 笔者认为,特殊情形可以扣除并应加以明确,以免该规定被滥用。

此外,行政公益诉讼起诉期限的创设还受到多方面制度设计的影响,比如,行政机关有 2 个月的时间回复检察建议,但由于案件难度不同,在此期限内整改可能存在困难,因此,有学者建议行政机关可以向检察院申请延长回复期限。[4] 又如,检察机关决定起诉前规定了层报批准制度,尽管没有现行有效的法律法规层报的期限,但有学者发现部分案例中检察机关的层报时限超过了 1 个月。[5] 应考虑整改和层报期间适用期限扣除的规定。

四、理性限制:行政公益诉讼起诉期限的规范路径

起诉期限的设置有利于实现公益诉讼设立的初衷与价值理念,在设立行政公益诉讼起诉期限制度中,应包含特有的起诉期限,受最长起诉期限的限制,同时适用期限的扣除规定(见图 1)。

---

〔1〕 参见马春梅、陈幽、冯小娇:《行政公益诉讼起诉期限类型化研究——以诉的权利保护必要性为视角》,载《中国审判》2020 年第 4 期。

〔2〕 参见王雪梅:《行政公益诉讼若干问题探析》,载《中共乐山市委党校学报(新论)》2017 年第 3 期;王鲲:《检察院提起行政公益诉讼案件的审理规范》,载《人民司法(案例)》2017 年第 11 期。

〔3〕 参见施立栋:《论行政公益诉讼的起诉期限》,载《浙江社会科学》2020 年第 1 期。

〔4〕 参见王晓航、张源:《行政公益诉讼诉前程序需要"优化"》,载《检察日报》2019 年 3 月 21 日,第 3 版。

〔5〕 参见王鲲:《检察院提起行政公益诉讼案件的审理规范》,载《人民司法(案例)》2017 年第 11 期。

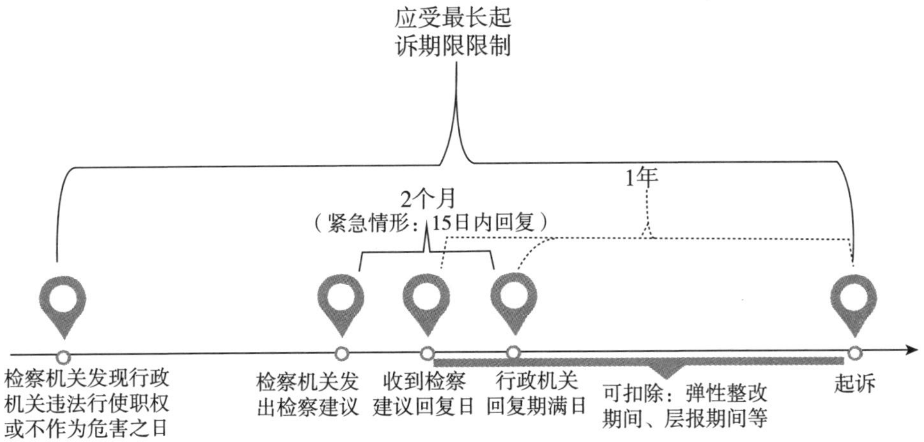

图1　行政公益诉讼起诉期限制度时间轴

（一）理念升华：明确设立起诉期限及科学设置期限

起诉期限的设立是为了平衡私权保护与公共利益，正如博登海默所言："任何自由都容易被滥用，以维护社会福祉为目的，我们必须使自由受到限制，这正是自由社会的法则。"[1]因此，我国绝大多数法律明确规定了起诉期限制度。随着行政公益诉讼从试点到全面铺开，法院应避免对非法律因素的考量，面对各方利益冲突时，从"放宽起诉标准，支持检方完成任务"向"严格起诉期限，实现制度化运行"转变。起诉期限能平衡公益保护与法秩序安定性之间的关系。综上所述，行政公益诉讼应当受到起诉期限的限制，并且应科学设置该期限。若起诉期限过短，检察机关可能会急于求成，为迎合起诉期限，匆匆进入诉讼程序，导致行政权与检察权的紧张。若起诉期限过长，检察机关可能会怠于行使诉讼而消减检察监督的权威性，更不利于国家和公共利益的保护。

（二）规范突破：起算点重置及统一起诉期限长度

建议在立法中创设行政公益诉讼特有的起诉期限。规定检察院直接向法院提起行政公益诉讼的，应当自检察机关收到检察建议回复之日或回复期满之日起1年内提出。

将起诉期限起算点重置为"自检察机关收到检察建议回复之日或回复期满之日"

---

〔1〕［美］E. 博登海默：《法理学——法哲学及其方法》，邓正来、姬敬武译，华夏出版社1987年版，第276页。

的理由主要有以下三点:第一,侵害公共利益的行为往往具有隐蔽性,若起诉期限严格限制为知道事件时,极易造成检察机关发现后,因起诉期限已过而无法起诉的后果。重设该起算点,不仅确保检察机关已经发现该行为,而且避免了检察建议前置准备程序的期限挤压,便于对期限进行举证。第二,2020年《最高人民检察院工作报告》指出,2019年最高人民检察院(以下简称最高检)发出的103007件诉前检察建议回复整改率达87%,在诉前程序有效解决了绝大部分问题。检察建议和检察诉讼作为两种独立的解决程序,重设该起算点,有利于充分发挥诉前程序的作用,创造条件使检察建议诉前程序成为常规解决方法,公益诉讼作为补充。第三,应注意的是,若多次发出检察建议,应以第一份检察建议为准。在发出检察建议后,若行政机关整改不力,检察机关应尽快提起诉讼,防止检察机关以多次发检察建议来无限延长起诉期限,从而怠于履行诉讼督促义务。

将期限长度设置为一年的理由主要有四点:第一,生态恢复季节周期性。恢复生态环境,不仅需要一定的时间,而且还需要满足季节、气候等条件。例如,在砍伐林木后被要求恢复植被,而树木在春天才适宜种植,即使检察建议是夏天发出的,义务人在1年内也有了实际履行的可能。1年时间包含春夏秋冬,基本覆盖因季节、气候而无法实际履行的抗辩理由。第二,解决期限矛盾。若行政机关在收到检察建议后发出处罚决定,根据《行政诉讼法》第46条、《行政强制法》第53条的规定,行政机关只有在相对人6个月诉讼期满后才可申请执行,行政机关申请法院强制执行期限为3个月,故从处罚决定送达至法院强制执行需要最长9个月,通过规定行政公益诉讼1年的起诉期限,能解决行政机关因法定期限未到无法申请执行的困境。第三,保护公益及时性。1年的期限比部分学者提出的2~4年的建议要短,能及时督促检察院行使法律监督权利以维护公益。第四,检察实践可行性。1年的期限比现行的普通起诉期限6个月长,在最高检已发布的四个批次典型案例中,100%的检察机关均能在收到检察建议的书面回复之日或回复期满之日起一年内提起诉讼(见表6)。由此可见,1年的检察公益诉讼起诉期限是具有可行性的。

表6　最高检发布行政公益诉讼典型案例起诉历时情况统计

典型案例发布时间	典型案例	回复之日或回复期满日	提起诉讼日	历时/月
2020年7月22日	江苏省睢宁县人民检察院诉睢宁县生态环境局行政公益诉讼案	2017年7月2日	2017年7月16日	<1
	湖北省赤壁市人民检察院诉赤壁市水利局怠于履行饮用水安全监管职责案	2018年8月19日	2019年1月10日	4+
	山东省庆云县人民检察院诉庆云县水利局怠于履行职责案	2018年11月5日	2019年4月3日	5+
2018年12月25日	安徽省芜湖县人民检察院诉南陵县城市管理局行政公益诉讼案	2017年1月30日	2017年3月31日	2+
	辽宁省丹东市振兴区人民检察院诉丹东市国土资源局行政公益诉讼案	2018年3月7日	2018年11月7日	8
2018年3月3日	江苏省泰州市高港区人民检察院诉高港区水利局行政公益诉讼案	2016年11月24日	2016年12月16日	<1
	贵州省江口县人民检察院诉铜仁市国土资源局、梵净山国家级自然保护区管理局行政公益诉讼案	2016年11月25日	2016年12月29日	1+
	福建省清流县人民检察院诉清流县环境保护局行政公益诉讼案	2015年7月22日	2015年12月21日	4+
2017年6月30日	吉林省白城市洮北区人民检察院诉畜牧业管理局行政公益诉讼案	2017年8月28日	2017年9月22日	<1
	安徽省阜南县人民检察院诉阜南县住房和城乡建设局公益诉讼案	2016年5月9日	2016年7月21日	2+
	甘肃省永登县人民检察院诉永登县农林局行政公益诉讼案	2016年5月5日	2016年8月11日	3+
	陕西省凤翔县人民检察院诉宝鸡市环保局凤翔分局行政公益诉讼案	2016年1月4日	2016年5月3日	3+
	云南省昆明市西山区人民检察院诉西山区城管局行政公益诉讼案	2016年12月6日	2017年4月14日	4+

续表

典型案例发布时间	典型案例	回复之日或回复期满日	提起诉讼日	历时/月
	福建省福清市人民检察院诉福清市国土资源局行政公益诉讼案	2016年5月23日	2016年11月10日	5+
	广东省清远市清新区人民检察院诉清新区沁潭镇人民政府行政公益诉讼案	2016年4月21日	2016年10月9日	5+
	内蒙古自治区林西县人民检察院诉丹东市国土资源局行政公益诉讼案	2016年6月16日	2016年12月9日	5+
	山东省莱西市人民检察院诉莱西市水利局行政公益诉讼案	2015年11月28日	2016年8月17日	8+
	贵州省德江县人民检察院诉德江县国土资源局行政公益诉讼案	2016年3月29日	2016年12月9日	8+

此外，规定最长起诉期限的目的是维护社会稳定和减少司法诉累，笔者认为，行政公益诉讼起诉期限适用《行政诉讼法》第46条第2款最长起诉期限的规定。

（三）分歧化解：统一“两高”对起诉期限的解释

《行政诉讼法》第48条赋予了原告因不可抗力或其他不属于自身原因的情形下扣除所耽误期限的权利。笔者认为，行政公益诉讼应当同样适用该条期限扣除的规定，“两高”应当尽快出台司法解释，列举行政公益诉讼起诉期限可扣除的情形。

行政公益诉讼因不可抗力或者其他不属于其自身的原因应当包含如层报期间、生态修复期间、环境整改期间等。第一，参考最高人民法院《关于审理房屋登记案件若干问题的规定》第8条中“民事争议处理期间不计算在行政诉讼起诉期限内”之规定，行政诉讼要以民事诉讼裁判结果为前提，否则原告无法起诉。在行政公益诉讼中，检察院能否起诉需要以上级检察院的批准结果为前提，否则检察院不能直接起诉。因此，层报期限是不属于检察院自身原因耽误的期限，应当扣除。第二，由于客观原因导致行政机关不能在1年起诉期限内恢复、整改完毕的，出于有效保护公益的目的，如检察院同意行政机关回复检察建议后适当延长履行期限，但行政机关在该期限内仍未履行职责导致公益持续受损，检察机关在起诉时，法院应当扣除检察院已同意行政机关延长的期限。

(四)统一校准:加强案例指引及制度配套措施

最高人民法院可以结合目前起诉期限存在争议的案件,选取一些典型案例作为指导性案例,进一步统一涉及行政公益诉讼起诉期限的裁判尺度。“两高”在完善公益诉讼制度时,应完善以下配套措施。

第一,完善层报制度。虽然现行有效的法律法规没有关于层报的具体期限,但2015年出台的《人民检验院提起公益诉讼试点工作实施办法》曾经将层报时间确定为1个月,为使检察机关能更快向法院起诉以尽保护公益之监督职责,则应尽量缩短检察院层报最高检批准能否提起行政公益诉讼的时间,将层报完成期间控制在1个月内(见图2)。

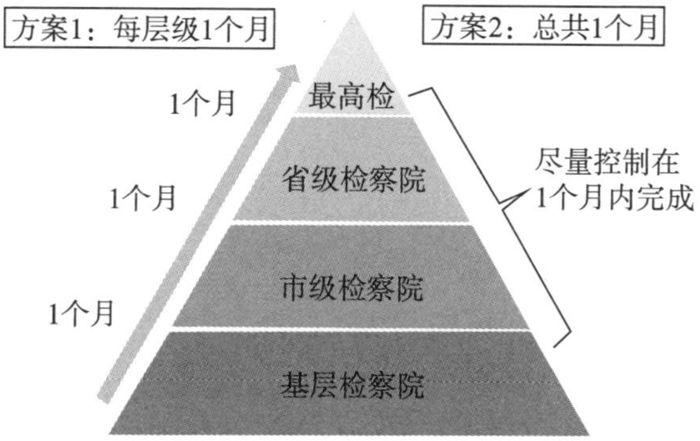

图2 行政公益诉讼检察层报制度金字塔

第二,设立整改弹性期间。在诉前程序中行政机关回复检察建议后,若行政机关在1年起诉期限内整改完毕存在困难的,可以允许行政机关提出延长履责期限的申请,由检察院进行审批。检察院提起行政公益诉讼时若需要扣除该整改期间,应提供证明材料,是否准许由人民法院决定(见图3)。

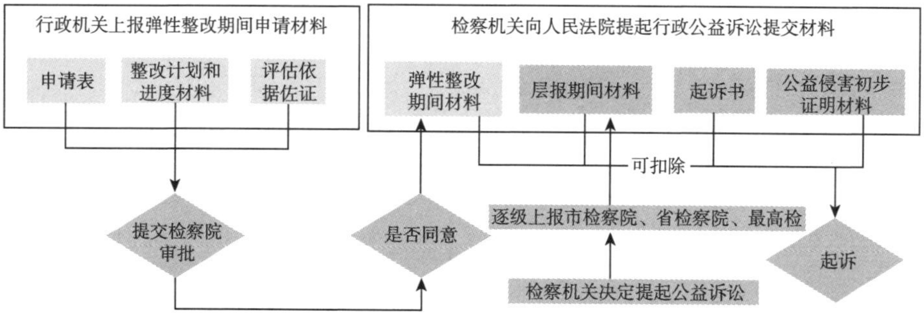

图3 行政公益诉讼弹性整改期间流程

五、结语

对起诉期限进行“限制”是行政公益诉讼制度的应有之义，本文通过对司法实践和学理论辩分析，提出应当创设行政公益诉讼的起诉期限制度，即检察机关应当自收到检察建议回复之日或回复期满之日起1年内起诉，适用最长起诉期限，并在司法解释中列举适用扣除的层报制度及行政机关履行职责的弹性整改期间。该起诉期限较好地解决了行为隐蔽性、发现滞后性、敦促紧迫性、季节限制性、执行期限矛盾、修复整改周期长等问题。通过完善起诉期限制度，以期增强行政公益诉讼对国家和公共利益保护的刚性，督促行政机关主动作为或纠正违法行为，支持检察机关及时提起公益诉讼，最终实现对国家和社会公共利益及时、全面、长期的保护。

加强生态环境损害赔偿的司法保障

——以赔偿协议之实质审查为进路*

张　蕾**

自《生态环境损害赔偿制度改革方案》初步构建生态环境损害赔偿制度以来,人民法院严格贯彻该方案"主动磋商、司法保障"的工作要求,通过司法确认的方式保障了赔偿协议的强制执行力。从赔偿协议司法审查之现状可以看出,人民法院在此类案件中对赔偿协议的实质审查不足,未能充分发挥司法能动性。因此,笔者主张以赔偿协议之实质审查为进路,加强人民法院在此类案件中的司法保障作用。

我国《民法典》在侵权责任编专章规定污染环境和破坏生态的侵权责任,是《民法典》"绿色化"的重要体现。其中,第1234条关于生态环境损害修复责任的规定,为生态环境损害赔偿提供了请求权基础,为生态环境损害赔偿制度的进一步发展与完善奠定了重要的制度基石。可以想见,生态环境损害赔偿诉讼将在《民法典》正式施行后不断涌现。然而,生态环境损害赔偿诉讼的负效应十分显著,不仅耗时耗力,不利于生态环境的及时修复,还可能面临后续的执行难题。〔1〕《生态环境损害赔偿制度改革方案》(以下简称《改革方案》)将赔偿磋商作为前置程序,引导赔偿权利人与赔偿义务人达成生态环境损害赔偿协议(以下简称

* 本文获最高人民法院环境资源审判庭、中国法学会环境资源法学研究会、《法律适用》编辑部联合举办的"贯彻民法典绿色条款"征文活动三等奖。

** 张蕾,法律硕士,广西壮族自治区高级人民法院环境资源审判庭三级法官助理。

〔1〕 参见李树训:《生态环境损害赔偿调解:新生与保障——聚焦贵州、湖南、云南三省改革前沿》,载《商丘师范学院学报》2020年第2期。

赔偿协议)[1],以通过多元纠纷化解机制消弭上述负效应。考虑到生态环境损害修复的时效性,为了弥补赔偿协议强制执行力的不足,《改革方案》创造性地提出赔偿协议的司法确认构想,即经司法确认的赔偿协议具有强制执行力,这也在最高人民法院《关于审理生态环境损害赔偿案件的若干规定(试行)》(以下简称《若干规定》)第20条第1款[2]中得以体现。由此,实务中开始出现赔偿协议司法确认案件,即申请确认赔偿协议效力的案件。由于《若干规定》仅对赔偿协议的司法确认作出原则性规定,除个别地区的高级人民法院对赔偿协议的司法确认规则作出进一步具体规定外,赔偿协议司法确认案件尚处在缺乏具体规范的探索阶段中。实践中此类案例数量较少[3],尚有诸多现实问题亟待解决。本文以加强生态环境损害赔偿的司法保障为出发点,以加强赔偿协议实质审查为进路,深入探析赔偿协议司法审查之现状,并尝试提出一些可供司法实践参考借鉴的实质审查思路。

一、赔偿协议司法审查之现状

(一)规范层面

从国家层面看,《改革方案》、《若干规定》和《关于推进生态环境损害赔偿制度改革若干具体问题的意见》对赔偿协议的司法审查仅作出原则性规定(见表1)。根据《若干规定》第20条第2款的规定,"公告期满后,人民法院经审查认为协议的内容不违反法律法规强制性规定且不损害国家利益、社会公共利益的,裁定确认协议有效。裁定书应当写明案件的基本事实和协议内容,并向社会公开"。在审查权限上,《若干规定》要求人民法院须"经审查"后作出裁定,可见赔偿协议的司法审查既是职权,也是职责。

---

〔1〕 参见《改革方案》规定的工作原则与工作内容。

〔2〕 "经磋商达成生态环境损害赔偿协议的,当事人可以向人民法院申请司法确认。"

〔3〕 据最高人民法院统计,截至2019年5月,全国法院受理生态环境损害赔偿协议司法确认案件16件,审结16件,载中国法院网2019年6月5日,《最高法召开生态环境损害赔偿诉讼司法解释及典型案新闻发布会》,https://www.chinacourt.org/article/detail/2019/06/id/4004546.shtml。

表1　国家层面涉及赔偿协议司法确认的相关规定

文件名	相关条文
《改革方案》	四、工作内容 …… (四)……对经磋商达成的赔偿协议,可以依照民事诉讼法向人民法院申请司法确认。……
《若干规定》	第二十条　经磋商达成生态环境损害赔偿协议的,当事人可以向人民法院申请司法确认。 人民法院受理申请后,应当公告协议内容,公告期间不少于三十日。公告期满后,人民法院经审查认为协议的内容不违反法律法规强制性规定且不损害国家利益、社会公共利益的,裁定确认协议有效。裁定书应当写明案件的基本事实和协议内容,并向社会公开。
《关于推进生态环境损害赔偿制度改革若干具体问题的意见》	七、关于司法确认 经磋商达成赔偿协议的,赔偿权利人及其指定的部门或机构与赔偿义务人可以向人民法院申请司法确认。 申请司法确认时,应当提交司法确认申请书、赔偿协议、鉴定评估报告或专家意见等材料。

从地方层面看,为贯彻落实改革方案,江苏、安徽、上海、山东、青海等地高级人民法院(以下简称高院)结合本省市审判实际,出台相关文件对赔偿协议的司法确认进行细化规定(见表2)。以上五家高院中,江苏、上海高院将赔偿协议司法确认纳入生态环境损害赔偿规则中一并规定,而安徽、山东、青海三家高院针对赔偿协议司法确认出台了专项文件,对赔偿协议司法确认案件中的管辖、审判组织、材料、公告、费用等问题进行了进一步规定,内容更为详细具体。

表2　各地出台赔偿协议司法确认相关规范一览

地区	文件名	相关条文
江苏	《江苏省高级人民法院关于生态环境损害赔偿诉讼案件的审理指南(一)》	第四十四条至第五十条
安徽	《安徽省高级人民法院关于生态环境损害赔偿协议的司法确认规程》	全文
上海	《上海市高级人民法院关于审理政府提起生态环境损害赔偿民事案件的若干意见》	第三条、第四条

续表

地区	文件名	相关条文
山东	《关于办理生态环境损害赔偿协议司法确认案件的若干意见(试行)》	全文
青海	《青海省高级人民法院关于生态环境损害赔偿协议司法确认案件的审查规则(试行)》	全文

从五家高院不尽相同的规范中可以看出,各高院对赔偿协议司法审查的要求程度有所不同。除安徽、青海高院外,其余三家高院对赔偿协议的审查要求偏向形式审查,即除了审查程序性事项(如主体资格、申请材料等)外,还审查是否有不应予以确认效力的情形,即只要不存在驳回申请的情形,即可确认赔偿协议效力(见表3)。

表3　五省高院驳回申请条款对比

江苏	安徽	上海	山东	青海
四十八、具有下列情形之一的,人民法院不予确认赔偿协议效力: (一)遗漏赔偿事项、明显不足以修复受损生态环境、明显不能维护生态环境质量的; (二)违反法律、行政法规强制性规定的; (三)侵害国家利益、社会公共利益的; (四)侵害案外人合法权益的; (五)损害社会公序良俗的; (六)赔偿协议未向社会公开、公开范围明显不合理、公开的主要内容不完整的; (七)赔偿协议内容不明确,无法确认的; (八)其他不能进行司法确认的情形。	第十条　具有下列情形之一的,人民法院以决定书的形式不予确认赔偿协议的效力: (一)违反法律、行政法规强制性规定的; (二)不足以保障国家利益、社会公共利益的; (三)内容不明确,无法确认的; (四)其他不能进行司法确认的情形。 人民法院决定不予确认赔偿协议效力的,可以向双方当事人释明重新进行磋商。重新达成协议的,由人民法院再次进行审查。不能达成一致意见的,告知赔偿权利人另行向人民法院提起诉讼。	第四条(司法确认的审查)　人民法院经审查认为赔偿协议符合确认条件的,应当依法确认赔偿协议。 人民法院发现赔偿协议存在侵害国家利益、社会公共利益等不能进行确认情形的,应当不予确认赔偿协议。	八、人民法院经审查认为赔偿协议的内容不违反法律、行政法规强制性规定且不损害国家利益、社会公共利益的,依据《中华人民共和国民事诉讼法》第一百九十五条的规定,三十日内裁定赔偿协议有效;不符合规定的,裁定驳回当事人的申请。	第十条　人民法院经审查,赔偿协议有下列情形之一的,裁定驳回申请: (一)违反法律强制性规定的; (二)损害国家利益、社会公共利益、他人合法权益的; (三)内容显失公平的; (四)违背公序良俗的; (五)违反自愿原则的; (六)内容不明确的; (七)其他不能进行司法确认的情形。

安徽、青海高院则体现出了实质审查倾向。除规定驳回申请情形外,还规定了赔偿协议的审查重点和内容。例如,安徽高院出台的规程第 9 条对赔偿协议的审查重点作出了规定:"人民法院在审查中,应重点审查鉴定评估机构资质、鉴定评估规范、损害事实和程度、修复启动时间和期限、赔偿的责任承担方式和期限、修复方案技术可行性、成本效益最优化、赔偿义务人赔偿能力以及第三方治理可行性等。"其中,对修复方案技术可行性、成本效益最优化、赔偿义务人赔偿能力以及第三方治理可行性等内容的重点审查,体现出安徽高院对赔偿协议实质性审查的要求。青海高院则规定了确认赔偿协议效力的条件,该院出台的审查规则第 11 条规定:"人民法院经审查,赔偿协议符合下列情形的,裁定确认赔偿协议有效:(一)协议双方主体符合法律规定的;(二)协议内容完备,具有执行内容的。协议应包括赔偿范围、责任承担方式步骤和期限、不能履行或者不完全履行时替代履行的费用、验收指标、监督方案、修复方案等内容;(三)不具有第十条规定的驳回申请情形的。"意即需要审查赔偿协议内容是否完备、是否可以执行。

综上所述,在规范层面,国家未对赔偿协议司法审查作出细化规定,各地在出台相关文件时对赔偿协议司法审查之范围、程度均有不同规定,主要以形式审查为主,个别地区亦体现出实质审查特征,在规范层面上尚未形成统一规定。

(二)实务层面

如前所述,赔偿协议的司法审查程度在实践层面未达成共识,且大多数地区未对赔偿协议司法确认作出具体规定,导致法院在此类案件中只是起到了赋予赔偿协议强制执行力的作用。在实践中,尚未出现驳回确认申请的案例。在可检索案例中,法院对赔偿协议的审查大部分为形式审查,有个别案例亦体现出实质审查的特征。

笔者通过在中国裁判文书网、法信网、聚法案例网、无讼网等裁判文书检索平台检索到赔偿协议司法确认案件裁判文书共 8 份,此外,在百度等检索平台检索到相关新闻 2 件(无裁判文书)。[1] 对此 10 件案例进行分析后可以发现,在其中 7 件案例的裁判主文中可以清晰地看出,法院对赔偿协议的审查主要采取形式审查的方式(见表 4),主要体现在审查赔偿协议是否符合调解协议法定条件,即主体资格、材料是否

[1] 可检索到的案件数量较少,主要有以下两个原因:一是此类案件尚处起步阶段,数量不多;二是有部分案例的文书不上网或尚未来得及上网。因此,样本数量少于实际数量。

符合法律规定以及是否存在不予确认调解协议效力的情形[1][如(2017)黔0181民特6号案],或者审查赔偿协议是否为双方真实意思表示、有否违反法律禁止性规定[如(2018)苏0621民特40号案]。

表4 7件案例呈现出形式审查特征

案例	审查内容
(2017)黔0181民特6号	法院审查后认为,上述调解协议符合司法确认调解协议的法定条件。
(2018)浙06民特48号	本院经审查认为,申请人达成的生态环境损害赔偿协议,符合司法确认调解协议的法定条件。
(2020)皖17民特1号	本院经审查认为,申请人达成的《池州市生态环境局生态环境损害赔偿协议》,符合双方确认调解协议的法定条件。
(2018)苏0621民特40号	本院认为,该协议符合相关法律规定,且双方当事人理解所达成协议的内容,自愿接受因此产生的法律后果,一致同意由人民法院通过司法确认程序赋予该协议强制执行的效力。
(2020)豫01民特10号	本院经审查认为,申请人达成的《新郑市××镇××与××村土壤污染案件生态环境损害赔偿协议》,符合司法确认调解协议的法定条件。
(2019)赣04民特19号	本院经审查认为,申请人九江市生态环境局与杭州塘栖热电有限公司申请确认《生态环境损害赔偿磋商协议(替代修复型)》有效,符合法律规定。
(2020)桂02民特50号	本院经审查认为,赔偿协议有效,符合法律规定。

此外,另外3件案例体现了实质审查特征(见表5)。其中,在(2019)内05民特4号民事裁定书中,法官除了对赔偿协议的管辖、主体资格、意思表示等内容进行审查之外,还对赔偿协议的依据进行了审查。在黄岛区政府、高某生态环境损害赔偿协议司法确认案[2]中,法官通过现场勘验、听取意见、组织听证对修复方案的相关问题进

[1] 参见最高人民法院《关于人民调解协议司法确认程序的若干规定》第7条:"具有下列情形之一的,人民法院不予确认调解协议效力:(一)违反法律、行政法规强制性规定的;(二)侵害国家利益、社会公共利益的;(三)侵害案外人合法权益的;(四)损害社会公序良俗的;(五)内容不明确,无法确认的;(六)其他不能进行司法确认的情形。"

[2] 该案文书未上网,案号不详,相关内容参见时满鑫、李涛:《青岛首次司法确认生态环境损害赔偿》,载《人民法院报》2019年8月26日,第1版。

行了审查。在辽源市生态环境局、赵某某生态环境损害赔偿协议司法确认案[1]中，法官通过现场踏查、询问、听证对生态环境损害事实和程度、有关证据和赔偿依据、鉴定报告及生态环境修复等内容进行了审查。

表5　3件案例呈现出实质审查特征

案例	审查内容
（2019）内05民特4号	本案为生态环境损害赔偿司法确认案件，属于人民法院受案范围并属于本院管辖，申请人主体适格，双方达成的赔偿协议依据吉林中实司法鉴定中心出具《生态环境损害鉴定司法鉴定意见书》（吉中实司鉴中心〔2019〕环损鉴字第17号）以及中国环境科学研究院环境生态研究所编制的《北露天煤矿排土场生态修复总体方案》《南露天煤矿排土场生态修复总体方案》《一号露天煤矿排土场生态修复专项治理方案》所制定，是双方真实意思表示，内容不违反法律法规强制性规定，且不损害国家利益、社会公共利益，应予以确认其合法有效。
黄岛区政府、高某生态环境损害赔偿协议司法确认案（案号不详）	为审查合同的合法性和有效性，青岛市黄岛区人民法院对双方合同书的相关内容，通过媒体、法院和政府网站、涉案镇街、村公告栏等进行公告，会同双方到修复现场进行实地勘验并录像，广泛收集听取当地村镇的意见，全程未收到案外人对合同的异议。在审核完所有案件材料后，法院组织召开听证会，对申请人双方、当地党委政府就修复方案的相关问题进一步调查询问。最终，青岛市黄岛区人民法院确认，该协议系当事人真实意思表示，内容不违反法律、行政法规的强制性规定且不损害国家利益、社会公共利益，合法有效。
辽源市生态环境局、赵某某生态环境损害赔偿协议司法确认案（案号不详）	辽源市中级人民法院受理该案后，及时在人民法院公告网、法院自媒体电子公告栏公告了协议内容。9月10日，该案主审法官与合议庭成员前往污染源进行现场实地踏查、录取污染水体的影像资料。经过踏查，看到申请人赵某某已对其在养殖过程中存在的污染环境问题进行了整改，购买了罐车用于生猪排泄物的运送，河沟水质明显改善。经询问村民以及现场村委会、镇政府、区政府工作人员，均对辽源市生态环境局与赵某某达成的磋商协议表示认可，没有异议。辽源市中级人民法院召开听证会，充分听取了生态环境损害事实和程度、有关证据和赔偿依据、双方对生态损害鉴定报告及生态环境修复等内容。

〔1〕 参见《辽源市中级人民法院成功审结吉林省首例生态环境损害赔偿协议司法确认案》，载辽源市中级人民法院司法公开网2020年9月16日，http://lyzy.jyzy.gov.cn/zdajspqk/397037.jhtml。

值得注意的是,这8件案例虽均裁定赔偿协议有效,但援引的法律依据不尽相同(见表6),多数法官将赔偿协议理解为调解协议,并适用《民事诉讼法》第195条[1]关于调解协议的规定作出裁定。这或许与《改革方案》中规定"可以依照民事诉讼法向人民法院申请司法确认"有关,在适用法律上,法院若要依照《民事诉讼法》,只有第195条可以作为裁定协议有效的法律依据。有趣的是,仍有1件案例,法院并未参照适用调解协议之规定,而是直接援引了《若干规定》中关于赔偿协议司法确认的条文[2]。

表6 8份民事裁定书适用法律情况

《民事诉讼法》第195条	《若干规定》第1条,第20条第1款、第2款
7件	1件

因赔偿协议司法确认在规范层面上的不足,致使法院在适用法律上较为谨慎,混淆了赔偿协议与调解协议。笔者认为,赔偿协议与调解协议有着诸多显著差异,不能混为一谈。调解协议的目的在于解决民间纠纷,此类纠纷案情较为简单,极大地体现了当事人平等自愿处分其民事权利的特点,但赔偿协议的签订目的并非定分止争,而是为了修复生态环境、保障公众的环境利益,而政府作为赔偿权利人面对这一涉及公众的重大利益,不能轻易作出让步和妥协。若将赔偿协议简单比照调解协议处理,将引发一系列新的问题。例如,《关于人民调解协议司法确认程序的若干规定》并未设置公示程序,但因赔偿协议涉及公众利益,必须保障公众的知情权与参与权,因此需要对赔偿协议进行公告。此外,对调解协议原则上要求在15日内作出是否确认的决定,但这对赔偿协议的实质审查而言,略显仓促。

二、赔偿协议实质审查之意义

从规范层面看,《若干规定》等国家层面的规范文件未对赔偿协议司法审查作出统一具体的规范,为赔偿协议之实质审查留下了操作的空间与可能性。从实践层面

[1] 《民事诉讼法》第195条规定:"人民法院受理申请后,经审查,符合法律规定的,裁定调解协议有效,一方当事人拒绝履行或者未全部履行的,对方当事人可以向人民法院申请执行;不符合法律规定的,裁定驳回申请,当事人可以通过调解方式变更原调解协议或者达成新的调解协议,也可以向人民法院提起诉讼。"

[2] 参见内蒙古自治区通辽市中级人民法院民事裁定书,(2019)内05民特4号。

看，司法审查流于形式审查已不符合生态环境损害赔偿的司法保障要求。鉴于我国生态环境损害赔偿制度的建立和发展遵循着先探索实践后总结经验的发展路径，[1]因此，在审查赔偿协议司法确认案件时，法官可以先试先行，勇于突破形式审查的桎梏，向实质审查转变。笔者将在本部分探讨对赔偿协议进行实质审查的意义所在。

（一）有利于实现生态环境损害赔偿制度建立的初衷

生态环境损害赔偿制度建立的初衷，一是实现损害担责，二是弥补制度缺失，三是履行法定职责。[2] 首先，实现损害担责，即造成生态环境损害的责任者承担赔偿责任，修复受损生态环境，破解“企业污染、群众受害、政府买单”的困局。能否实现损害担责，能否达到修复受损生态环境的效果，必然需要法官对案件相关事实及修复方案等实质性内容进行综合判断，这在一定程度上已经超出现有形式审查的范围。其次，生态环境损害赔偿制度弥补了矿藏、水流、城市土地、森林、山岭、草原、荒地、滩涂等国家所有的自然资源受到损害后缺乏具体索赔主体的法律漏洞。但鉴于我国生态环境损害赔偿制度尚处于起步发展阶段，各项配套制度措施尚不成熟，更需要人民法院发挥司法能动性，而不是成为保障强制执行力的司法机器。最后，生态环境损害赔偿制度是政府履行环境保护职责的需要，而履行职责必然伴随监督，通过赔偿协议实质审查可以有效发挥司法监督作用。

（二）有利于排除政府基于自然资源所有权行使民事磋商的潜在隐患

自生态环境损害赔偿制度建立以来，学界对生态环境损害赔偿磋商的法律性质争论不休，形成了诸多不同观点，如民事磋商说、行政磋商说、双阶行政行为说等，这一分歧直接影响着赔偿协议的法律属性。对于不同学说的理论基础、基本主张、缺陷分析已有多个学者进行了分析评述，笔者不再赘述（见表7）。

---

[1] 例如，2015年，中共中央办公厅、国务院办公厅为逐步建立生态环境损害赔偿制度，制定《生态环境损害赔偿制度改革试点方案》（已失效），在贵州等七个省份开展改革试点工作。2017年，在总结各地区改革试点实践经验基础上，制定了《改革方案》。

[2] 参见《破解“企业污染、政府买单”困局——环保部有关负责人解读〈生态环境损害赔偿制度改革试点方案〉》，载中国政府网2015年12月3日，http://www.gov.cn/zhengce/2015-12/03/content_5019632.htm。

表7 现有生态环境损害赔偿法律性质学说一览

学说称谓	理论来源	基本主张	缺陷分析
民事磋商说	自然资源国家所有权	赔偿磋商的本质属性是民事行为;磋商虽有政府参与,但并非行政法律关系而是民事性质的关系,在磋商的法律关系中,赔偿权利人不再是命令式治理生态环境损害,而是作为生态环境的代表者参与生态环境损害修复方案的确定。[1]	该理论本身仍存在重大理论分歧;自然资源相关生态环境损害赔偿求偿代表仍然缺位;仅适用于单一自然资源相关生态环境损害。[2] 将行政机关参与生态环境损害赔偿磋商的角色识别禁锢在了"如何磋商"的问题上,而缺乏对行政机关在生态环境损害赔偿磋商制度运行中的多重角色进行甄别和比较。[3]
行政磋商说	合作行政理论、协商行政理论等	将磋商行为视为一种与强制性行政措施不同的且体现合作性、协商性、弱权性的行政管制措施,生态环境损害赔偿磋商被定性为一种"带有合作和协商性质的行政磋商"。[4]	不能解释司法确认程序存在的意义和价值;行政磋商中行政机关不包括效果意思表示;行政磋商也不必然要求行政相对人意思表示。[5] 过于强调磋商制度目的对磋商过程的主导作用,磋商过程之协商性与合作性理念的重要意义未被充分考量。[6]

[1] 参见王金南:《实施生态环境损害赔偿制度 落实生态环境损害修复责任——关于〈生态环境损害赔偿制度改革试点方案〉的解读》,载《中国环境报》2015年12月4日,第2版。

[2] 参见李一丁:《生态环境损害赔偿行政磋商:性质考辩、意蕴功能解读与规则改进》,载《河北法学》2020年第7期。

[3] 参见刘莉、胡攀:《生态环境损害赔偿磋商制度的双阶构造解释论》,载《甘肃政法学院学报》2019年第1期。

[4] 参见张梓太:《填补制度空白 力促损害担责——对〈生态环境损害赔偿制度改革试点方案〉的解读》,载《中国环境报》2015年12月8日,第2版。

[5] 参见李一丁:《生态环境损害赔偿行政磋商:性质考辩、意蕴功能解读与规则改进》,载《河北法学》2020年第7期。

[6] 参见刘莉、胡攀:《生态环境损害赔偿磋商制度的双阶构造解释论》,载《甘肃政法学院学报》2019年第1期。

续表

学说称谓	理论来源	基本主张	缺陷分析
双阶行政行为说	双阶理论	行政机关在生态环境损害赔偿磋商制度运行中的角色既表现为行使公权力的行政主体，又表现为作为民事主体身份的赔偿权利人，在磋商的不同阶段体现不同的法律关系。〔1〕	一种法律行为被定为两种法律性质不具操作性。〔2〕

笔者认为，生态环境损害赔偿法律性质之争是应然之争，并无高下之分。但从实然来看，现有制度展现出了偏向民事磋商说的一面。一方面，从《改革方案》规定的磋商与生态环境损害赔偿民事诉讼衔接条款可以看出，“磋商未达成一致的，赔偿权利人及其指定的部门或机构应当及时提起生态环境损害赔偿民事诉讼”。另一方面，从《改革方案》中规定“可以依照民事诉讼法向人民法院申请司法确认”也能看出赔偿协议的民事属性。此外，《贵州省生态环境损害赔偿磋商办法（试行）》第 2 条规定，“与赔偿义务人就损害事实与程度、修复方式、启动时间与期限、赔偿的责任承担方式与期限等进行平等协商”，“平等协商”反映出赔偿权利人与赔偿义务人的主体地位平等。

站在这一立场上，需要直面民事磋商说中政府基于自然资源所有权行使民事磋商的潜在隐患。自然资源所有权被认为是政府索赔和磋商的请求权基础，正如最高人民法院所言，“基于国家自然资源所有权提起的生态环境损害赔偿诉讼案件”〔3〕。若依私法逻辑，代表国家行使自然资源所有权的政府不仅可以实现资源效益的最大化（如出让土地兴建排污企业），还可以在责任人造成自然资源损害时选择放弃索赔〔4〕，或在磋商时放弃部分“权利”，这显然不符合生态环境损害制度建立的初衷。基于此，为避免政府以民事主体身份在磋商时对自然资源所有权进行不当“处分”，在磋商性质不明时，有必要通过赔偿协议之实质审查，对政府这一磋商行为进行司法监督，而

〔1〕 参见刘莉、胡攀：《生态环境损害赔偿磋商制度的双阶构造解释论》，载《甘肃政法学院学报》2019 年第 1 期。

〔2〕 参见李一丁：《生态环境损害赔偿行政磋商：性质考辩、意蕴功能解读与规则改进》，载《河北法学》2020 年第 7 期。

〔3〕 最高人民法院《关于充分发挥审判职能作用为推进生态文明建设与绿色发展提供司法服务和保障的意见》第 19 条。

〔4〕 参见张宝：《生态环境损害政府索赔制度的性质与定位》，载《现代法学》2020 年第 2 期。

赔偿协议的实质审查正是实现司法监督的有效手段。

（三）有利于化解司法确认的既判力之争

司法确认制度是在我国案多人少等现实背景下运用非诉化解智慧建立起来的中国特色司法制度。但长久以来，学界对司法确认的强制执行力的正当性基础何在争论不休。在赔偿协议司法确认案件中，同样需要直面这一问题，即赔偿协议司法确认裁定是否具有既判力？[1]学界对此形成了两种观点：肯定说和否定说。肯定说认为，如果司法确认裁定不具有既判力，经司法确认后的赔偿协议又具有强制执行力，若赔偿协议被强制执行后，赔偿义务人对该案件以相反的主张诉诸法院，而法院不受约束对同一案件作出不同的判决或裁定，那么执行后的权利义务关系将被重新推翻，而且不利于生态环境及时修复。否定说认为，赔偿协议的形成与司法确认的过程是分离的，法官不参与磋商赔偿，仅就协议进行形式审查，但赔偿协议涉及社会公众利益，赔偿权利人难以基于自由意志对赔偿协议负责，若肯定司法确认裁定的既判力，双方当事人无法再就同一纠纷寻求司法救济，生态环境损害将得不到及时有效的救济。

既判力作为前诉约束后诉的法律效果，可以分为"一事不再理"的"消极效力"和先决事项约束此后其他诉讼中法官判断的"积极效力"两个方面。[2] 从既判力的"消极效力"来看，赔偿协议作为一种替代性纠纷解决机制，其本身应具有"消极效力"方面的既判力，这种既判力有助于当事人能够尽快依托赔偿协议开展生态环境修复，从而杜绝重复起诉带来的迟延修复、成本耗费。然而，这种"消极效力"方面的既判力，应以实质审查为保障。因生态环境损害修复较为复杂，在履行过程中可能出现新的情况，若赔偿义务人一方反悔，赔偿权利人就只能启动诉讼程序，不仅违背了生态环境损害赔偿制度的初衷，也造成了司法资源的浪费。[3] 但若未经实质审查而确认赔偿协议效力，在"一事不再理"的语境下，又可能导致生态环境损害赔偿得不到及时救济。从既判力的"积极效力"来看，根据《关于推进生态环境损害赔偿制度改革若干具体问题的意见》第8条的规定，赔偿权利人指定的部门或机构可将赔偿义务人履行赔偿责任的情况提供给相关行政机关，在作出行政处罚裁量时予以考虑，或提交司法机关，供其在案件审理时参考。由此可见，赔偿协议及其履行情况可能会对后诉产生

---

〔1〕 参见郑荣聪：《论司法确认的效力及其瑕疵救济》，载《西南政法大学学报》2014年第1期。

〔2〕 李斯武：《论新民事诉讼法中司法确认裁定的既判力》，载人民法院网2012年11月12日，https://www.chinacourt.org/article/detail/2012/11/id/786086.shtml。

〔3〕 参见张业洁：《我国生态环境损害赔偿协议司法确认问题研究》，广西大学2019年硕士学位论文。

影响。尽管赔偿协议是各方磋商的结果，存在一定主观协商性，但因生态环境损害涉及国家和公众利益，对损害事实等客观内容的表述仍然会影响后诉法官的判断。[1]为了避免赔偿义务人假借达成赔偿协议逃脱相应法律责任，也应对赔偿协议进行实质审查，审查赔偿协议的磋商是否超出必要限度，赔偿义务人有否履行修复义务。

三、赔偿协议实质审查之路径

前文已经对赔偿协议实质审查的意义进行了论述，本部分将着重讨论在司法实务中，如何对赔偿协议展开实质审查，包括审查范围、审查内容、审查标准及审查形式。

（一）审查范围

法院审查赔偿协议的范围应以申请人提交的材料为限，根据《关于推进生态环境损害赔偿制度改革若干具体问题的意见》第 7 条的规定，“申请司法确认时，应当提交司法确认申请书、赔偿协议、鉴定评估报告或专家意见等材料”。结合四省高院在相关文件中的规定（见表 8）可以发现，司法审查的范围包括但不限于申请人提交的四类材料：一是司法确认申请书，二是主体资格证明，三是赔偿协议，四是赔偿协议的依据。这四类材料中，对司法确认申请书及主体资格证明的审查属于形式审查，毋庸赘言。对赔偿协议及其依据的审查才是实质审查的内涵所在。

表 8　四省高院对赔偿协议司法确认申请所需提交材料的相关规定

江苏	安徽	山东	青海
四十五、申请司法确认，应当提交司法确认申请书、赔偿协议原件、生态环境损害事件材料、赔偿协议内容公开情况及其他相关材料。申请材料齐全的，人民法院应当登记立案。	第三条　当事人共同申请确认赔偿协议的，应当向人民法院提交司法确认申请书、赔偿协议、身份证明、资格证明、与赔偿协议相关的鉴定评估报告等证明材料，并提供送达地址、电话号码等联系方式。	四、当事人申请司法确认，应当向人民法院提交司法确认申请书、赔偿协议、身份证明以及其他与赔偿协议相关的材料。	第六条　当事人申请确认生态环境损害赔偿协议，应当向人民法院提交司法确认申请书、赔偿协议、鉴定评估意见、赔偿权利人资格证明，以及与赔偿协议相关的财产权利证明等材料，并提供双方当事人的身份、住所、联系方式、送达地址等基本信息。委托他人代为申请的，必须向人民法院提交由委托人签名或者盖章的授权委托书。

[1] 赔偿协议在一定程序上会影响量刑，如在（2020）渝 0114 刑初 206 号刑事判决书中，法院认为“案发后三被告人已与酉阳土家族苗族自治县农业农村委员会达成生态环境损害赔偿协议，酌情予以从轻处罚。”

(二)审查内容

法院对赔偿协议及其依据的审查取决于赔偿协议的内容。根据《改革方案》之规定,"赔偿权利人根据生态环境损害鉴定评估报告,就损害事实和程度、修复启动时间和期限、赔偿的责任承担方式和期限等具体问题与赔偿义务人进行磋商,统筹考虑修复方案技术可行性、成本效益最优化、赔偿义务人赔偿能力、第三方治理可行性等情况,达成赔偿协议"。参考《贵州省生态环境损害赔偿磋商办法(试行)》第 2 条之规定,"统筹考虑修复方案技术可行性、成本效益最优化、赔偿义务人赔偿能力、治理能力、第三方监督可行性等情况,与赔偿义务人就损害事实与程度、修复方式、启动时间与期限、赔偿的责任承担方式与期限等进行平等协商,达成赔偿协议"。由此可见,在规范层面,赔偿协议中磋商的内容包括损害事实和程度、修复启动时间和期限、赔偿的责任承担方式和期限等。

关于赔偿协议的依据,鉴于生态环境损害鉴定评估报告是确认赔偿义务人赔偿责任的重要参考依据,该报告应能够证明赔偿协议相关内容,法官也应对鉴定评估报告进行审查。根据《环境损害鉴定评估推荐办法》(第Ⅱ版)的规定,"环境损害鉴定评估的主要工作内容包含污染物属性鉴别、损害确认、因果关系判定和损害数额量化"。此外,根据《关于推进生态环境损害赔偿制度改革若干具体问题的意见》的规定,"鉴定评估报告应明确生态环境损害是否可以修复;对于可以部分修复的,应明确可以修复的区域范围和要求"[1]。法官可以依据上述规定对环境损害鉴定评估报告进行审查。

除了上述所提的审查内容外,还应当注意损害过渡期的损失,即生态环境服务功能损失。在实务中,赔偿协议对赔偿范围的约定主要集中在损害赔偿及替代修复费用中,对该损失鲜少涉及,这主要与当前我国生态环境损害赔偿制度规范不完善、经验不充足有关,在条件成熟之时,人民法院除了对上述内容进行审查外,还需要对生态环境服务功能损失进行审查。

(三)审查标准

赔偿协议的审查因个案存在差异,难以形成统一量化的实质审查标准,但可以把握一定的原则。

第一,合目的性。赔偿协议应符合《民法典》绿色原则,应当有利于节约资源、保

〔1〕《关于推进生态环境损害赔偿制度改革若干具体问题的意见》第 5 条。

护生态环境。[1] 此外,符合生态环境损害赔偿制度实现损害担责的初衷,坚持“谁污染、谁治理、谁担责”。对于赔偿责任的承担,应以恢复破坏的环境功能为标准。

第二,不可磋商内容的真实性。尽管《改革方案》将“损害事实和程度”列入磋商的范围,但考虑到损害事实和程度属于客观事实,且其所依据的生态环境损害鉴定评估报告具有科学性,且赔偿协议司法确认裁定可能会对在后裁判带来影响。因此,笔者不认为赔偿权利人与赔偿义务人可以就损害事实和程度进行磋商,而应将生态环境损害鉴定评估报告中查证的事实进行如实表述,对不可磋商的内容应坚持实事求是原则,严格遵循生态环境损害鉴定评估程序,正确评估实际损害。因此,法官在审查赔偿协议时应注意审查赔偿义务人是否实施了生态环境损害行为并造成了生态环境损害,包括基本事实是否有证据予以证实,以及基本事实中是否存在与鉴定评估报告相矛盾的内容。

第三,可磋商内容的可能性与可行性。可能性包括赔偿义务人的赔偿能力、治理能力等直接影响生态环境损害赔偿能否实现。可行性包括修复方案技术可行性、成本效益最优化、第三方监督可行性等决定生态环境损害赔偿实现效果的因素。对于可能性的审查,主要是考虑到司法确认的最基本的功能就是保障强制执行力,因此,若赔偿协议本身不具有执行可能性,则丧失了司法确认的意义。对于可行性的审查主要是要求法院要根据生态环境损害的实际情况判断修复方式是否具有可行性。值得注意的是,尽管生态环境损害赔偿以修复为原则,但应把握修复方式不仅包含直接修复,还包含替代修复。对于可以恢复到损害前的环境要素,应直接修复(如土壤无害化);对于因被损害而不复存在的环境要素应注意替代修复方式能否恢复生态系统功能(如复绿、增殖放流)。[2]

第四,鼓励担责。赔偿协议司法确认既要体现司法保障,又要体现鼓励担责。环境污染是典型的负外部性行为,法院对此类案件的审查还需要把握对生态环境损害赔偿磋商的鼓励,促使赔偿义务人主动选择磋商程序,而不是选择耗时耗力的诉讼程序。具体而言,应在合理限度内允许赔偿权利人与赔偿义务人就某些可磋商的内容在不损害公共利益的情况下,作出有利于赔偿义务人的让步,以鼓励赔偿义务人积极担责。例如,可以在不违反现有法律法规规定的情况下,有限度地允许赔偿权利人与

---

〔1〕 参见《民法典》第9条:“民事主体从事民事活动,应当有利于节约资源、保护生态环境。”

〔2〕 参见刘士国:《民法典“环境污染和生态破坏责任”评析》,载《东方法学》2020年第4期。

赔偿义务人协商减弱对某些内容的曝光程度或探索多样化信息公开方式[1],以通过减弱声誉影响,鼓励赔偿磋商。

(四)审查形式

在审查形式上,考虑到生态环境损害赔偿的专业性,采用独任制审查可能审查能力不足,建议此类案件由环境资源审判庭、审判团队或具备相关专业知识的审判员组成合议庭对赔偿协议进行审查。不仅如此,还可以根据实际情况,参照知识产权专家库制度,在审查过程中引入相关领域专家,以辅助司法审查,专家可以从国家和地方成立的相关领域专家库或专家委员会中选取。此外,书面审查难以满足实质审查的要求,可以充分运用询问、听证、走访等形式对赔偿协议展开实质审查。值得一提的是,考虑到司法确认程序本身的目的是确认赔偿协议有效与否,法院对赔偿协议进行司法确认时应遵循整体确认原则,不能确认部分有效或驳回部分申请。[2] 在进行实质审查时,若发现不当之处,不应裁定协议部分有效,而应通过前述的询问、听证等方式进行进一步调查,可以要求当事人就赔偿协议不当之处进行释明或重新磋商。

四、结语

良好的生态环境是最普惠的民生福祉。作为生态环境损害赔偿制度的配套措施,人民法院应在赔偿协议司法确认案件中,积极发挥司法能动性,通过对赔偿协议的实质审查,保障赔偿协议符合磋商目的,具有损害担责的可能性和现实性,鼓励当事人通过磋商达成赔偿协议,助推我国生态环境损害赔偿制度的发展与完善。

---

[1] 参见胡欣欣、史会剑、苏志慧:《论磋商制度在生态环境损害赔偿中的应用》,载《环境与可持续发展》2017 年第 4 期。

[2] 孙佑海、闫妍:《如何建立生态环境损害赔偿磋商协议的司法确认制度》,载《环境保护》2018 年第 5 期。

未成年人审判社会支持体系构建的路径探索

——以共建共治共享社会治理格局为视角

张龙军　蒋振军*

近年来,未成年人领域频繁出现的“套路贷”“校园欺凌”“幼儿园虐童”“教师性侵儿童”“网络猥亵”“代孕所生子女亲子关系纠纷”等新案件新问题,不禁引人深思。目前,我国理论界和司法实务界缺乏对少年司法社会支持体系的全面深入研究,[1]特别是对少年审判业务的独立性、内部运行机制、案外延伸工作的法理依据等问题研究不系统、不透彻。新时代方位下,少年审判(以下简称少审)工作如何顺应司法改革潮流,回应国家治理需要,遵循少年司法规律,体现理论与实践的高度融合?如何高效实现未成年人专业化审判和社会化保护有效衔接?如何通过司法方式更有效地化解和防控涉未成年人的“黑天鹅”和“灰犀牛”事件风险?这些正是未成年人审判社会支持体系构建过程中所必须思考和解决的问题。

一、检视:未成年人审判社会支持体系的缺位

虽然我国少年司法制度大致经历了诞生前、形成、发展与反思四个

---

* 张龙军,广西壮族自治区桂林市全州县人民法院审判员;蒋振军,广西壮族自治区南宁铁路运输中级法院,法官助理。

〔1〕 少年司法社会支持体系包括检察社会支持、刑事社会支持等。牛凯:《构建少年司法的社会支持体系》,载《人民法院报》2018年4月25日,第5版。

阶段,[1]但是在顶层设计层面尚缺乏相对独立的、科学完整的少年审判制度体系乃至少年司法制度体系。[2]

(一)未成年人审判社会支持职能定位的失范

1. 职能规定不明确

在立法上,我国未成年人法律体系基本形成,如图1所示,且比较明确地规定了人民法院独立行使审判权的权责边界。虽然规定了“社会参与”,但是没有明确审判社会支持的概念、职能,两者是否等同值得思考。审判社会支持的规则、程序与保障措施的法律法规规定不足。

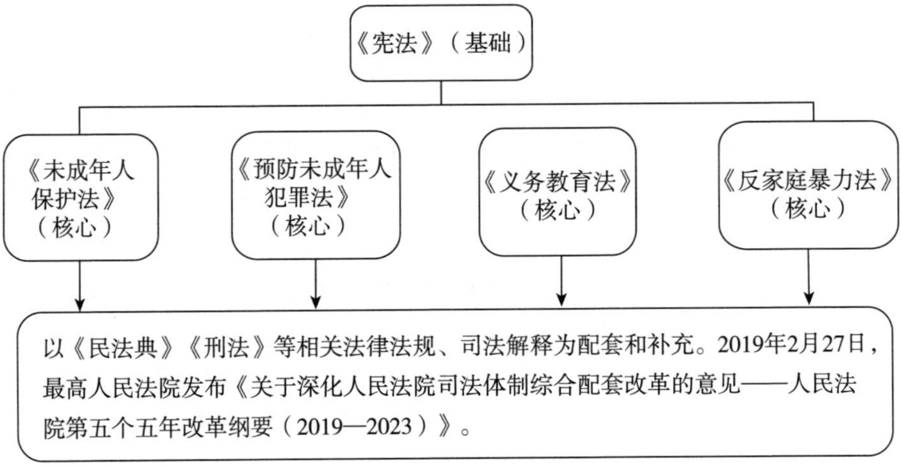

图1 我国未成年人法律体系

2. 职能认知不一

为进一步提高研究的普遍性、代表性和科学性,本文对包括法官、检察官、律师和群众在内的600名不同类型的主体进行了网络问卷调查,受访者遍布全国各省市。

受调查者普遍对未成年人审判社会支持呈现乐观的态度,更认可“降低未成年人违法犯罪风险”、“整合资源,推进社会治理现代化”和“健全司法社会支持体系建设”,尤其是城市发展水平高和社会组织健全的区域认可度高,如图2所示。

---

〔1〕 苏明月:《少年司法的界限与中国少年转处的困境》,人民法院出版社2018年版,第116页。

〔2〕 参见慕平、安凤德等:《司法改革背景下的少年法庭发展路径——基于对部分省市法院少年法庭的实地考察》,载杨万明主编:《中国少年司法》(总第36辑),人民法院出版社2018年版,第99-100页。

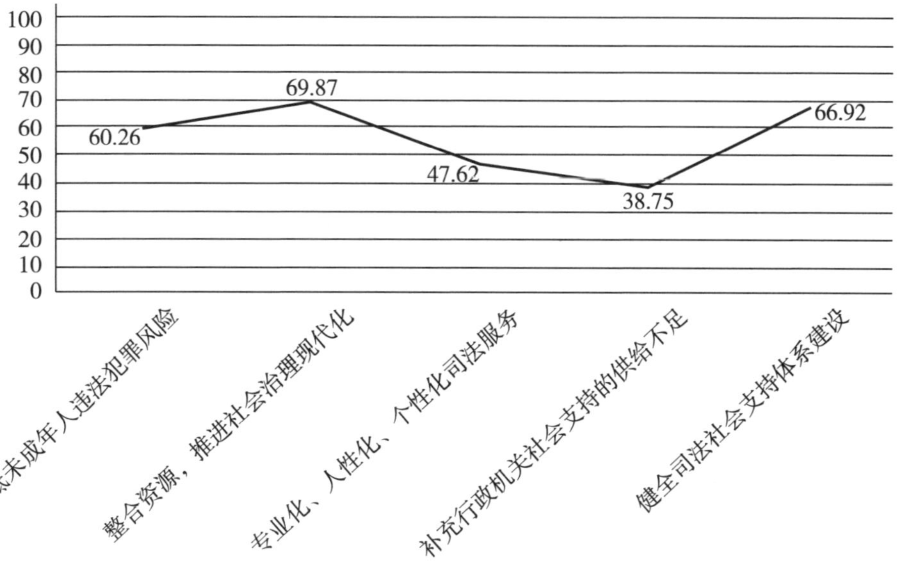

图 2　未成年人审判社会支持的积极影响

未成年人审判社会支持有利于化解和防控社会风险,推动社会治理多元化,那么其发展过程中可能产生哪些突出的问题?受调查者选择比例较高的是"难以界定社会支持各主体责任"和"增加法院工作量和当地城市治理成本",如图 3 所示。部分受调查者认为,未成年人审判社会支持体系的缺位,会产生审判职能与绩效考核的矛盾,致使审判权代替行政权。

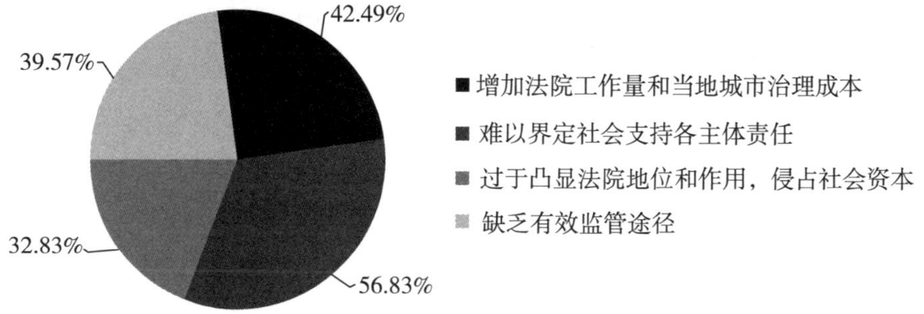

图 3　未成年人审判社会支持可能产生的突出问题

未成年人审判社会支持在不同城市的发展水平和发展特点略有不同,但仍有其核心的要素。调查显示,受访者更看重"社会支持的合法性、专业性"和"符合本地的司法需求",如图 4 所示。

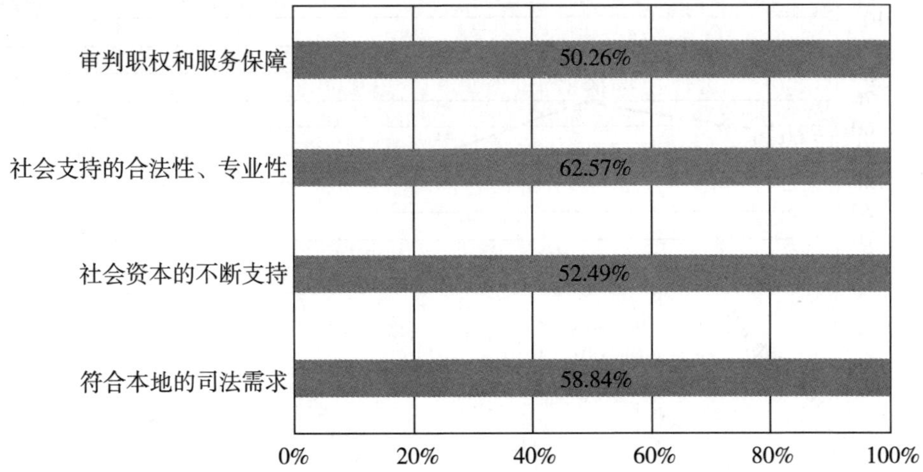

图 4　未成年人审判社会支持的核心要素

总体而言,从各主体对未成年人审判社会支持的认知角度分析,未成年人审判社会支持作为一种新形式,在发展过程中必然会遇到很多机遇和挑战,但公众对未成年人审判社会支持的发展是充满信心的,期待未成年人审判社会支持能够专业化、法治化、社会化和智能化。

3. 职能涵摄模糊

少年司法职能以审判为中心还是审判与延伸并重,[1]审判社会支持仅限于刑事审判还是刑事、民事、行政、执行并重,司法实践各抒己见。未成年人司法和犯罪预防是国家治理和社会治理的基础性工作,"社会应该在不同层面加强社会支持的合法性来源,并减少强制的来源"[2]。因此,如何准确确定未成年人审判社会支持职能的涵摄范围,需要解决三个核心问题:一是厘清审判权(被动中立)与治理事务权(主动负责)的关系;二是未成年人案件的裁判职能与传统审判职能的关系;[3]三是未成年人审判机构功能定位和职权配置问题。

---

[1] 余穗军:《论司法改革情境下少年司法的破茧寻路》,载杨万明主编:《中国少年司法》(总第 36 辑),人民法院出版社 2018 年版,第 139 页。

[2] Mark Colvin, Francis T. Cullen & Thomas Vander Ven, *Coercion, Social Support, and Crime: An Emerging Theoretical Consensus*, Criminology(2002).

[3] 法院传统审判职能定位即"判断原告主张的权利或法律关系是否存在"和"法官从规范出发裁判(思维)方式",与未成年人案件裁判职能截然不同。参见褚宁:《司法改革背景下的少年家事审判融合发展路径探索》,载《法律适用》2019 年第 11 期。

(二)未成年人审判社会支持规则的流弊

近年来,针对“未成年人犯罪的低龄化、成年人化、暴力化及其权益被侵害的严重化”[1]的趋势,各级法院进行了诸多项目试点与改革创新,如表1所示。

表1 全国法院社会参与的项目试点与改革创新统计

项目试点与改革创新	试点时间与试点法院	结果
社会调查员参与机制	2005年江苏省法院 2010年重庆法院	由社区矫正机构等第三方主体进行社会调查,主体实现社会化
未成年人审判心理干预和未成年人家长亲职教育	2008年广州中院	司法融入心理学
	2014年海淀法院	
司法救助与社会救助的衔接	2002年以来北京部分法院	衔接不畅甚至倒置
司法社工模式(社会调查、调解、心理疏导、回访观护和帮教等)	2009年广州中院	采用较成熟的政府购买社会服务方式,但将外地籍未成年人排除在社会支持体系之外
	2019年广西部分法院	探索建立专业化、社会化和人性化的未成年人司法保护社会支持体系
社会观护机制	2016年以来北京法院	将未成年人刑事案件社会调查制度的成功经验,引入未成年人民事权益保护领域,推动社会支持体系建设多元化
建立观察室,引入心理疏导和测评机制	2016年以来山西省部分法院	从家事审判程序和方式寻找突破口
建立困境未成年人发现报告机制及其家庭帮扶干预机制	2014年以来全国各地部分法院	民政部第二批全国未成年人社会保护试点,政府主导,多部门合作
非监禁刑判后帮教网络平台	2017年以来大庆高新法院	将判后帮教工作与信息化建设进行深度整合
未成年人前科消灭制	2010年以来贵州山东两地部分法院	内容存差异,标准不统一,阻碍司法改革良性发展
其他制度机制	全国各地部分法院	更加关注网络科技手段

---

〔1〕 罗书臻:《司法大数据“揭秘”涉未成年人案件审判情况》,载《人民法院报》2018年6月2日,第1版。

然而,当下我国未成年人审判社会支持多注重刑事审判领域的探索,对民商事、行政审判领域和执行领域的探索很少,规则流弊甚多,兹分述如下:

1. 规则内容存在较大缺失

首先,比较典型的是未成年人审判社会支持中评价规则的缺失。譬如,刑事审判社会支持获得的实体积极性评价不确定。其次,比较突出的是未成年人审判社会支持观护规则的整体缺失。此外,还存在探望权执行规则不明,导致探望权强制执行难,[1]以及未成年人网络犯罪审判社会治理规则缺失等问题。

2. 规则缺乏可操作性

司法实践中,管辖模式过度集中化,指定集中管辖模式,基本集中于少年刑事审判层面,综合审判层面尚无相对成熟经验,不利于少审工作的持续稳定和专业特殊的发展要求;行政干预体系与刑事司法体系二元结构模式,不足以预防未成年人违法行为;以案件类型为主线的横向发展模式,包括综合审判模式和少年与家事审判融合模式,面临不利于未成年人社会保护资源的集约化,或者难以保持少年审判组织的自身独立性的困境。

3. 规则被随意破坏

司法实践中,由于缺少统一的未成年人审判社会支持的受案规范,上下级法院业务指导等方面衔接脱节,影响法律适用统一。在未成年人审判社会支持考核方面,大多数法院重办案数量考评标准,轻庭外延伸社会支持工作业绩考评,甚至还出现承办法官将未成年人审判工作等同于成年人审判工作的现象。

(三)未成年人审判社会支持机制保障的缺失

未成年人审判社会支持的运行需要社会资源、政策、制度、资金等方面支持,以形成自主可持续运行的系统,并以具体的司法服务与保障体现出来,但是司法实践机制保障不足。

1. 统筹运行机制缺失

实践中存在社会支持体系建设统筹部门的缺位,审判机关与其他机构、区域协作及资源信息链接等联动治理机制的不健全,以及独立的未成年人再犯罪预防、个案转介工作机制未完全建立等问题,已制约了未成年人审判社会支持运行的质效。此外,

---

〔1〕 参见李卫国、陈芳:《探望权强制执行难的表现及对策略论——以分析现实案例为中心》,载贺荣主编:《深化司法改革与行政审判实践研究(下)——全国法院第 28 届学术讨论会获奖论文集》,人民法院出版社 2017 年版,第 935 ~936 页。

公、检、法、司一体化的少年司法运行配套机制存在明显不足。随着内设机构改革的推进，少年司法理念淡化，产生了已经建立起来的社会观护体系逐渐解构、专业化队伍建设滞后或流失等问题。

2. 评估机制缺失

司法实践中，在评价上更多是法院干警在具体实施未成年人审判社会支持过程中的个体感受，没有建立审判社会支持评估标准和评估机制。在我国少年审判环节中几乎没有借鉴过目前美国少年司法中广为使用的风险评估，若没有未成年人再犯罪的风险评估、审判社会支持的需求评估及风险与需求之间的对策，[1]则无法共同构成少年司法个别化处分的实证基础。

总体而言，审判社会支持机制运行缺少张力，融合社会力量乏力，[2]行政化和司法化的矛盾交织叠加，制约着未成年人审判社会支持体系建设。

二、思辨：未成年人审判社会支持体系构建的理性逻辑

审判工作融入、推动未成年人保护和犯罪预防社会治理现代化，是未成年人权益保护与犯罪预防体系和治理能力现代化的发展要求，是家事审判与未成年人审判统筹推进、协调发展改革的必然要求，是促进共建共治共享的社会治理格局建设的应然要求。

（一）基础判断：未成年人审判社会支持体系构建的内在规律

社会支持本质上是一种社会的、选择的和无偿的包含但不限于客观（物质）支持和主观（精神）支持的社会系统。[3] 从域外未成年人法律制度的发展情况来看，国家亲权和儿童人权是未成年人法律制度的理论基础，儿童最大利益是未成年人法律制

---

[1] 参见张鸿巍：《少年法庭可持续发展的路径选择》，载杨万明主编：《中国少年司法》（总第36辑），人民法院出版社2018年版，第40页。

[2] 邓志伟、钟玺波：《论少年法庭延伸职能的实践困境与可能选择——以人民陪审员参与少年司法的制度创新为视角》，载万鄂湘主编：《建设公平正义社会与刑事法律适用问题研究》，人民法院出版社2012年版，第390～396页。

[3] 有关社会支持的研究，始于20世纪70年代，关于社会支持的定义尚无统一标准。比如，在国外，有学者认为，根据社会支持所提供资源的不同性质，社会支持分为情感支持、信息支持、友谊支持和工具性支持。在国内，有学者认为，社会支持是社会各方面为个体提供的精神上和物质上的帮助与支持，其来源于家人、朋友、同事、组织和社会环境。武晓雪：《关于社会支持的理论研究综述》，载《科研》2015年第5期。

度的核心原则,保护制度、福利制度与司法制度是未成年人法律制度的三项基础性制度。[1] 建立健全少年司法社会支持体系也是国外司法改革的重要趋势。

2019 年 5 月 31 日最高人民法院召开新闻发布会,向社会公布了保护未成年人权益十大优秀案例。在我国司法实践中,各级法院实行的社会观护机制等,为构建未成年人审判社会支持体系提供了坚实的实践基础,如表 2 所示。构建未成年人审判社会支持体系,是司法公开化、专业化、服务化的内在发展需要。

表 2 样本法院审判社会支持的价值引导和规则树立的情况

样本法院	基本情况	价值引导和规则树立
A 法院	张某等寻衅滋事、敲诈勒索、非法拘禁案	依法严惩恶势力犯罪集团针对未成年人的"套路贷"犯罪
B 法院	朱某等寻衅滋事案	根据罪刑相适应原则依法惩治校园欺凌
C 法院	林某虐待子女被撤销监护人资格案	全国首例撤销监护人资格判决,按照最有利于被监护人成长原则,指定监护人
D 法院	蒋某猥亵儿童案	贯彻儿童利益最大化原则,依法严惩通过网络实施的无身体接触的猥亵犯罪
E 法院	马某虐待被看护人案	对幼儿园虐童行为"零容忍",警示那些具有监护、看护职责的单位和人员依法履职
F 法院	胡某诉张某变更抚养关系案	发出了全国第一道未成年人"人身安全保护令",以多元化解纠纷机制、社会联动机制保护未成年人
G 法院	祁某猥亵儿童案	小学教师性侵儿童被重判,并对犯罪教师禁止从事教育职业
H 法院	刘某故意伤害案	颁发《前科封存证明书》,探索推动设立未成年犯罪人前科封存制度
J 法院	杨某故意杀人案	全国首例对未成年被害人跨省心理救助的案例,通过心理干预进行精准救助
K 法院	江某诉钟某变更抚养关系案	依法保障未成年人的受教育权

〔1〕 宋英辉、苑宁宁:《完善我国未成年人法律体系研究》,载《国家检察官学院学报》2017 年第 4 期。

(二)理论探源:未成年人审判社会支持体系构建的正当性

1. 社会治理理论。法治保障是社会治理的重要前提。从“社会管理创新”到“社会治理”的转变,是新时代中国社会主要矛盾转变和中国社会建设的内在要求。共建共治共享的现代社会治理格局构筑的关键在于激发社会组织和社会成员参与社会治理,全面完善社会治理制度体系,培育社会主体公共性与治理意识,[1]充分发挥法治对社会治理的规范作用、保障作用和引领作用,[2]实现风险化解和防控智能化、专业化、社会化。未成年人审判社会支持体系构建,应向法治化和多元化方向发展。

2. 社会支持理论。社会支持理论强调,要构建一种社会支持系统或网络,当个体或群体特别是弱势群体(未成年人群体某种程度上也是一种弱势群体)给予并接受社会的这种潜力得以充分发挥时,有助于缓解社会紧张和压力的负面影响,越轨和犯罪行为的危险性会降低,实现社会文化融合和社会治理多元化,最终达到社会“善治”。[3] 社会支持是社会控制有效性的前提条件,对预防、控制、矫正、减少未成年人违法犯罪具有重要意义。

3. 风险分担理论。风险的制造导致风险的承担,风险成本应由社会整体进行分担。在未成年人审判中,我们必须“建立健全风险研判机制、决策风险评估机制、风险防控协同机制、风险防控责任机制”[4],将卡拉布雷西所说的“风险分配和事故成本”考虑进去。在权力与义务之间,扩大国家、社会、家庭行为过失的责任;在义务与义务之间,适当软化因果关系认定规则;在权利与权力之间,限制自由裁量权力的滥用。

(三)逻辑演进:未成年人审判社会支持体系构建是司法改革的重要场域

未成年人审判社会支持体系,是司法社会支持体系的重要组成部分,是未成年人审判工作的系统总结,是审判工作融入、推动未成年人保护和犯罪预防社会治理现代化的重要理论指导、思想基础和学理支撑,是一定范围内未成年人专业化审判和社会化保护按照一定的秩序和内部联系组合而成的内在统一的司法整体,主要包括价值

---

〔1〕 江必新、王红霞:《论现代社会治理格局——共建共治共享的意蕴、基础与关键》,载《法学杂志》2019年第2期。

〔2〕 王千:《习近平关于社会治理的重要论述与中国特色社会治理格局构建》,载《河南社会科学》2018年第10期。

〔3〕 弗兰西斯·卡伦的社会支持理论把社会支持分为拥护社会的支持和反社会的支持。前者可以预防和制止犯罪。崔海英:《社会支持理论蕴含的未成年犯罪危险因素探讨》,载《净月学刊》2017年第1期。

〔4〕 习近平:《提高防控能力着力防范化解重大风险　保持经济持续健康发展社会大局稳定》,2019年1月21日在省部级主要领导干部坚持底线思维着力防范化解重大风险专题研讨班上的重要讲话,载《光明日报》2019年1月22日,第1版。

支持、规范支持、运行支持、关系支持几个部分。

未成年人审判社会支持体系以未成年人利益最大化为标志，具有专业性、规范性、共享性、统一性、开放性等特征，深刻阐释了审判社会支持的理论依据、本质特征、价值功能、内在要求、基本原则、发展方向等重大问题。

我国人民法院司法体制综合配套改革的目标之一，就是“探索家事审判与未成年人审判统筹推进、协同发展”〔1〕，而构建未成年人审判社会支持体系必将对未成年人审判改革起到指导引领作用，顺应了司法改革潮流，回应了国家治理需要，遵循了少年司法规律，体现了理论与实践的高度融合。

三、探索：构建未成年人审判社会支持体系的进路

本文本着“人权保护、法益平衡和价值位阶、儿童利益最大化和保护隐私及个案救济”等原则，以实现家事审判与未成年人审判统筹推进、协调发展改革为基本目标，以“党委领导、政府负责、社会协同、公众参与、法治保障的社会治理体制”〔2〕为基本定位，构建未成年人审判社会支持体系。

（一）准确定位未成年人审判社会支持的职能

1. 修改《未成年人保护法》等相关法律。在顶层设计层面上，以修改《未成年人保护法》、《预防未成年人犯罪法》为契机，增加“性侵等特定罪犯个人信息公开”、“未成年被害人隐私封存和法律援助”及“亲职教育干预”〔3〕等制度规定。同时，立足时代发展、我国国情及人民法院审判职能，对现行相关法律法规中关于未成年人审判社会支持服务的内容予以完善。

2. 未成年人审判社会支持的职能发展。未成年人司法制度独立于成年人司法制度，未成年人审判社会支持应立足审判和帮教职能，构建以审判为中心的未成年人保护诉讼程序，着眼于审判、教育、预防、保护四个维度，实现政治、法治、审判和社会“四位一体”。审判组织分为涉少案件审判团队和其他家事案件审判团队。专业法官会

〔1〕 最高人民法院《关于深化人民法院司法体制综合配套改革的意见——人民法院第五个五年改革纲要（2019—2023）》。

〔2〕 习近平：《全面深入做好新时代政法各项工作 促进社会公平正义保障人民安居乐业》，2019 年 1 月 15 日至 16 日在中央政法工作会议上的重要讲话，载新华网。

〔3〕 司法机关可通过专业教育、矫正未成年人不良行为的第三方社会组织，加强未成年的监护人（主要是父母）培训，提高家族教育职能。参见刘伟丽：《未成年人检察一体化背景下社会支持体系研究》，载《河南警察学院学报》2017 年第 3 期。

议负责指导未成年人审判社会支持业务,未成年人家事审判改革领导小组统一研究部署协调未成年人家事改革工作。时机成熟时,最高人民法院、高级人民法院可独立建设未成年人家事审判机构,负责统一指导下级法院家事审判与未成年人审判工作。

(二)设置未成年人审判社会支持特殊诉讼程序规则

1. 以审前程序为重点,围绕“关联+类别”构建贯穿于诉讼全程的涉未成年人案件分流规则。对涉未成年人案件,通过“以人找案”“以案找人”方法确定分案后,按“审判领域类别”将案件分流至未成年人审判合议庭(含人民法庭)或审判团队审理,以压缩审前阶段的时间、提高简易程序适用率和降低审判羁押适用率等来提升涉未成年人案件诉讼全程的效率。

未成年人审判领域类别,分为涉少刑事案件、涉少民商事案件、涉少行政案件以及涉少减刑、假释案件。其中,涉少刑事案件和涉少民商事案件分为“应当受理”和“可以受理”两类,如表3所示。

表3　未成年人审判社会支持案件受理分类

<table>
<tr><th>案件类别</th><th>年龄/周岁</th><th>应当受理</th><th>可以受理</th><th>程序效率</th></tr>
<tr><td rowspan="4">涉少刑事案件</td><td rowspan="3">被指控犯罪时[0,18]∩立案时[18,20]</td><td>侵害人身权利的</td><td rowspan="3"></td><td rowspan="4">压缩审前阶段的时间和降低审判羁押适用率</td></tr>
<tr><td>首要分子或主犯</td></tr>
<tr><td>减刑假释、暂予监外执行、刑罚执行变更的</td></tr>
<tr><td colspan="2"></td><td>侵害财产权、在校学生犯罪案件</td></tr>
<tr><td rowspan="5">涉少民商事案件</td><td rowspan="4">[0,18]</td><td>婚姻家庭案件</td><td rowspan="4"></td><td rowspan="6">压缩审前阶段的时间和提高简易程序适用率</td></tr>
<tr><td>监护人责任案件</td></tr>
<tr><td>侵权责任案件</td></tr>
<tr><td>宣告失踪等特殊程序案件</td></tr>
<tr><td>[16,18]</td><td></td><td>继承、物权、合同、不当得利、无因管理、劳动争议及其他案件</td></tr>
<tr><td>涉少行政诉讼案件</td><td>[0,18]</td><td>行政非诉执行案、行政处罚案等案件</td><td></td></tr>
</table>

立案部门填写诉讼风险评估表,并就涉未成年人案件司法化解存在的风险提出初步处理意见,再将案件立案流程信息表、证据或证据目录等与诉讼风险评估表同步生成电子卷宗,一并移送到未成年人审判合议庭或审判团队。

2. 以现有程序类型为基础,建立审判社会支持审判规则。(1)确定实体支持的积极性评价规则。在涉少刑事案件中,若被告人为未成年人,对其量刑从宽幅度,以最高人民法院、最高人民检察院《关于常见犯罪的量刑指导意见(试行)》(法发〔2021〕21 号)确定的量刑适用幅度为基础,根据未成年人犯罪的性质、罪行的轻重、认罪程度以及悔罪表现等情况,将量刑调节比例设置为 10% ~25% 为宜;若被害人为未成年人,可对罪犯作出 6 个月至 1 年的行为禁止令决定。在涉少民商事、行政案件中,审判机关可对未成年人发出人身安全保护令,对侵害人作出履行特定义务、参加强制教育培训等决定。(2)建立审判指导文件、参考性案例备案机制〔1〕和比对程序规则。每年由中级人民法院和基层人民法院将具有参考性的未成年人审判社会支持的调研报告、研讨综述、典型案例及工作制度报最高人民法院、高级人民法院进行备案。中级人民法院和基层人民法院承办人员在办案中应当主动查询和比对审判指导文件、参考性案例。法官还应在裁判文书中对公诉机关、案件当事人及其辩护人、诉讼代理人引述备案的审判指导文件、参考性案例的控(诉)理由作出回应,并说明理由。(3)建立未成年人新类型和类案案件强制检索报告与公开工作规则。主办法官对涉未成年人刑事、民商事、行政案件作出判决时,应当依托法信、法官助手、案例云等平台检索最高人民法院、上级法院、同级法院类案判决情况。检索后形成类案检索报告,如表 4 所示,在案件合议时认真研究参考并附入电子卷宗。若案件定性、责任确定划分等方面出现重大改变的,合议庭合议后,必要时可提交专业法官会议、审判委员会讨论。根据"罗伯特议事规则",建议合议庭少数意见须在裁判文书中公开。

〔1〕 最高人民法院《关于深化人民法院司法体制综合配套改革的意见——人民法院第五个五年改革纲要(2019—2023)》。

表4 未成年人类案与关联案件检索报告模板

案号		案由		审判庭		承办法官	
拟定裁判结果							
类案检索结果							
类案与关联案的裁判要旨							
本案是否拟参照适用							
备注							

3.以保障未成年人权益为主要内容，建立特殊执行支持规则。从社会支持角度看，涉未成年人案件判决后，执行坚持以被动性和谦抑性原则为主（当事人申请），以修正的补充性原则、比例原则（包括适当性原则、必要性及衡量性原则）为辅，可视案件的紧迫性和措施的实效性选择适用直接执行措施或间接执行措施或代替执行措施，实现未成年人利益保护最大化。比如，对存在恶意弃养情形或者采取虚报、隐瞒等手段骗取保障资金、物资或服务的父母及其他监护人失信行为记入信用记录，纳入全国信用信息共享平台，实施失信联合惩戒。[1]

（三）健全未成年人审判社会支持的保障制度

1.建立“人工智能+社会支持”机制。（1）建立未成年人犯罪和权益保护风险预警和处置、心理和行为修复信息管理系统。在整个诉讼过程，法院利用大数据库对涉未成年人案件数据和侵害未成年人违法犯罪的风险数据进行集合、比较、挖掘和分析，提炼高频与异动数据点，从而填补制度漏洞，提出规则建议。（2）建立侵害未成年人违法犯罪信息“黑名单”制度。[2] 以互联网思维与技术为基础，法院与其他政法机关、银行等部门之间建立“黑名单”库，一定期限内限制违法犯罪者享有从事特定职业（事务）、进入特定场所等权利，如禁止有性侵前科人员从事教育职业。（3）构建未成年人犯罪预防与权益保护风险防范信息共享机制。既要对涉案未成年人信息予以严

---

〔1〕 参见民政部、最高人民法院、最高人民检察院《关于进一步加强事实无人抚养儿童保障工作的意见》（民发〔2019〕62号）。

〔2〕 参见张春波：《构筑“防火墙”向未成年人性侵说“不”》，载《中国审判》2019年第13期。

格保密,也要实现法院与其他社会组织(单位)在社会调查、亲职教育、观护基地等资源方面的共享。各政法机关和网络主管部门既要监督和引导网络运营商、网络传播者开展积极的正面的网络传播,又要及时受理和处理涉未成年人权益受到侵害的投诉、举报。

2. 建立配套的少年司法运行机制。(1)建立未成年人审判社会支持风险评估机制。各级法院要围绕法律适用、程序规范、风险化解与社会支持效果四方面,制定未成年人审判社会支持风险评估意见表。重大突发性风险由政法机关和有关社会组织共同研讨,提出风险评估处理意见;常规性风险由主办法官提出风险评估处理意见,报合议庭或专业法官会议研讨。(2)建立适当的动员社会资本支持选择机制。根据林南的社会资本理论模型〔1〕,法院对涉及未成年人的重大案件、重大问题、司法救助与社会救助等应及时与地方党政机关沟通,积极争取得到其支持和配合,制定审判社会支持帮教清单,适当采取"虚拟探望"、亲职教育、矫正帮教、设立"探望中心"〔2〕等有效的社会支持措施。在党委的领导下,依托政府购买服务、项目运作等方式,组织取得法律职业资格等资格证书的观护员,以法院为主导协助开展观护帮教、合适成年人参与诉讼等工作,为未成年人提供专业服务。(3)完善少审法官业绩评价机制。未成年人审判社会支持法官业绩评价包括审判质效、社会性工作、司法品德和高层次司法能力,权重比分别设置为60%、20%、10%、10%。法官的业绩评价结果由法官考评委员会作出,仅向受评法官公布其受评等级结果,且作为工资晋级、等级晋升、法官遴选、分案机制的重要参考。(4)少年转处的决定权被纳入司法程序,具体执行由行政福利部门负责。〔3〕(5)在人员配备方面,选任少审工作经验丰富、调解能力强,具备心理学、社会学等知识的员额法官,配备符合少审的调查官、调解员、心理咨询师等专职司法辅助人员,确保未成年人审判社会支持专业团队的适岗性。

---

〔1〕参见[美]林南:《社会资本——关于社会结构与行动的理论》,张磊译,上海人民出版社2005年版,第28页。

〔2〕借鉴法国做法即设立"探望中心",促使父母行使探望权和履行探望义务。陈苇:《外国婚姻家庭法比较研究》,群众出版社2006年版,第451页。

〔3〕苏明月:《少年司法的界限与中国少年转处的困境》,载杨万明主编:《中国少年司法》(总第36辑),人民法院出版社2018年版,第132页。

结 语

社会支持体系不完善已经严重制约我国未成年人司法发展。[1] 未成年人审判社会支持体系是司法社会支持体系的重要组成部分，依附于诉讼存在，有其特有的诉讼程序，突出未成年人审判工作特色，以实现"教育、感化、挽救"失足未成年人和全面维护未成年人权益为目标，通过自身高效运行，促进共建共治共享的社会治理格局建设。未成年人审判社会支持体系的建构，需要立足国情，并用法治、公平正义、保障人权、儿童利益最大化、保密的观念逐步渗透和滋养。本文的研究旨在促进家事审判与未成年人审判改革统筹推进、协调发展，为提高国家治理体系和治理现代化建设提供有价值的参考。

---

〔1〕 苑宁宁：《支持体系：遵循客观规律——我国未成年人司法社会支持体系的理论、实践与方向》，载《民主与法制》2019 年第 19 期。

现代在线诉讼规则重塑与流程再造

覃景瑶　伍佰祯*

随着经济水平和社会文化的不断进步，大数据、“互联网＋”等已经深入我们生活的方方面面，社会产生的矛盾纠纷呈现出主体多元、利益多样、案情复杂等特点，法院受理的案件总数飞速增长，给本就存在案多人少的地方法院造成巨大的工作压力，传统的法院审判已经不能适应当今时代的快速发展，近年来，为提高法院诉讼的效率和公开性、方便群众参与诉讼活动，国家提出“智慧法院”新理念，建设中国法院信息化，但由于在线诉讼规范供给缺乏，各地法院在实践应用在线诉讼过程中并未达到预期的诉讼效果，审判结果难以获得认同，法院的公正性遭到民众的质疑，难以满足人民群众的司法需求。因此，挖掘我国法院在线诉讼建设现状及存在的问题，为构建在线诉讼规范体系提出可行性建议的学术研究具有较高的实践和理论研究价值。

一、在线诉讼的运行现状

（一）运行时间成本高，加重审理工作量

人们一般会认为在线诉讼时间成本会比线下诉讼低，当事人不用到场参加诉讼应该会节省很多时间。然而，通过对 C 市两级法院，特别是运用在线诉讼较多的 D 县法院的实地调研，在法院开展在线诉讼的过程中，近六成参加过在线诉讼的受访者认为在线庭审耗费的时间比线下

* 覃景瑶，广西壮族自治区大新县人民法院法官助理；伍佰祯，广西壮族自治区大新县人民法院综合办公室主任。

要长,说明在线诉讼的时间成本超过了预期。对于开庭的时长,受访者称线上的庭审时长一般在半小时到2小时,该时长与传统线下庭审时长相比没有太大差别。由此可见,线上开庭的时间并不比线下短。受访谈法官对线上审理花费的时间长短也有不同观点,三成法官认为在线审理的时间更长,两成法官认为在线审理的时间更短,五成法官认为要根据案情的情况具体看待。访谈过程中,法官助理和书记员表示在线诉讼增加了他们庭前准备的时间,大概增加了0.5~1倍。庭前准备时间之所以增加,原因在于当事人对在线诉讼的流程不熟悉、网络平台连接不顺畅等。但是不可否认的是,在2020年新冠肺炎疫情限制开庭的情况下,在线诉讼很好地解决了当事人无法前往法院开庭的问题。

(二)实质效果不及线下诉讼

在线诉讼作为新兴产物,大众对它的接受程度不高,从调查访谈的结果看,八成受访者表示线下审理的效果更好,一成认为线上审理的效果更好,进一步数据分析显示,实际参与过线上诉讼的受访者只有不到一成认为在线诉讼效果更好,表明实际参与线上诉讼的人更愿意选择线下诉讼。接受访谈的法官们也表示线下诉讼的效果更加好,说明在线诉讼仍然需要一段时间让大众接受。在线诉讼的效果之所以不如线下,究其原因有二:一是在线审理的法庭秩序难以彰显法庭的威严性和仪式感。比如,在线审理的时候,当事人所处的环境比较自由,有时法官在提问的时候,当事人会随意走动,而法官对这样的情况没办法控制,威慑力和在传统庭审法官穿着法袍敲法槌的差别很大。又如,当事人最初作为证人的口供与被追加为第三人后的口供不一致,如果在传统审理模式下,法官会告知当事人提供虚假口供的法律后果,并当庭质问当事人,而在线诉讼审理模式削弱了让当事人作出真实回应的压力。二是调查举证难度较大。《民事诉讼法》规定证据调查环节要求当事人与证人分开提问,而在线审理时无法确保这种情况,当事人回答的时候可能证人也在同步旁听,无法避免。遇到复杂疑难案件,由于证据类型和数量较多,有些证据如物证需要现场核对,以确保真实性,如果用在线诉讼模式审理,需要当事人庭后邮寄原件后核对,增加法官审理案件的难度,降低办案效率。

(三)在线诉讼审理平台运行不成熟

在调研在线审理耗时比传统线下模式更长的原因时,受访者提到了Wi-Fi信号不稳定、网络经常性断开,法院提供在线审理的平台运行速度慢、界面设计不合理等。绝大多数法官、法官助理、书记员表示,几乎每一个在线审理的案件都会或多或少出现以上问题。调查问卷中95%的受访者认为"受网速和法院配套在线平台影响审理比较大”，说明当前在线诉讼审理平台还不能很好地适应实际审理遇到的情况。调研时受访者对在线诉讼审理模式提出提升网络配备设置、优化平台软硬件等建议。

二、在线诉讼现状的原因探究

（一）在线诉讼规范依据不足

在线诉讼规则缺失是在线诉讼热背后的担忧。[1] 在线诉讼审判作为新兴的审判机制，缺乏统一的规范性文件指引。在推行在线审判机制的过程中，由于，大多数法院处在摸索阶段，所以往往会学习在线诉讼较成熟的法院的经验并运用在本地法院。但如此的生搬硬套并没有根据各地法院实际在线诉讼发展进程情况出发，容易出现不适用、增加法官审理难度、降低司法效率、难以满足人民群众司法需求等问题。当前较有影响力的诉讼规则包括三类：一是一些由互联网法院发布的诉讼规则。例如，《杭州互联网法院诉讼规程》《北京互联网法院电子诉讼庭审规范》主要规定了涉互联网案件诉讼规则，包括诉讼平台审理规程、网上庭审规范、异步审理规程、在线庭审纪律等；再如，《广州互联网法院在线庭审若干问题的规定》对诉讼参与人行为规范、庭审技术问题处理规则、证人在线作证、在线庭审旁听等方面作出了创新性规定。二是一些非互联网法院构建的规则如《浙江法院网上诉讼规则》，涵盖了全部诉讼环节。三是最高人民法院及部分地方高级人民法院在疫情期间制定的在线诉讼规则。最高人民法院《关于新冠肺炎疫情防控期间加强和规范在线诉讼工作的通知》规定了在疫情期间应考虑案件的复杂程度、轻重缓急等因素，尊重当事人的选择权，引导当事人同意案件在线办理，当事人不同意的，应延期审理而不得强制在线审理，民事案件一般可采取在线审理，在线庭审应符合《民事诉讼法》与司法解释规定。吉林电子法院在《诉讼指南网上庭审篇》中规定当事人可以通过视频方式进行调解，此外并未对在线调解作出具体的规定。当事人在调解中不能事先了解在线调解的程序和流程规则，无法选择最适合自己情况的调节方式，没有达到预期的调解效率。辽宁法院虽然有完善的录音录像系统，但其并未设置在线调解程序以及相关指引性文件，仍然以线下调解为主，未发挥线上调解便捷、高效、多元化的优势。但这些规则规范总体上呈现分散化、地方化，不利于线上审理的全面推行。

在线诉讼合法性建设的滞后是制约民事在线诉讼有效运用的“瓶颈”。地方实践将重点放在物理平台建设上，却对在线诉讼以何种方式运行，适用于何种主体、何种

---

〔1〕 高翔：《民事电子诉讼规则构建论》，载《比较法研究》2020 年第 3 期。

诉讼程序欠缺深入探究。同时，在线诉讼主要是由国家政策及司法政策引导驱动的，缺乏《民事诉讼法》等法律保障，如最高人民法院《关于适用〈中华人民共和国民事诉讼法〉的解释》规定在线庭审只适用于简易程序，但有的地方法院超越了这个限定，说明在线诉讼发展的法律供给不足。

（二）在线诉讼普及程度不高

一是在线诉讼的推动力不足，当下的法院实践往往是不得已而为之，这里特别提到普通程序案件，当事人和法官在线诉讼均是无奈之举。法官表示未来除案件简单、易于调解的，还是以传统线下诉讼为主。据C市两级法院反馈，随着疫情形势好转，C市本地案件大部分回归线下审理，外地案件仍以线上诉讼为主，建筑工程类、道路交通事故等复杂案件则主要采取传统线下方式开庭审理。

二是参与群体的集体认知度低。在线诉讼对于公众而言还是十分陌生的，即便在法院诉讼服务中心摆放了在线诉讼流程手册、流程指示图等，但由于立案小程序操作不够简洁，对每个前来立案的当事人仍需要工作人员手把手指导，不仅增加了立案人员的工作量，群众也无法实现快速立案。对N县法院工作人员、律师、当事人进行问卷调查的结果显示，在在线诉讼了解度方面，有近50%的法院工作人员对于在线诉讼规则不了解，其中法官助理和书记员近六成表示对在线诉讼机制的具体操作流程不熟悉、不清楚，而在律师和当事人群体中比例更是高达七成和九成。在支持度方面，法院工作人员更倾向于简化程序，减少程序累赘和不必要的工作量。

（三）在线诉讼平台数量少，功能单一

如今我国已有部分在线解决纠纷平台，主要分成互联网企业内部的自制机制和外部处理平台，包括阿里巴巴和新浪成立的大众评审团、淘宝二手交易平台闲鱼小法庭、中国国际贸易促进委员会/中国国际商会调解中心等。但平台的数量与我国的人口及纠纷数量相比，还是显得非常稀少，平台智能化的开发力度仍然不足。司法人员可用的在线智能辅助审判工具仍然缺乏，平台开发的许多应用十分鸡肋，真正适用在线诉讼的软件少之又少。法院信息化仍停留在原有的司法审理模式架构中，仅是将传统线下诉讼审判流程搬到了线上，将实体法院迁移到网络上，并未整合各方数据资源，各种资源重复劳动，信息无法互联互通，资源无法共享共用，且没有对拖沓的环节进行流程优化重组，并不能使法官真正地减负。

在线诉讼平台需要整合社会的纠纷解决资源，搭建一个统一的平台，统一案件纠纷解决规则，统一按纠纷类型进行快速处理。此外，现有的在线诉讼解决机制整体上缺乏既熟练掌握信息技术又具有法律实务经验的调解员、仲裁员和法官，缺乏具有互

联网思维、具有实践操作经验的在线诉讼平台的开发建设人才,因而导致我国现有的在线诉讼数量少,功能单一。

三、我国在线诉讼规则的探索

在线诉讼相较于传统审判诉讼模式,打破了时间和地域的限制,节约了当事人的诉讼成本和时间。浙江、吉林等法院对在线诉讼进行了积极的探索,取得了一定的成果。

(一)浙江探索

自 2017 年杭州互联网法院挂牌成立,人民群众可以在网上提起诉讼、参与诉前调解、立案、在线开庭、举证质证等审判流程,其推出的网上法院 App 和微信小程序方便当事人、律师等查询了解案件具体进程,努力不让当事人“多跑一次”,节约了司法资源,简化了诉讼程序。2019 年杭州互联网法院法官人均结案 1181 件,息诉率达 97%,杭州互联网法院面对案多人少的情况,采取了以下措施应对:第一,充分利用三层调解过滤机制,即平台调解、特约调解和法官调解三层过滤机制,创设 15 天调解冷静期,通过调解,消化相当一部分案件。第二,利用快审机制快速处理。杭州互联网法院开发的人工智能程序“杭小互”可以自动打电话和接受咨询;在快审机制中,AI 可以直接抓取特定信息,节省了人工输入的成本,这些信息包括案号、双方当事人信息、起诉和答辩内容等,但是案件事实的归纳、证据的质证、法院观点部分的阐述,还是需要法官去组织。第三,整合内部资源,加快办案节奏,提高审判能力。杭州互联网法院的平均庭审时间之所以能小于 27 分钟,是因为法官们探索出三种审理模式,分别是在线审理、智能审理和异步审理。在线审理是指诉讼的全流程都是在线完成,当事人足不出户就可以解决纠纷;智能审理是指人工智能充分参与庭审,听取当事人发言,代替法官进行逻辑推演和审判;异步审理是指双方当事人除了不用在同一地点参加庭审外,也不用同时在线参与庭审,当事人可以自主决定时间完成法庭调查、法庭辩论等全部诉讼流程。除了打破空间的限制外,杭州互联网法院第一次真正打破了时间的限制,使当事人可以不同时、不同地、不同步地参加诉讼。[1]

(二)吉林探索

2015 年,吉林首创电子法院,集合网上立案、网上审理、网上执行、网上拍卖、网上

〔1〕 黄姝静、鲁伟:《杭州互联网法院两年考:平均审案时长不超过 27 分钟》,载腾讯网,https://news.qq.com/omn/20190916/20190916A0FZJGOO.html。

信访、网上阅卷、网上公开、网上办公等法院工作业务,诉讼环节24小时在线进行,开通法官移动办案系统,全天候办理案件,对于案件审理流程和法官办案留痕监督。2020年,吉林省高级人民法院建立电子证据平台,为当事人的电子证据和电子法院审判建立专属数据通道。[1] 该平台可以为案件提供证据保全、在线取证、智能合约、证据核验等功能,让电子证据及其数据摘要在法院系统平台中安全传输和存储,有效解决当事人由于电子数据易删除、易篡改、不留痕等特点导致的存证难、取证难问题。

从上述法院的经验可以看出,在线诉讼的确在一定程度上提升了诉讼效率和审判质量。不过,需要注意一点,互联网法院所管辖的范围和受理的案件都是与互联网相关的,最高人民法院《关于互联网法院审理案件若干问题的规定》中说明了互联网法院的运作方式是在线诉讼,将受理的案件类型限定在与互联网有关的线上纠纷,这类案件更适合在线上审理。由此可见,互联网法院的在线诉讼机制仅限定在审理互联网性质纠纷,而非普遍适用于线下传统诉讼审理。线上诉讼到底能不能成为大数据时代普遍适用的审判机制,仍待观察。

四、完善在线诉讼规则的建议

(一)制定统一在线诉讼规范

为了克服当前在线诉讼基本规则和实施细则相对缺失,以及地方化、分散化、个性化的问题,中央层面上必须构建出一套体系化、精细化、规范化、便于操作的在线诉讼规则,指引各法院有序有效地开展在线诉讼工作,推动在线诉讼良好发展。

在尊重当事人程序选择权的前提下,考虑纠纷种类、案件类型、诉讼程序等多方因素,适当地运用在线诉讼审理模式,不能僵硬地绑定强行适用。同时,在线诉讼方式经当事人协商同意即可采用,不受纠纷种类、案件类型和程序的限制,应当抛弃“线上归线上、线下归线下”的陈旧思想。此外,并非所有案件均必须采取在线诉讼方式,如果是双方当事人对书证、物证等高度依赖现场辨认的证据存在较大争议的复杂案件,依然可以采取传统线下审理模式。但随着科技的进步,相信在不久的未来,完全有可能对书证、物证进行全方面高清展示,甚至能发现肉眼识别不出的伪造、篡改修补证据细节等情形。

对在线诉讼审理时当事人失范行为予以规则规制,是在线诉讼可能遇到的特有

---

〔1〕 于子平:《吉林高院上线电子证据平台　打造“互联网＋审判”》,载中国法院网2020年5月11日,https://www.chinacourt.org/article/detail/2020/05/id/5202977.shtml。

问题,可以参考北京互联网法院出台的《北京互联网法院电子诉讼庭审规范》第 14 条,“对严重情形如擅自退庭按撤诉处理”作出制裁性规定,彰显庭审的威慑力和仪式感。

（二）优化在线诉讼平台系统

在线诉讼以互联网为基础,依靠软硬件设备支撑运行,我们亟须对其进行改良升级,积极解决在线诉讼面临的技术问题,以便更有效地推行在线诉讼审判模式。

1. 针对老年人等部分人群使用平台困难的问题

采用结构化起诉,通过对案情简单、证据清晰的类型化案件的数据进行分析,梳理出事实要素,并生成起诉状要素化格式,将当事人的诉讼请求、个人基本信息、事实和理由、法律依据进行要素化梳理。整个流程有文字提醒或者语音提示,经人脸识别身份信息后,待立案法官核实立案材料即可成功立案。在线开庭前法官助理或者书记员对双方当事人、辩护人进行简短的培训,可以通过制作短视频或者动画等形式将内容展示给当事人。随着未来在线诉讼软件更加智能、便捷,在线诉讼的便民程度和普及程度也会逐步提升,相信在不久的将来,公众对审前准备工作会进行得越来越熟练。

2. 针对平台网络流畅稳定的问题

各法院需投入充分的人、财、物资源,配备与在线诉讼要求相适应的软件和硬件设备,建议由最高人民法院制定在线诉讼的技术标准,该标准可以略超前于当前法院实际操作的最低需求标准,保障在线诉讼能够及时地适应当下社会科技发展。

3. 针对平台信息共享的问题

在线诉讼系统的建设和流程再造离不开技术人员、调解组织、仲裁机构、公证机关、政法机关、保险公司、银行及电子商务平台等跨部门数据的无缝对接、相互配合。如果要借助当今互联网时代互联互通、信息共享的特点,实现数据跨部门、跨行业间数据综合利用,打破自我封闭、条块分割,构建协同化的网络协作治理机制,则需要以上各方主体进驻平台前端,做到及时预判定责、定损及赔偿数额,对不必要的诉讼环节做减法,以适应互联网时代高效、便捷的司法需求。当然,在打通各行业间数据壁垒,由法院对数据进行挖掘、提炼、应用的同时,亟须出台统一的共享信息应用管理和技术标准规范文件,以防数据被滥用和泄露。

司法调研

海洋生态环境保护法律问题研究

——以近五年来广西海洋环境资源案件为样本

北海海事法院课题组*

我国是海洋大国，随着海洋强国战略的深入实施，我国海洋经济得到了快速发展，但同时也拉响了海洋生态环境的警报。广西拥有漫长的海岸线，近年来向海经济得到蓬勃发展，但同样也面临着如何保护好海洋生态环境的问题。因此有必要立足司法实践，深入研究海洋生态环境保护的法律问题。本文在概述广西海洋生态环境现状及面临的主要问题的基础上，以近五年来广西海洋环境资源案件为样本，深入剖析该类案件的特点及存在的法律问题，以完善海洋生态刑事保护立法、加强案由适用的准确性、合理确定索赔主体、加强环境公益诉讼的支持力度、合理分配海洋环境污染案件的举证责任、加强对鉴定意见的审查工作、坚持用最严密的法治保护海洋生态环境、加强海洋生态环境保护宣传力度等为路径，为建立经济与资源可持续发展下海洋生态环境保护机制提供一种可适用的方法和保障。

21世纪是海洋的世纪。海洋蕴含着丰富的资源，是人类生存和可持续发展的重要物质保障。党的十八大以来，我国大力推进海洋强国战

---

* 课题负责人：唐海波，北海海事法院党组书记、院长；课题组成员：陆英涛、赵波、张黔鄂、温和贵，执笔人：陆英涛、赵波、张黔鄂、温和贵。

略,海洋经济得到了迅猛发展。2018 年,我国海洋经济总量达 83415 亿元,同比增速为 6.7%,海洋生产总值占国内生产总值的 9.3%。[1] 其中,广西海洋生产总值达到 1502 亿元,同比增长 9.1%,赶超全国年增速的 2.4 个百分点。[2] 但是,经济的快速发展和海洋资源的开发利用,必然在一定程度上对海洋生态环境造成破坏和污染。为此,在发展海洋经济的同时,必须注重加强对海洋生态环境的保护,确保海洋资源可持续开发利用。

一、广西海洋生态环境现状及面临的主要问题

(一)广西海洋生态环境状况

根据《2019 年中国海洋生态环境状况公报》[3],广西近岸海域水域水质级别为优,是全国沿海各省(自治区、直辖市)中 3 个近岸海域水质级别为优的省份之一。但是,《2019 年广西壮族自治区生态环境状况公报》[4]对 2019 年广西近岸海域水质状况的评价为"总体一般",近岸海域 44 个检测点位中,海水水质优良点位比例为 79.5%,与 2018 年相比下降 2.3 个百分点,与 2017 年相比下降 6.9 个百分点,虽然水质级别为优,但优良点位比例连续三年呈现下降趋势。因此,广西对近岸海域水质状况的自我评价为"总体一般",既是对近岸海域水质优良点位连续三年下降的不满意和重视,又是对自身提出的更高要求。从广西近岸海域海水水质分布来看,第一类水质主要分布在北部湾;第二类水质主要分布在防城港市港口区近岸海域、钦州湾大部分区域、北海港大部分区域;第三类水质主要分布在钦州湾局部区域、铁山港局部区域;第四类水域主要分布在北海港靠近海城区的局部区域;劣四类水质主要分布在钦州市的茅尾海,主要原因是入海河流钦江和茅岭江携带污染物,污染物比例分别为总氮 94.49%、总磷 89.8%。[5]

---

[1] 参见赵磊:《〈中国海洋经济发展报告 2019〉发布》,载《中国日报》2019 年 10 月 16 日。

[2] 参见《广西海洋生产总值突破 1500 亿元》,载广西壮族自治区人民政府门户网 2019 年 8 月 13 日,http://www.gxzf.gov.cn/gxyw/20190615-752670.shtml。

[3] 参见生态环境部:《2019 年中国海洋生态环境状况公报》,载生态环境部官网 2020 年 6 月 3 日,https://www.mee.gov.cn/hjzl/sthjzk/jagb/。

[4] 参见广西壮族自治区生态环境厅:《2019 年广西壮族自治区生态环境状况公报》,载广西壮族自治区生态环境厅官网 2020 年 6 月 30 日,http://sthjt.gxzf.gov.cn/zfxxgk/ztfl/hjzljc/hjzkgb/。

[5] 参见钦州市环境保护局:《钦州市全力推进茅尾海污染防治工作》,载搜狐网 2020 年 8 月 14 日,https://www.sohu.com/a/413238720_120033663。

2019年广西海水环境功能区达标率为84.1%，同比基本持平，比2017年下降2.3个百分点。全区独流入海水系水质状况为轻度污染，主要包括钦江、南流江、九洲江和西门江等河流，其余河流年均水质均为优良。入海河流断面水质类别比例分别为Ⅰ类水质0.0%、Ⅱ类水质18.2%、Ⅲ类水质54.5%、Ⅳ类水质18.2%、Ⅴ类水质0.0%、劣Ⅴ类水质9.1%，主要超标指标为总磷、化学需氧量、氨氮。从典型海洋生态系统看，北部湾生态系统呈亚健康状态，部分贝类体内镉、铅残留水平较高，浮游植物密、浮游动物密度过低，生物量过高，底栖动物生物量过高；涠洲岛珊瑚礁生态系统为健康状态，平均硬珊瑚补充量为0.3个/平方米；山口红树林生态系统为健康，平均密度约6677株/公顷。《2019年中国海洋生态环境状况公报》显示，2019年对全国17个区域的滨海区域及邻近海域开展了卫星遥感监测，有14个监测区域滨海湿地面积与5年前相比减少336平方千米，其中包括广西北海、北部湾这两个监测区域；有3个监测区域滨海湿地面积与5年前持平，涠洲岛是其中之一。广西海水浴场水质较差，其中北海银滩海水浴场水质一年中优良比率未达40%，较差比例超过了50%；防城港金滩海水浴场水质一年中优良比率未达20%，较差比例近50%。根据《2019年广西壮族自治区生态环境状况公报》，2019年，广西对3个区域开展了海洋垃圾监测，发现北海侨港海水浴场海滩垃圾平均个数40945个/平方千米，钦州三娘湾旅游风景区海滩垃圾平均个数为110280个/平方千米，防城港白浪滩旅游区海滩垃圾平均个数为121333个/平方千米，海滩垃圾主要为塑料类、木制品、玻璃类等垃圾。

（二）广西海洋生态环境面临的主要问题

1. 陆源入海污染整治虽然取得一定成效，但其仍是海洋环境污染的重要因素。陆源入海污染占海洋污染的70%以上，是导致近岸海域污染的重要原因。[1] 近年来，随着广西经济社会的快速发展和人民生活水平的提高，生活、工业污水、畜禽养殖的直排污染对海洋环境造成的危险增大。广西在发展经济的同时，注重加强对环境的保护，加大对陆源入海污染整治工作力度。根据《2019年广西壮族自治区生态环境状况公报》，2019年，广西已截流或取缔入海排污口70多个，入海排污口清理整治达标率达87.3%。集中治理工业废水和生活污水，自治区级及以上工业集聚区污水集中处理设施完成率达100%，市县级工业集聚区污水集中处理设施完成率为76.24%。加强对漓江、南流江、九洲江、钦江等重点流域生态保护和环境治理，针对畜禽养殖污

---

〔1〕 参见姚瑞华、王金南、王东：《国家海洋生态环境保护“十四五”战略路线图分析》，载《中国环境管理》2020年第3期。

染治理等出台了具体的指导意见。虽然整治工作取得一定成效,为广西近岸水质保持优质级做出积极贡献,但是仍存在一些不足和问题。《2019 年中国海洋生态环境状况公报》显示,2019 年,对全国 448 个日排放量大于 100 立方米的直排海工业污染源、生活污染源、综合排污口进行监测,其中广西有 49 个直排口,直排海污染源污水总量 19827 万吨,主要污染物排放量有化学需氧量 9447 吨、石油类 14.4 吨、氨氮 427 吨、总氮 1740 吨、总磷 150 吨、六价铬 62.2 千克、铅 990.9 千克、汞 3.6 千克、镉 2.0 千克。这说明,广西陆源入海污染整治仍需进一步加强。

2. 海洋资源开发利用与海洋环境保护的矛盾突出,海洋环境保护风险增大。一是粗放式海水养殖对海洋环境造成了一定程度的污染。海水养殖主要排放的污染物是化学需氧量和总磷,会对海域环境和水质产生一定影响。2012 年广西海水养殖面积为 79.87 万亩,按照第一次全国污染源普查水产养殖业排污测算方法测算,2013 年广西海事养殖业预测排污量预计为:总氮 - 11215.98 吨、总磷 217.45 吨。[1] 近年来,广西海水养殖面积不断扩大,但是总体科技水平不够高,处于粗放型发展和原材料提供阶段。为此,2019 年,广西编制了《养殖水域滩涂规划》,将养殖水域按要求划分为禁养区、限养区和适养区,合理布局和优化海水养殖活动。二是非法围填海、偷挖海砂对海洋生态环境保护和海洋生态可持续发展造成了严重影响。随着广西海洋经济的快速发展,导致从事海洋产业的单位和个人的用海需求也随之迅速增长,部分企业和个人在未依法获得海域使用权的情况下,擅自非法围海、占海甚至填海。因为通过填海造地,可以极大缓解城镇用地紧张和招商引资发展用地不足的矛盾。由于每平方米围海造地的成本仅为 220 元到 520 元,越来越多的开发商、企业和地方政府将手伸向了成本低廉的海域。2017 年,广西通报中央环境保护督察移交生态环境损害责任追究问题问责情况,其中包括广西山口国家级红树林生态自然保护区被占用、破坏,用于建设沙田码头仓储、物流项目和违规调整茅尾海红树林自治区级自然保护区范围,大幅侵占了保护区面积的两起侵占海域案件。[2] 大规模的围填海活动,将使滨海湿地生态功能大量永久性地丧失。三是非法采砂对海洋生态环境造成了破坏。由于经济快速发展,市场对海砂的需求供不应求,非法采砂存在暴利,导致一些企业和个人铤而走险通过非法采砂谋取暴利。据媒体报道,2020 年以来,广西继续加大打击非法开采海砂力

〔1〕 参见《广西养殖业:形成生态型海水养殖产业》,载中国海洋网,http://www.china.com.cn/haiyang/2013-12/25/content_30996311.htm。

〔2〕 参见中共广西壮族自治区委员会、广西壮族自治区人民政府:《广西壮族自治区通报中央环境保护督察移交生态环境损害责任追究问题问责情况》,载《中国环境报》2017 年 11 月 17 日,第 7 版。

度，截至5月底，北海市查获海砂约6.6万立方米，依法立案54起；防城港市查获非法海砂18.51万立方米，依法立案查处非法采砂案件2起；钦州市查扣、没收海砂12182.5立方米，清理、取缔砂场（堆场）29个。[1] 这一方面反映出广西严厉打击非法开采海砂取得了良好成效，另一方面也反映出广西非法开采海砂的现象比较严重。

3. 海洋垃圾问题正成为全球海洋治理的热点问题，北部湾海域也正面临着这一新威胁。据联合国环境规划署调查，全球漂浮在海洋中的塑料污染物约为1.8万个/平方千米，既严重危害海洋生态环境，又造成每年超过130亿美元的经济损失。[2] 笔者对广西壮族自治区生态环境厅网站信息公开栏目公布的自1997年以来每年的环境状况公报进行分析，发现从2019年起的环境状况公报开始对海洋垃圾进行通报，之前每年的环境状况公报没有提及海洋垃圾。这说明，近年来，随着广西沿海城市旅游业的发展，越来越多的国内外游客到沿海城市的沙滩进行旅游，由于沿海城市对沙滩的管理跟不上，在一定程度上造成了海洋垃圾问题的产生。如前文所述，北海侨港海水浴场海滩、钦州三娘湾旅游风景区海滩、防城港白浪滩旅游区海滩均面临着海洋垃圾问题。

二、广西涉海洋环境资源案件的基本情况及特点

（一）刑事案件基本情况

据统计分析，2016年1月1日—2020年6月30日，广西沿海的北海、防城港、钦州三地两级法院审理的涉海洋环境刑事案件中，发现涉海洋环境保护刑事案件仅涉及一个罪名，即非法捕捞水产品罪。三地法院近五年共审理非法捕捞水产品案件144件，案涉被告人共255人。其中，小学文化（含文盲2人）共95人，初中（中专）文化151人，高中7人，大专2人；使用高压水枪作案59人，使用电拖网或地拖网作案58人，使用抽螺装置作案55人，使用耙耙刺或吸耙刺作案52人，使用地笼或倒须笼等作案31人；判处有期徒刑1年以上的55人，有期徒刑不满1年的114人，缓刑12人，管制12人，拘役2人，罚金60人；附带公益诉讼案件5件10人，判决赔偿海洋生态环境修复费用共30193.63元、评估费6000元、赔礼道歉2件（见表1）。

---

〔1〕 参见唐广生、潘丽娜：《广西严厉打击非法开采海砂》，载《广西日报》2020年6月5日，第11版。

〔2〕 See UNEP. UNEP year book 2014 ：emerging issues in our global environment. Nairobi：UNEP，2104.

表 1　北海、防城港、钦州法院判决情况统计（2016 年—2020 年 6 月 30 日）

年度	件数	人数	文化程度					作案工具						刑种				
			小学	初中	高中	中专	大专	高压水枪	电拖网或地拖网	地笼或倒须笼	耙耙刺或吸耙刺	抽螺装置	电鱼虾机	有期	缓刑	拘役	管制	罚金
2016 年	45	47	21（文盲 1）	26	0	0	0	24	16	7	0	0	0	28	4	0	7	8
2017 年	22	22	14	8	0	0	0	11	10	0	0	0	1	13	1	1	0	7
2018 年	19	20	11	7	1	1	0	6	3	11	0	0	0	5	1	0	0	14
2019 年	55	143	36	87	6	12	2	13	21	3	52	53	1	118	2	1	0	22
2020 年（截至 6 月底）	15	23	13（文盲 1）	8	0	2	0	5	8	6	0	2	2	5	4	0	5	9
合计	156	255	95（文盲 2）	136	7	15	2	59	58	27	52	55	4	169	12	2	12	60

从三地法院审理的涉海洋环境保护的刑事案件(非法捕捞水产品案件)看,这类案件主要有以下特点:

一是被告人文化层次普遍偏低,法律意识差,环保理念弱。由表1可见,255名被告人中,初中(包括中专)以下文化层次的共246人,占总人数的96.47%。由于绝大多数被告人的文化层次为初中以下,文化层次不高,作为海边居民,通常的谋生理念就是靠海吃海,因此,为了达到快捷收益的目的,他们通常采取毁坏式、破坏式的方式方法,有的甚至采取灭绝式的方式方法。这同样也显露出被告人法律意识比较差、环境保护理念不强的特点。

二是普遍使用禁用工具捕捞水产品,对海洋、沙滩生态系统、生态链均造成毁灭性的破坏。从表1可见,近五年来,广西北部湾海域的被告人所使用的作案工具为高压水枪、电拖网或地拖网、耙耙刺或吸耙刺、抽螺装置、倒须笼。其中,高压水枪主要是为了获取方格星虫,俗称"沙虫",耙耙刺或吸耙刺、抽螺装置主要是为了获取各种螺类海洋生物,而电拖网或地拖网、倒须笼所虏获的水产品是鱼虾蟹螺贝等。被告人违法使用禁用渔具对海洋生态环境所造成的破坏是毁灭式的,修复和恢复的难度比较大。

三是对被告人的处罚较轻,刑事制裁力度不够,法律威慑力不强。《刑法》第340条所规定的非法捕捞水产品罪的法定刑为3年以下有期徒刑、拘役、管制、罚金,由表1数据可知,255名被告人中,被判处罚金的60人、管制的12人、拘役的2人、有期徒刑缓刑的11人、有期徒刑实刑的170人,且在有期徒刑实刑中,6个月以上不满1年的125人,1年以上不满2年的42人,2年以上的仅3人。通常对于最高刑期为3年以下的罪名来说,有期徒刑实刑不满1年、缓刑、拘役、管制、罚金均属轻判范畴,据此,近五年间,非法捕捞水产品罪的轻判率为82.35%,占比非常高。

(二)民事、行政案件基本情况

北海海事法院负责管辖广西所属的港口、岛屿和水域,以及云南省的澜沧江至湄公河等与海相通的可航水域发生的海事海商案件和海事行政案件,且对该院管辖海域内的海洋自然资源与生态环境造成损害而引起的私益和公益诉讼具有管辖权。经广西壮族自治区高级人民法院指定,该院还受理广西陆源污染引起的水域污染损害责任案件。因此,北海海事法院集中受理了广西管辖海域的涉及海洋环境资源方面的民事和行政案件。据统计,2016年1月1日至2020年8月31日,该院共受理(均为新收)各类涉及海洋环境资源的案件270件,结案174件,涉案标的8861.62万元(见表2)。判令责任人承担生态环境损害赔偿金1068.26万元,维持行政机关对行政违法责任人处罚 256.77 万元，维持责令恢复海域原状 0.3804 公顷，维持没收渔业“三无”船舶 12 艘，维持强制拆除涠洲岛海域 463.7 亩海面的非法占海养殖设施。

表 2 北海海事法院五年来新收环境资源案件类型及数量

单位：件

年度	民事	行政	执行	合计
2016 年	0	35	2	37
2017 年	0	1	0	1
2018 年	23	5	1	29
2019 年	60	23	3	86
2020 年(截至 8 月底)	58	2	57	117
合计	141	66	63	270

从各年度的新收案件数量看，2018 年以来，北海海事法院受理的涉及海洋环境资源的案件呈现逐年上升的趋势，各年度新收案件分别为 29 件、86 件和 117 件。上述案件的类型有民事、行政、执行三种，变化趋势如图 1 所示：

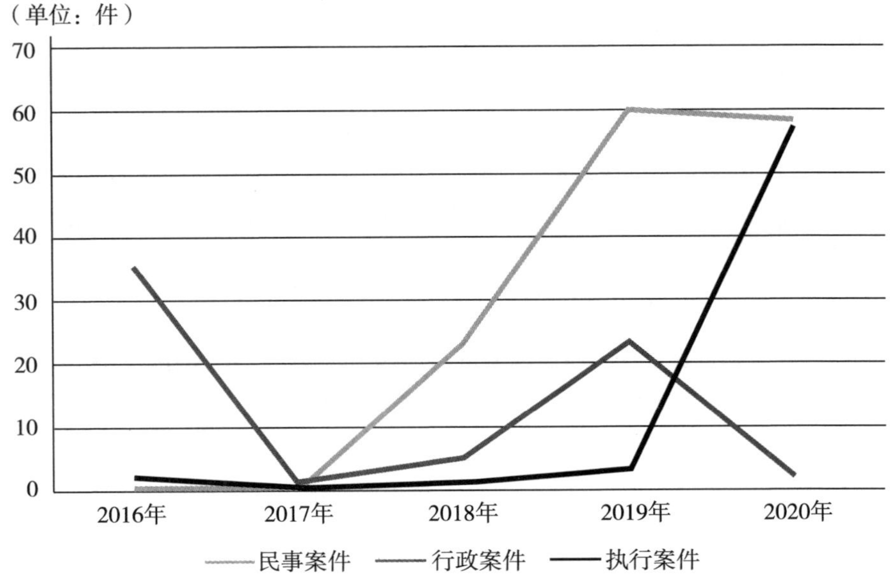

图 1 北海海事法院五年来就收环境资源案件变化趋势

从案件类型来分，五年来民事案件为143件，行政案件66件（其中“行审”案号的行政非诉案件13件），执行案件24件。从实体诉讼案件类型化分析，可以得到环境资源民事、行政案件的基本特点。

民事案件的特点：一是案件增长趋势明显，特别是2018年以来增长迅速。二是案件涉及的案由较少，非常集中。案由有海上污染损害责任纠纷（2019年60件，2020年1—8月58件）、海上养殖损害责任纠纷（2018年19件）、海域使用权纠纷（2020年1—8月1件，2018年2件）、海难救助合同纠纷（2018年1件）、船舶污染损害责任纠纷（2018年1件）。其中海上污染损害责任纠纷案件118件，占民事案件总数141件的83.69%。三是系列案件多，共有2个系列案件，分别是2018年19件海上养殖损害责任纠纷案，2019年60件、2020年1—8月58件海上污染损害责任纠纷案，合计137件，占环境资源民事案件总数141件的97.16%。四是绝大多数为海事侵权纠纷案件，均是由于陆源污染引发的损害纠纷。141件案件中海商合同纠纷案件仅2件，其余均为海事侵权案件。这些侵权案件都是由陆地上的造纸、水务企业用水体排污造成海上养殖户的水产品养殖损害而引起的纠纷。

行政案件的特点：一是各年度案件数量不均衡，这体现在案发的不规则性。数量多的年份有20至30多件，少的年份只有几件甚至1件。二是环境资源行政案件在所有海事行政案件的占比很大。2016年3月1日，最高人民法院《关于海事法院受理案件范围的规定》施行，规定海事法院受理七类海事行政案件。海事行政诉讼是指从事海洋运输、生产等活动的行政管理相对人不服海洋及通海水域行政管理机关的行政行为，或不服复议决定，在法定期限内向法院起诉，由法院根据法定程序对该海事行政争议进行审理和判决的司法活动。此后海事法院重新受理海事行政案件，北海海事法院自当年受理行政案件后至今，共受理行政案件72件，其中属于环境资源类案件66件，占91.67%。三是案件涉及海洋行政管理的各个方面。66件案件中，认为被告不履行行政许可法定职责的23件，行政非诉审查案件13件，不服渔业行政处罚的13件，要求确认行政强制执行行为违法并请求赔偿的9件（8件为海洋行政强制执行行为，1件为渔业行政强制执行行为），渔业行政给付纠纷2件，不服不予公开政府信息的2件，不服责令整改通知的1件，渔业行政赔偿纠纷1件，不履行法定职责及行政赔偿纠纷1件，不服海洋行政处罚的1件。

三、从审理的案件看广西海洋环境保护存在的法律问题

（一）刑事案件中发现的法律问题

1. 刑法上罪名设置不足，许多严重破坏海洋生态环境的行为未能入刑或制定专

门的罪名。当前刑法规定了十三类环境犯罪的主要罪名，但与海洋生态环境密切相关的罪名只有重大环境污染罪，非法捕捞水产品罪，非法采矿罪、破坏性采矿罪三类，无法涵盖实践中存在的重大危害行为，如非法围海造地给海岸线造成永久损害的行为、非法养殖获益巨大的行为、非法排污造成他人重大财产损失的行为，等等。刑罚的缺失容易导致违法行为屡禁不绝。

2. 法律规定不明确。如非法捕捞水产品罪“情节严重”情形中的“造成严重影响”的把握问题。根据《刑法》第340条的规定，构成非法捕捞水产品罪必须达到“情节严重”的程度，那么何为“情节严重”？2008年6月25日，最高人民检察院、公安部联合下发《关于公安机关管辖的刑事案件立案追诉标准的规定（一）》（公通字〔2008〕36号），该规定第63条明确规定六种情形应予追诉，亦即该六种情形属于“情节严重”。2016年8月2日，最高人民法院《关于审理发生在我国管辖海域相关案件若干问题的规定（二）》（法释〔2016〕17号）开始施行，该规定第4条亦规定了七种情形属于“情节严重”。对比上述两个规定并结合司法实践，我们发现，一方面，上述两个规定中关于非法捕捞水产品的重量达到一定数量的情形，在实践中鲜少出现，被告人的犯罪行为所涉水产品的数量很难达到法定的数量标准；另一方面，“在公海使用禁用渔具从事捕捞作业，造成严重影响的”这个情形，在实践中几乎没有成为认定被告人构成非法捕捞水产品罪的案件。

3. 调查取证困难。根据最高人民法院《关于审理发生在我国管辖海域相关案件若干问题的规定（二）》第4条第1项的规定，非法捕捞水产品1万公斤以上或者价值10万元以上的，属于情节严重，但在实践中该条款极少适用，进而导致对罪犯处罚较轻，非法捕捞屡禁不绝。主要原因即在于海警部门查处非法捕捞水产品案件调查取证十分困难，只能就抓捕犯罪嫌疑人时查获的水产品进行计重，而无法查证此前犯罪嫌疑人捕捞的水产品的重量，进行累计计算。犯罪嫌疑人一次捕捞的水产品往往达不到该标准，也导致了法院在定罪量刑时缺乏足够的证据，往往只能不判或轻判。

（二）民事案件中发现的法律问题

1. 部分案件的案由确定不准确。根据现行《民事案件案由规定》，与海洋生态环境有关的两类案件案由比较相近，在司法实践中需要准确把握。这两个案由是三级案由中第197个“海上、通海水域污染损害责任纠纷”和第198个“海上、通海水域养殖损害责任纠纷”。前者指除船舶污染之外，在海上或者通海水域的航运、生产、作业或者船舶建造、修理、拆解或者港口作业、建设造成水域污染、滩涂污染或者他船、货物及其他财产损失的损害赔偿纠纷。该类纠纷污染源来自船舶的建造修理，工程主体位于海岸线向陆一侧。后者指由于船舶航行或其他作业活动造成海上或者通海水域捕捞、养殖设施、水产养殖物损失而引起的损害赔偿纠纷。[1] 就北海海事法院受理的海上养殖损害责任纠纷案件来看，部分案件系由于陆地上的企业排污造成滩涂和近海海洋污染，导致养殖户养殖的贝类、鱼类死亡而引发。对此类纠纷适用何种案由有不同的理解。一种观点认为，海上养殖损害责任纠纷主要是由于船舶航行或其他海上作业对养殖设施和养殖物造成机械性、物理性的损害，海上污染损害责任纠纷的污染源不是来自船舶或海上设施，而是来自陆地。因此，陆源污染造成养殖物损失的，应当认定为海上污染损害责任纠纷。另一种观点认为，海上养殖损害责任纠纷和海上污染损害责任纠纷的区别在于前者的客体是“养殖设施、水产养殖物”，后者的客体是“水域污染、滩涂污染或者他船、货物及其他财产损失”。至于污染源来自陆地还是船舶，只是海上污染损害责任纠纷和船舶污染损害责任纠纷的区别，而非海上污染损害责任纠纷和海上养殖损害责任纠纷的区别。如果将陆源污染造成的养殖损失定为海上污染损害责任纠纷，意味着船舶污染损害造成的养殖损失应当认定为船舶污染损害责任纠纷，船舶触碰造成的养殖损失应当定为船舶触碰损害责任纠纷。这种区分方式人为地造成了问题的复杂化，原本一个案由可以确定的案件，因要区分损害原因，变成四种或更多种案由，掏空了海上养殖损害责任纠纷的适用范围，不利于案由的适用和案件的审理。

2. 在养殖侵权诉讼中的原告如何确定存在不同理解。

（1）在养殖物受到损害提起的索赔诉讼中原告如何确定的问题。近年来，我国海洋养殖业和海洋航运、沿海工业均迅速发展，因航运或者污染造成海上养殖设施、养殖物损害的民事纠纷时有发生。在相应的诉讼中，谁是适格的原告是这类案件的先决问题。从事水域养殖的主体主要包括自然人个人、家庭、个人合伙、法人及农村集体组织等（以下统称养殖户），养殖损失的索赔主体主要存在两个问题：一是村民委员会是否有权代表村集体组织索赔？一种意见认为，村民委员会是村集体组织的利益代表，很多村民委员会成员都在村集体组织中任职，故有权代表村集体组织向排污方索赔；另一种意见认为，村民委员会在没有村集体组织书面授权的情况下无权代表村集体组织。二是在涉及非法养殖的案件中，非法养殖户是否有索赔主体资格？第一种意见认为，《民事诉讼法》第 119 条规定的原告应与案件有直接利害关系仅系程序性规定，起诉也仅系当事人的程序性权利，不应在立案阶段审查其权益的合法性问

[1] 参见景汉朝主编：《民事案件案由新释新解与适用指南》，中国法制出版社 2018 年版，第 100～102 页。

题,其诉讼请求能否得到支持需经过实体审理才能确认,故养殖户仅需主张其与损害有直接利害关系,其提起的诉讼应予受理;第二种意见认为,非法养殖的养殖物、养殖设施和收入等均属非法权益,相应的损失均不受法律保护,因此,这些养殖户不具有合法的索赔资格,对其提起的诉讼应不予受理或驳回起诉;第三种意见认为,非法养殖虽然不合法,但养殖户合法的财产权利应受法律保护,其对养殖物成本、养殖设施有权索赔,但养殖物的增值部分不应纳入赔偿范围。

(2)以私益形式提起的实为海洋环境公益诉讼案件的主体问题。2020年6月,北海海事法院受理了合浦县某村87名村民提起的诉讼,起诉人向本院提出诉讼请求:①某港务集团停止对位于北海市某港区4至10号泊位使用该村的约18.92公顷林地(全部为国家二级重点防护林地)砍伐;②某港务集团停止对涉案工程项目及周边地区生态环境破坏的侵权行为,对已非法砍伐的防护林及破坏的生态环境予以恢复原状,赔偿相应的损失给国家;③某港务集团在国家级媒体上向社会公众赔礼道歉。87名村民的诉求,涉及海洋环境公益诉讼,但其停止砍伐林地、恢复原状的诉求又有私益诉讼的内容,是否应当受理他们的起诉,在立案审查中存在不同理解。一种观点认为,起诉人是以私益诉讼的形式提起诉讼,目前立案又是实行登记制,不应对其诉请进行实质审查,应当立案受理。另一种观点认为,起诉人的起诉明显属于环境公益诉讼的范畴,而村民不符合环境公益诉讼的主体,应当不予受理。

3. 在海洋养殖活动中非法养殖现象突出,非法养殖一旦受到侵权,其应获赔偿的范围难以确定。在目前海洋捕捞业管控加强、海洋经济生物减少的形势下,受我国人民日益增长的物质文化需求强力拉动,海洋养殖产业发展迅猛,沿海渔民越来越多地从事珍珠、贝类、鱼类等海洋生物养殖,取得了良好的经济效益。我国《海域使用管理法》第3条规定:任何单位或者个人不得侵占、买卖或者以其他形式非法转让海域。单位和个人使用海域,必须依法取得海域使用权。第19条规定:海域使用申请人自领取海域使用权证书之日起,取得海域使用权。《渔业法》第11条第1款规定:单位和个人使用国家规划确定用于养殖业的全民所有的水域、滩涂的,使用者应当向县级以上地方人民政府渔业行政主管部门提出申请,由本级人民政府核发养殖证,许可其使用该水域、滩涂从事养殖生产。因此,使用海域、进行海洋渔业养殖,都是必须取得行政许可的事项,需要申办海域使用权证书取得海域使用权,同时申办养殖证。未取得许可的,构成非法占用海域和非法养殖。但是,在北海海事法院五年来审理的涉及海洋养殖的19件环境资源案件中,所有养殖户均未经有关部门批准,无证养殖、擅自围海建立养殖区、扩大养殖区等等违反渔业、海域使用管理法律法规的行为屡见不鲜。在受理的水域污染养殖损害责任纠纷案件中,起诉者都是非法养殖户,原因主要有二:一是部分养殖户法律意识不强,片面追求经济利益而忽视法律程序手续。大部分养殖户对海洋养殖需要办理相关证件有所了解,但为追求短平快的经济利益而不去申办海域使用权证书和养殖证。二是海洋功能规划的养殖区域和位置不足、不尽科学合理。非法养殖遭受损害时,又引出一个重要问题——如何确定赔偿范围。在我国海事司法实践中,非法养殖的获赔损失范围大概有三种观点:一是广西法院判决认定的直接损失中的成本损失,包括种苗损失、养殖设施(包括网具、养殖石柱的材料等)损失,以及生产资料损失(饲料、药物);二是一些法院认定的直接损失中的成本损失,除第一种观点认定的成本损失外,还增加了人工费;三是认为包括养殖物损失和养殖设施损失,养殖物损失应指污染事故发生时的养殖物价值。

4.举证责任如何合理分配困难重重。

(1)关于原告的举证责任问题。在诉讼实践中,作为原告的养殖户举证存在很大障碍:一是原告搜集其遭受污染的证据难。原告对污染侵权人提起诉讼,首先必须举证证明侵权人排放污染物污染了其养殖区域或者相关水域,但是由于养殖户往往缺乏取证意识而错过了现场取证的最佳时机,且其自身缺乏技术手段,可以对污染行为的举证常常依赖于行政机关的行政确认。假如行政机关怠于或不愿出示相关材料,法院就会因原告举证不能而无法支持其主张。二是原告搜集其遭受损失的证据难。受害人须举证其因污染行为导致的相应损失,如养殖物的死亡数量、重量、价格等生产经营损失,特别是在非法养殖的案件中,如法院只支持原告的养殖成本损失,那意味着原告应提供其购买养殖物种苗、饲料等生产物资的成本证据,可是在现实中,养殖户购买生产物资时索取发票、保存发票的情形少之又少。三是受害人精确证明致害因素的能力不足。海洋污染造成养殖损失的原因通常错综复杂,除企业排污外,还可能存在强降雨引发其他污染源汇集、海水赤潮等水质剧烈改变、养殖物自身病变等复杂因素。这些因素需要作为原因力在判决加害人承担赔偿责任中分别加以考虑,判决才公平合理。当加害者提出免责、减责抗辩,或就不存在因果关系承担举证责任后,原告对此持有异议时,举证责任常常需在双方之间发生转换,使原告难以正确完成举证,导致争议事实处于无法查实的状态。

(2)关于被告的举证责任问题。根据最高人民法院《关于适用〈中华人民共和国民事诉讼法〉若干问题的意见》第74条的规定,环境污染损害赔偿诉讼实行举证责任倒置原则,即由加害人就法律规定的免责事由及其行为与损害结果之间不存在因果关系承担举证责任。但否定因果关系的存在也具有很强的专业性,这往往造成被告的举证不能。

5. 鉴定意见审查认定的难度较大。法院在查实排污行为和损害结果的因果关系及具体损失时通常需要以鉴定结论为依据，但鉴定结论认定过程中，常常面临以下问题：一是鉴定结论存在滞后性。缺乏法律知识的受害人往往是在与排污方协商无果的情况下起诉，在诉讼中申请鉴定，由于水的流动性和水体中发生的化学、物理转化活动，鉴定时的水况已无法还原侵权当时状况，必然导致鉴定结论的滞后性。二是污染事故发生后，相关水域管理部门未及时组织检测，以致进行索赔诉讼时，缺少污染范围的客观证据。有时为索赔需要，环境管理部门仅以侵权行为人排污量为依据，由鉴定机构参照类似污染事故的检测结果进行结论推测，由于污染范围和损害结果的影响因素众多，使法院对这样的证据认定陷入两难。三是对于养殖物的死亡损失，存在用鉴定结论替代可观察记录的客观证据的情况。四是由于污染损害鉴定的复杂性和专业性，使法官和当事人在案件审理中很难发现鉴定方法和鉴定结论上存在的问题，客观上产生污染损害该不该赔、赔多少均由鉴定机构说了算的现象。

（三）行政案件中发现的法律问题

海事行政案件类型多样化，包括不服渔业行政登记，不服渔业行政处罚，不服行政给付及复议决定，不服行政强制措施及行政赔偿、确认行政行为违法及赔偿，不履行行政许可职责，不履行政府信息公开职责及申请行政非诉强制执行等。

1. 行政机关的依法行政水平仍待提高。个别案件在实体上未能查明基本事实，一些行政执法行为还不能全面、严格地遵循行政程序。例如，在个别行政处罚案件中，行政机关未经细致调查，错误认定违法主体，最终导致败诉并承担行政赔偿责任。在一些涉及行政强制执行的案件中，行政机关并未作出行政决定书和强制执行决定书，也未保障行政相对人的陈述、申辩权利；在行政决定中未载明适用的具体法律、行政法规条文，或未将行政决定依照法定方式送达行政相对人；强制执行的催告书不具备《行政强制法》第35条规定的必备内容；委托第三人代履行的，未按照《行政强制法》第51条的规定制作和送达代履行决定书。在一些行政非诉执行案件中，行政机关作出的行政处罚决定对违法事实的认定、处罚决定内容、履行催告书都存在瑕疵。如责令相对人恢复海域原状，但对履行方式和期限只字未提，对“恢复海域原状”的具体标准是什么也不明确，造成无法实际执行。

2. 缺乏规范性文件依据导致某些领域行政执法困难。例如，近年来非法用海、占海、填海事件呈现多发态势，海洋行政主管部门的查处力度加大，但是由于海岸线漫长、海域辽阔等自然特点，大多数非法用海的单位和个人为逃避管理和执法，与行政机关大玩“捉迷藏”，使大量的非法用海设施、占海填海项目无法查清实际业主。这类非法设施必须及时强制拆除，可是当前海洋行政执法的法律、法规、规章及规范都没有关于如何强制拆除的直接依据。

（四）制约环境资源审判工作发展的几个问题

在调研过程中，结合具体案件的审理和相关工作机制的运行，我们发现存在以下几个问题，制约着环境资源审判工作的发展。

1. 环境资源审判工作的数据平台开发建设不足。目前使用的内网办案系统中无法标识环境资源案件，更没有独立的办案系统，因此无法形成对该类案件数据的系统采集以及进一步分析。

2. 法院与环境资源保护职能部门之间的协调联动机制有待进一步加强。在信息交流、行政执法与审判协调、接受监督等方面，还有许多工作大有可为。

3. 环境资源审判队伍专业化建设有待提升。环境资源审判是一个新的审判领域，面对环境和资源两类案件，跨越刑事、民事、行政三大诉讼门类，点多面广、类型多元、数量众多。部分法院还没有建立起专门的审判机构，审判队伍的专业化建设尚不能完全适应审判工作的需要。

四、经济与资源可持续发展下海洋生态环境保护建议

（一）完善海洋生态刑事保护立法的建议

1. 增加破坏海洋生态环境的罪名，为海洋生态环境保护提供强有力的保护。2020 年 8 月 3 日，浙江海警对非法填海 4.5219 公顷的浙江舟山某公司开出了 2645.31 万元的海洋行政处罚单，与此同时，宁德交通投资集团非法占用海域填海建码头，被自然资源局罚款 2280 万元。[1] 非法占用海域的行为屡禁不绝，但由于缺乏刑法的规定，对此类危害巨大的行为只能处以行政处罚，无法动用刑法。刑法规定了非法占用农用地罪，只要非法占用耕地 10 亩以上就有可能面临追诉，但非法占用海域 4 公顷却不入罪，其原因主要是长期以来，我国优先发展经济，在一定程度上忽视了环境保护，尤其是海洋环境保护，导致刑法在海洋环境保护方面长期缺位。随着我国海洋强国战略的实施，海洋环境保护意识不断进步，应当及时进行刑法修订，为保护海洋环境提供最强力的保护。因此，建议相应地增加非法占用海域罪、非法养殖罪，并将非法排污从污染环境罪分出来，单列为非法排污罪，对非法排污致使养殖户损失巨大

[1] 王阳、白楚玄：《行政执法规制非法占用海域力量有限》，载《法治日报》2020 年 8 月 24 日。

的行为进行刑事处罚。

2.将“多次非法捕捞水产品”的行为作为犯罪情节之一,如犯罪嫌疑人此前因非法捕捞水产品未达到追诉标准,被行政处罚,此后再次实施非法捕捞水产品行为的,或有证据证明犯罪嫌疑人多次实施非法捕捞水产品行为的,应认定为“情节严重”,可以定罪处罚,而无须按照查证犯罪嫌疑人捕捞水产品的重量或者价值进行认定。这样更有利于打击犯罪分子非法捕捞水产品,危害海洋生态资源的行为,能够形成有效震慑。

3.利用先进科技开展海洋环境保护刑事侦查工作。2020年9月11日,证监会决定将獐子岛案移送公安机关,追究刑事责任。此前,该公司接连上演扇贝冻死了、饿死了、“跑路了”的荒唐戏码,为业绩“变脸”找理由。证监会借助北斗卫星导航系统揭穿了獐子岛谎言,认定其2016年虚增利润1.3亿元、2017年虚减利润2.8亿元,依法应予严惩[1]。由于扇贝养殖在大海里,是否真的死了或跑了很难实际调查清楚,但是证监会通过北斗卫星导航系统,定位采捕船,最终发现了獐子岛公司的违法犯罪行为,将该案移送公安机关。因此,随着科技的日新月异,一些新技术的应用能够解决以前难以解决的问题。目前渔船普遍安装了北斗卫星导航系统,如果能同时修改刑法,将“多次非法捕捞水产品”的行为入刑,可通过北斗卫星导航系统对此类犯罪行为进行严厉打击,保护海洋生态环境。

(二)针对审理环境民事案件中发现的法律问题的建议

1.加强案由适用的准确性。一方面,最高人民法院制定的案由主要根据主体、客体、行为或权利义务来确定。如婚姻家庭、继承纠纷中的抚养纠纷和扶养纠纷,是根据主体确定;人格权纠纷中的生命权、身体权、健康权纠纷是根据客体来确定,合同纠纷中的保管合同纠纷和仓储合同纠纷是根据权利义务特征来确定的。因此,在适用案由时,应当从主体、客体、行为或权利义务来全面考量确定,从最能体现其特征的方面来确定案由。另一方面,案由的适用是为了准确归纳争议焦点和确定案件的性质,便于审理,因此不应忽视案由的适用。

2.确定索赔主体的法律对策。第一,关于村民委员会是否有权代表农村集体组织索赔的问题,审判实践中,虽然确认村民委员会属于农村集体组织的法定代表,有权代表农村集体组织进行索赔,但为防止损害村民集体的合法权益,一般要求全体村

---

[1] 周瑞峰:《演员的谢幕!獐子岛相关人员将被追究刑事责任,曾宣称:“扇贝跑路了”》,载腾讯网2020年9月14日,https://new.qq.com/rain/a/20200914A0A7CF00。

民签署书面授权书,授权村民委员会索赔。第二,关于非法养殖户是否有索赔主体资格的问题,应从立案审理等各个环节区别对待:对提起诉讼索赔海域使用收益损失的,应不予受理或驳回起诉;对索赔其在水域内建设养殖设施、设备以及养殖物损失的,应予以立案并经过实体审理后作出相应的处理。原则上未取得海域使用权证进行养殖或者其他未经国家允许擅自养殖的行为属于非法行为,但养殖户合法的诉讼权利应得到法律保护。第三,加强环境公益诉讼的支持力度,提起环境公益诉讼应当是有权主体应履行的职责。根据《民法典》第1235条的规定,违反国家规定造成生态环境损害的,国家规定的机关或者法律规定的组织有权请求侵权人赔偿损失和支付规定的费用。因此,环境公益诉讼的主体是相对明确的。但在实践中,该问题仍然存在争议,产生争议的原因在于:发生生态环境损害案件后,法律规定的有权提起公益诉讼的机关或者组织有时未能提起公益诉讼。因此,一方面,要将提起环境公益诉讼作为有权机关的职责,面对环境损害行为,应当依法追究其民事责任,而不能放任不管;另一方面,应当赋予公民向有关机关举报、监督、申请环境公益诉讼的权利,当公民发现存在环境污染危害公共利益时,可以向有关机关举报,或请求提起公益诉讼,有权机关应当予以审查并作出答复。法院也应加强和检察机关的联系,对符合环境公益诉讼的案件,和检察机关进行沟通交流,使公益诉讼的受理和审理规范有序,更好地维护海洋生态环境。

3. 合理规划养殖区域,依法认定非法养殖的赔偿范围,在保障权利人合法权益和保护海洋生态环境之间寻找平衡点。在非法养殖的水域污染案件中,应正确区别看待非法养殖的几种情况:第一,如果养殖户的非法性体现在无证养殖或超过养殖范围,但其在适合养殖的水域进行正常的养殖行为,排污者不得以养殖户非法养殖构成过错为由减轻或免除所应承担的赔偿责任;第二,如果非法养殖的养殖户在通航密集区以及其他水上安全主管机关禁止进行养殖的水域进行养殖的,则养殖户对水产品的损害结果的发生具有过错,因为养殖户理应预见到水产品将因航道交通频繁而遭受损失,但其仍在该航道上进行养殖;第三,如果非法养殖的养殖户在不适合养殖的水域进行养殖(如水质标准不符合养殖标准)或进行不恰当的养殖行为(如养殖密度过大、未对养殖区采取安全措施等),则养殖户对水产品的损害结果的发生也具有过错。后两种情况中,养殖户的过错就是损害结果发生的原因力,与损害结果的发生具有因果关系,均可以适用《民法典》规定的关于污染者酌情减轻或免除其侵权责任的情形。

为了防止过度保护其中一方的利益而使另一方受损,或滥用自由裁量权造成司法的不稳定性，通过对私有合法财产与环境保护的价值权衡，非法养殖的获赔损失范围包括以下两类损失：

第一，养殖物损失。养殖物的损失应指养殖物发生事故时的价值，但不包括预期增值或预期收入损失。理由是：首先，养殖物的成长利益应视为养殖物种苗的孳息。《民法典》保护的是合法财产及其法定孳息，种苗是合法财产，养殖户通过自己的劳动，购入了饲料、药物等生产资料，投入了时间对种苗进行养殖，至事故发生时养殖物的价值应为种苗的天然孳息，应受到法律的保护。其次，《民法典》对计算财产损失的时间点亦予以了规定，"侵害他人财产的，财产损失按照损失发生时的市场价格或者其他合理方式计算"。再次，从证据合法性、真实性的角度，按照养殖物发生事故时的价值来计算养殖物的损失更加公正合理。在司法实践中，仅认定种苗损失会出现养殖户作伪证的现象，因为一般养殖户购买种苗不会写收据或拟合同，而是发生纠纷后补做。种苗价格的认定对于法官来说也是一大难题，法官对于该类案件都是酌定处理。采用养殖物发生事故时的价值来计算，证据相对容易固定下来，加以鉴定报告的认定，损失数量比较真实客观。最后，对于非法养殖的非法收益不予保护，所以对于合法养殖的受害人可得利益的丧失，如随市场变化养殖物售出的增值利润等间接损失不能得到法律的保护。

第二，养殖设施的损失。养殖设施应当包括养殖所需的网具、网箱、养殖文蛤的石柱成本以及打柱的人工成本等事故发生时可以采用证据的形式固定下来的生产材料及合理人工费用。目前，我国对船舶油污损害赔偿案件非法养殖的赔偿范围作出了规定："未经相关行政主管部门许可，受损害人从事海上养殖、海洋捕捞，主张收入损失的，人民法院不予支持；但请求赔偿清洗、修复、更换养殖物或者捕捞设施的合理费用，人民法院应予支持。"水域环境污染的非法养殖应当借鉴该司法解释规定，虽然其没有再对合理费用进行进一步的解释，但合理费用应理解为能够恢复到发生事故时养殖状态的费用。养殖设施的损失不包括购买饲料和药物等生产资料的损失，因为该损失的成本已计算到发生事故时养殖物价值的成本当中，只需评估发生事故时养殖物价值即可。

对此，我们建议：第一，养殖户在选择养殖水域时，需要选择县级以上人民政府规划的养殖水域，而不能在航道、工业和城镇用海、排洪河段等禁止养殖水域进行养殖。第二，在投入养殖之前，要按照《海域使用管理法》《渔业法》等法律法规的规定向政府和渔业主管部门提出申请并取得水域滩涂养殖证，使用海域养殖的，还须取得海域使用权证书。第三，在海域使用权期限和养殖许可期限届满前向原审批部门申办续期手续。

4.举证责任分配的法律对策。环境污染侵权是特殊的侵权行为，如何合理地分配举证责任是处理好环境污染侵权案件的重点和难点。在水域污染侵权案件实行无过错责任原则的情况下，因果关系是确定责任承担的直接依据。在水域污染养殖损害责任纠纷案件中责任构成要件的因果关系，是指污染海洋、通海水域环境的行为与污染致人损害的事实之间具有因果关系，受害人的损害是由行为人污染水域环境的行为造成的。我国民事诉讼中举证责任的一般规则是“谁主张，谁举证”，但在环境污染侵权中，举证责任分配采用的是举证责任倒置的规则。举证责任倒置，是指由此方当事人承担的证明责任被免除，由彼方当事人对原本的证明对象从相反的方向承担证明责任，举证责任倒置的模式更有利于充分保障受害人获得救济的权利。故在认定水域污染损害的因果关系时，应采取举证责任倒置的原则。因此，在处理水域污染损害案件过程中，排污者（责任方）应举证证明受害人遭受的损失与其排污行为无因果关系，方能免除其赔偿责任。具体为：第一，排放的污染物没有造成该损害可能的；第二，排放的可造成该损害的污染物未到达该损害发生地的；第三，该损害于排放污染物之前已发生的；第四，其他可以认定污染行为与损害之间不存在因果关系的情形。但是，举证责任倒置并不意味着受害人不需要承担任何举证责任。受害人仍应举证证明：第一，污染者排放了污染物；第二，受害人遭受了损害；第三，污染者排放的污染物或者其次生污染物与损害之间具有关联性。即包括污染事实、受害人财产或养殖物遭受损失的事实和污染物到达其所属区域等初步证明污染与损害有因果关系的事实。但在部分案件和诉前处理的纠纷中，一些受害人法律意识薄弱，文化水平较低，无法及时搜集证据材料，即无法证明排污企业排放了污染物、排污企业排放的污染物到达了其养殖区域，或者无法证明其养殖因污染受到的具体损失数额，造成自身在诉讼中较为被动的现象。因此，建议养殖户做到以下两点：第一，在进行合法养殖前，应对投入的成本（如养殖物种苗、养殖场的建设、饲料、人工等费用）进行整理统计，保存好相关票据，以便在索赔时对自己的损失有基础性证据材料。第二，一旦出现污染事故，应当及时向环保和渔政等机关报告，要求对污染进行调查和认定处理，通过有权机关的执法行为，固定污染侵权的事实和造成具体损失的证据。如在钦州市浦北县六银镇水域污染事件中，六原告在早上发现死鱼现象后立即向环保和渔政部门报告，以上部门当即派工作人员与原告一起沿江上游寻找污染源，最终于当天中午找到污染源并固定了污染事实的证据，这为该案认定排污者和排污事实并最终顺利解决起到了关键作用。

5. 鉴定问题的法律对策。建议从以下方面做好鉴定意见的审查工作：一是强化鉴定机构资质和人员审查。司法鉴定主体素质的好坏直接决定鉴定意见的科学性和准确性。对当事人协商确定的鉴定机构的资质与法院委托的鉴定机构的资质区别对待，但法院均应依职权严格审查鉴定机构及其人员的资质，确保符合法律规定。二是强化对鉴定方式的审查。计算污染损害损失非常复杂，需要考虑客观情况、历史数据、中长期发展趋势等诸多因素。渔捞损失、工农生产损失、旅游和饮食服务业的损失、预防和清除污染损失等费用的计算，如果有历史数据可循，确定相对还比较容易。但对于水资源上的中长期损失的计算就要复杂得多，特别是当污染发生在红树林、珊瑚礁、滨海湿地、海岛、海湾、入海河口、重要渔业水域等具有典型性等水域及附近时，对资源损失的计算甚至可以称得上是一个庞大的系统工程。这些计算必须通过专门科研机构进行，并出具权威检验和鉴定报告。目前，环保行政部门正在推进专业环保鉴定机构的设立，并在研讨如何确保取证的客观性和鉴定意见的正确性。三是强化对鉴定意见科学性的审查。法官在审查鉴定意见时要注意以下几点：首先，鼓励当事人对鉴定意见充分质证。国家机关索赔时，其相关单位出具的鉴定报告也应依照证据规则进行质证、认证。其次，严格执行回避制度。鉴定机构与当事人存在职级、职权、资金、人员等方面的联系时，可由当事人提出回避申请。最后，善用专家辅助人制度。水域环境污染案件是专业性、科学性比较强的案件，法官和当事人都不一定能很好理解鉴定意见涉及的专业问题，因此，应善用专家辅助人辅助对鉴定意见的质询，发现鉴定意见中可能存在的错误，使鉴定意见更加客观、公正、科学。

（三）针对环境行政案件中发现问题的建议

1. 提高依法行政水平。一是树立依法行政的意识。当前海洋行政执法暴露出来的许多问题表明行政机关还没能牢固树立依法行政的意识，尤其是重实体、轻程序的观念没有根本性转变，导致在行政执法中违反法定程序的情况时有发生。二是补齐、补强海洋行政执法队伍。根据相关统计，“我国海警执法人员16296人，海事执法人员大约17000人，而美国海岸警卫队现役官兵45000人，预备役官兵8000人”[1]，缺兵少将容易导致执法力度不够。同时，需要“严格执法人员录用、资格审查制度，向社

---

〔1〕 王炎：《海洋行政执法的问题及对策研究》，中国太平洋学会海洋维权与执法研究分会暨辽宁省法学会海洋法学研究会2018年年会论文。

会公开招录一批年纪轻、学历高、具备一定专业知识技能的人员充实执法队伍”。[1]三是要建立依法行政监督和违法行政惩戒体系,提高执法人员的责任意识。

2. 加强行政立法和规范性文件的制定工作。一是对相关立法和部门规则进行梳理,查缺补漏,完善行政法规和部门规则的规定。二是要与时俱进,完善行政制度规定,加大行政处罚力度。以《渔业法》为例,《渔业法》是在 2013 年修订,其中第九章规定了多项违法处罚措施,涉及罚款的有 12 项,其中有 5 项是 1 万元以下,11 项是 10 万元以下,只有 1 项超过了 10 万元。2017 年修订的《海洋环境保护法》,罚款金额基本在 2 万元以上 20 万元以下,最高处罚金额在 100 万元,相比之下,《渔业法》的处罚力度明显畸轻,没有起到很好的震慑作用。因此,在修订《渔业法》等相关法律的时候,建议少用具体数额标准,多按行为人违法所得或造成的损失的一定比例加以罚款,以便于在维护法律的稳定性的同时,更好地起到保护海洋环境的作用。三是结合司法实践的案例开展调研工作。与海洋直接相关的部门、个体的意见固然非常重要,但也不应当忽视当地司法机关在审理具体案件中发现的问题。

(四)全面加强环境资源保护的其他建议

1. 坚持用最严密的法治保护海洋生态环境。行政部门、司法部门要严格执法和司法,通过采取行政处罚和刑事、民事、行政审判,严厉打击陆源排污对海洋环境造成污染的行为和在海洋开发利用中出现的非法捕捞、非法围填海、偷挖海砂等严重破坏海洋生态环境的行为以及在海滩乱扔垃圾的行为。在司法环节,对涉海洋环境刑事案件,既要依法严厉追究犯罪人的刑事责任,又要通过附带民事环境公益诉讼的形式,依法判令其赔偿修复海洋环境的费用;对涉海洋环境民事资源案件,既要依法判令造成污染的侵权行为一方赔偿遭受损失一方(如养殖户),同时又应判令其赔偿修复海洋环境的费用,在以往此类案件的审理中,往往注重于前者而忽视后者;对于涉海洋环境行政案件,既要依法支持涉海行政机关依法行使管海、用海职能,共同保护海洋生态环境,又要依法保护用海企业和个人的合法权益。对于海滩垃圾问题,主要依靠相关行政部门对这一问题进行整治,加大对海滩卫生的管理和对在海滩乱摆摊卖东西、乱扔垃圾等行为的处罚力度。

2. 加强协调联动,积极构建多元共治机制。一是大力推进海事纠纷多元化解。在审理环境民事侵权案件中,注重加强与辖区内的相关地方政府、水产部门、环保部

---

〔1〕 施云增、徐卫民、俞松:《深化海洋执法体制改革的探索和思考》,载《宁波经济(三江论坛)》2019 年第 12 期。

门的沟通、协调,实现“诉调对接”,多方促调解。例如,北海海事法院与广西海事局启动了诉前联调工作站,逐步在各海事处设立工作站;与港航企业、海事局、渔监、金融、人民调解委员会等7个单位建立了诉前调解机制,并落实了10多名诉前调解联络员;与北海市、防城港市、钦州市、贵港市、云南省西双版纳傣族自治州等地的司法行政部门共同建立了14个便民联系点。二是加强部门协调联动。积极推动建立审判机关、检察机关、公安机关和海事局、海洋局等环境资源保护行政执法机关之间的沟通联系,建立沟通会商、信息共享、工作交流等机制,进一步加强司法与行政执法的有效衔接和配合,共同维护辖区内河流域和海域的生态环境安全。三是加强人民法院与环保行政机关和司法鉴定机构的沟通,推动完善环境资源司法鉴定和损害结果评估机制,为审判工作的顺利开展提供助力。

3. 开发数据平台,全面准确掌握全国环境资源审判信息和动态。加快推进全国法院环境资源案件信息采集和分析系统的开发建设,充分利用大数据、云计算等信息技术,深度挖掘、释放海量案例资源和数据优势,为加强监督指导、统一裁判标准、提升司法公信力提供有力技术支持。

4. 加强环境资源审判队伍专业化建设。一是要组建专门的审判团队,当前海事法院审理环境资源案件仍是按照属地管辖的原则,由各个审判业务庭进行审理,对环境资源案件的专业性重视不够,因此,建议组建专门的审判团队,实现环境资源案件的专门化审理,并积极探索由一个审判机构审理环境资源民事、行政案件的“二合一”归口审理模式。二是按照环境资源专业审判要求,适时引进人才,注重培养人才。加大环境资源审判队伍的培训力度,学习环境资源专业知识,研究审判疑难问题,更新司法理念,提升司法能力,努力打造一支政治强、业务精、素质高的专业化环境资源审判队伍。

5. 加强海洋资源保护宣传,以案释法,全面提升环境保护意识。保护海洋生态环境,不仅需要完善立法、相关行政职能部门依法行政、司法机关公正高效司法,更重要的是依靠和发挥群众的力量,让人民群众自觉保护海洋生态资源。首先,要坚持宣传教育和适当的处罚措施相结合。一般而言,人都有趋利避害的本性,如果只是宣传教育,没有相应的处罚措施,很难让群众积极配合环境保护。上海市垃圾分类制度的实践已经表明,适当的处罚对规范人的行为必不可少。因此,针对沙滩旅游区等地容易产生海洋垃圾的问题,除了竖立告示牌,加大宣传海洋保护力度以外,建议制定对乱扔垃圾的行为进行处罚的措施,促使社会形成减少海洋垃圾,保护海洋环境的意识和氛围。其次,要创新方式方法开展普法宣传。如针对渔民文化水平低,主动学法意愿不强等特点,在休渔期渔民聚集地开展巡回审判,就渔业生产典型案件进行公开审理;定期选编环境生态保护案例,在村及委员会或社区张贴宣传;就行政机关、企事业单位在涉及海洋生态保护的案件中存在的典型问题提出司法建议;适时向社会各界发布海洋生态保护白皮书,呼吁社会各界共同保护海洋等。行政部门也要联合开展海洋生态环境保护案件的多元化纠纷解决。如在企业非法排污造成海洋养殖损害的案件中涉及的人员众多,取证困难,处理不好容易发生群体性事件。如果通过诉讼程序审理,可能会出现耗时长、双方对立严重、养殖户举证困难等问题,效果不佳,而如果由地方政府或行政部门主动介入调解,则更有利于纠纷的快速解决,同时也能起到普法教育的作用。

广西法院仲裁司法审查实务专题报告

李萍萍　黄秋燕　庞　艺*

仲裁作为一种诉讼外的解决争议方式,因其具有充分体现当事人意思自治、灵活便捷、一裁终局、保密性强等诸多特性,越来越得到当事人的青睐,同时在一定程度上缓解了法院案多人少的矛盾。党的十八届四中全会决定中明确指出,要健全和完善多元化纠纷解决机制,完善仲裁制度,提高仲裁公信力。仲裁的健康发展,离不开司法的支持和监督。

自 2017 年 5 月以来,最高人民法院陆续公布实施《关于仲裁司法审查案件归口办理有关问题的通知》《关于仲裁司法审查案件报核问题的有关规定》《关于审理仲裁司法审查案件若干问题的规定》《关于人民法院办理仲裁裁决执行案件若干问题的规定》,基本形成了人民法院仲裁司法审查工作的新局面,为仲裁事业的健康有序发展和多元化纠纷解决机制的建立奠定了必要的法律保障。本报告通过对 2018 年至 2020 年广西壮族自治区高级人民法院(以下简称广西高院)仲裁司法审查报核案件的实务工作进行统计分析,总结规律、提炼经验,为正确审理仲裁司法审查案件,依法保护各方当事人合法权益,促进广西仲裁事业的健康发展建言献策。

一、仲裁司法审查报核案件概览

2017 年 10 月,广西高院民四庭在充分调研的基础上出台了《仲裁

* 李萍萍,广西壮族自治区高级人民法院民四庭四级高级法官;黄秋燕,广西壮族自治区高级人民法院民四庭一级法官助理;庞艺,广西壮族自治区高级人民法院民四庭一级法官助理。

司法审查裁判指引》。该判决指引根据最高人民法院《关于仲裁司法审查案件归口办理有关问题的通知》的规定，在考虑广西法院的机构设置及资源分配的基础上，将除申请执行仲裁裁决、不予执行仲裁裁决的案件分由各中级人民法院的执行部门负责审查外，其余申请确认仲裁协议效力、申请撤销仲裁裁决或仲裁调解书、申请认可和执行港澳台仲裁裁决以及申请承认和执行外国仲裁裁决等案件则由各中院涉外商事审判庭或合议庭负责集中审查，以优化资源配置，统一裁判尺度。同时，根据最高人民法院《关于仲裁司法审查案件报核问题的有关规定》的要求，下级法院对仲裁司法审查案件拟作否定性评价的，需根据具体情况逐级报核。本报告仅对报核至广西高院民四庭的仲裁司法审查案件进行数据统计及分析。[1]

2018 年至 2020 年，广西高院受理仲裁司法审查报核案件共有 167 件，结案 167 件，结案为 100%。从统计的数据分析来看，广西仲裁司法审查案件呈现以下五个特点。

(一)仲裁司法审查案件数量逐年增加

从审查案件的数量来看，3 年来受理的仲裁司法审查报核案件数量分别是 19 件、28 件、120 件，呈逐年增长态势(数据对比见图 1)。一是因广西仲裁机构受理的案件数量逐年增加，使人民法院受理的仲裁司法审查案件数量也呈相应的增长态势；二是 2020 年广西个别仲裁机构受理了大量网络借贷的系列案件，导致该年受理的申请撤销仲裁裁决或申请确认仲裁协议效力的案件数量激增。

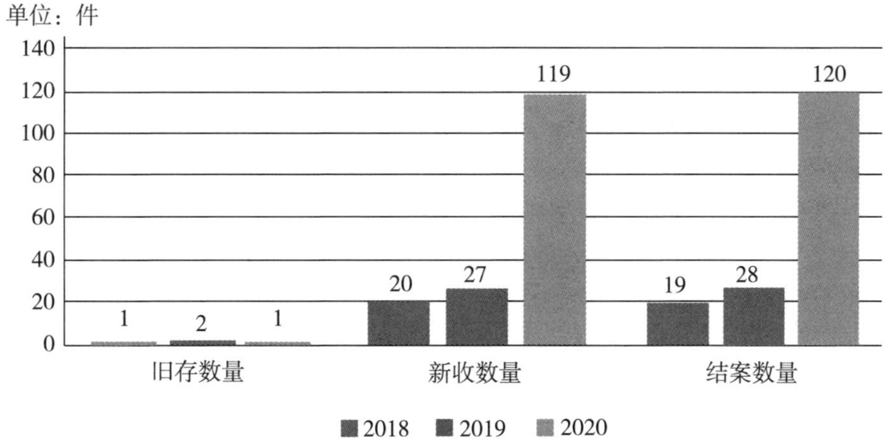

图 1　2018—2020 年广西仲裁司法审查案件报核情况

---

〔1〕 下文所称广西高院受理的仲裁司法审查案件数据均指的是广西高院民四庭所受理的报核案件数据。

（二）涉外仲裁司法审查案件数量极少

从是否具有涉外[1]因素来看，涉外仲裁司法审查案件数量极少，3 年来受理的涉外仲裁司法审查案件仅有 1 件，即申请认可和执行外国仲裁裁决的案件。

（三）案件类型相对集中

从案件类型来看，3 年来受理的仲裁司法审查案件类型相对集中，除 1 件申请承认和执行外国仲裁裁决的案件外，其余均为申请确认仲裁协议效力和申请撤销仲裁裁决的案件，数量分别是 64 件和 102 件。

（四）申请理由多样化

从当事人的申请理由来看，涉及仲裁程序违法、不存在仲裁协议或仲裁协议无效的理由居多，其中，以仲裁程序违法为由的有 31 件，以不存在仲裁协议为由的有 82 件；以仲裁协议无效为由的有 61 件。此外，申请的理由还包括超裁或无权仲裁、对方当事人隐瞒足以影响公正裁决的证据、伪造证据、违背公共利益等事由。

（五）审查结果的否定率低

从审查结果来看，否定率较低。3 年来，广西法院共受理的申请确认仲裁协议效力案件共有 156 件，其中确认仲裁协议无效的有 58 件，否定率为 37%；申请撤销仲裁裁决的案件共有 1290 件，撤销仲裁裁决的案件有 83 件，否定率为 6.4%。确认仲裁协议无效的案件数较多，主要是因为广西个别仲裁机构受理了大批量涉及网络平台借贷的系列案件，该类案件是网贷平台通过短信通知或单方加盖印章的方式将合同公约定向法院提起诉讼的争议解决方式变更为向仲裁院提起仲裁，使无法认定双方达成有效的仲裁协议。除此之外，广西法院对仲裁裁决的司法审查处理结果相当审慎，体现了法院对已作出的仲裁裁决的尊重和对仲裁事业发展的极大支持。

二、仲裁司法审查的思路及裁判规则

（一）充分尊重当事人意思自治，客观审慎地认定仲裁协议的有无及效力

仲裁协议既是仲裁机关取得仲裁管辖权的依据，也是整个仲裁制度得以存在的法律基础。仲裁协议的存在与否、有效性如何，是关系到能否启动仲裁程序、仲裁是否具有正当基础的关键问题，也是实践中当事人争议的焦点。对于一方称有仲裁协议而另一方不予否定的情形，因我国法律要求仲裁协议必须是书面形式，且现行法律没有默认仲裁管辖权的规定，因此，仲裁机构在受理案件时，需认真审核双方是否存

---

〔1〕 涉外包括涉外国及涉港澳台地区。

在仲裁协议;对于一方向另一方发送变更仲裁的通知、邮件或短信,应视为一种邀约,对方未予回应则不构成承诺,即便通知中有“未提异议则视为同意”的内容,也不能因此构成默认选择仲裁;对于互换签字的合同,虽然合同中载明仲裁条款,但缺少一方当事人或双方当事人的签字,可根据《民法典》有关合同的订立具体考量当事人之间是否存在仲裁的合意;对于在原合同文本中添加仲裁条款的,应考量该仲裁条款的添加背景、添加方式等因素,以准确认定添加的仲裁条款是否为签约当事人的真实合意;对于仲裁条款约定仲裁事项不明时,应尽量给予当事人协商补救的机会,尽量使仲裁协议有效;对仲裁机构表述不当或仲裁地存在多个仲裁机构的情况下,也尽量尊重当事人仲裁的意愿来认定仲裁协议的效力。

（二）坚持仲裁优先原则,适度认定仲裁协议效力的扩张性

仲裁协议一般只对仲裁协议的当事人产生约束力,但在一定条件下可以适度认定仲裁协议具有一定的扩张性。比如,受托人以委托人的名义与合同相对人签订的仲裁条款,根据受托人所签订的合同权利义务依法由委托人享有和承担的原则,应认定该仲裁协议的效力及于委托人,除非委托人有证据证明合同相对方明知其在委托过程中已明确排除仲裁;保险人依据保险合同约定赔偿后取得了代位求偿权,在原债权债务当事人已约定仲裁协议的情况下,虽然保险人并非该仲裁协议当事人,但是如果保险人按照仲裁协议提起仲裁,此种情形下,可以认为保险人接受了仲裁协议的约束,仲裁协议在保险人与第三人之间产生法律约束力;租约仲裁条款并入提单的情况下,当租约中的仲裁协议有效,而提单正面通过载明租约编号、签订日期、当事人等方式明确将特定的租约并入提单,提单正面又明示前述特定的租约中的仲裁协议并入提单,那么提单持有人应受该并入提单的仲裁协议约束。

（三）注重对仲裁程序合法性的审查,依法运用举证责任分配制度

仲裁司法审查制度主要是对当事人仲裁程序性权利而非实体性权利的救济,因此仲裁程序的公正性、合法性是司法审查的重点。司法审查实务中,应注意仲裁程序受仲裁规则的约束,在法律适用上,应当遵从《仲裁法》的规定,不能直接适用《民事诉讼法》的相关规定评判仲裁程序的合法性,除非《仲裁法》明确援引适用《民事诉讼法》的条文。对于当事人的申请主张,根据案件的具体实际情况,依法运用举证责任分配制度,避免申请人故意启动仲裁司法审查程序拖延时间,影响对方当事人合法权益的及时实现。例如,申请方只是口头主张双方在合同中不存在仲裁条款,那么在对方当事人已提交合同原件证明存在仲裁条款的情况下,应由申请方就其主张不存在仲裁条款承担基本的举证责任,即至少应提交其所持有的合同原件供法庭核实。

（四）严格依据法定事由，谨慎对仲裁裁决进行实体审查

根据我国《仲裁法》及其司法解释的规定，法院对于当事人所提出的撤销仲裁裁决的事由，应严格依据《仲裁法》及仲裁法司法解释的法定事由进行审查，避免过度审查仲裁裁决的实体处理。如果当事人的申请理由实为对仲裁裁决实体认定及处理有异议的，应明确指出其该撤裁事由不属于法院审查的范围。对于当事人的申请事由是仲裁裁决所依据的证据系伪造的，应重点审查证据的形式及内容是否真实、当事人主观上是否存在伪造证据的故意以及该证据是否为仲裁裁决作出的依据；对于当事人的申请事由是对方当事人隐瞒足以影响公正裁决的证据的，应重点审查该证据是否为对方持有并故意隐瞒，且该证据是否足以影响仲裁裁决的公正性。

（五）尊重仲裁一裁终局原则，准确识别可撤范围

仲裁的一裁终局原则确保了仲裁的高效性，有利于快速解决当事人之间的利益纷争，法院司法审查监督权的运用也应充分尊重仲裁的这一原则。对于当事人以仲裁裁决存在超裁事由而申请撤销仲裁裁决的案件，法院应慎重审查涉及超裁的部分在裁决项中是否可拆分并单独撤销，如可拆分撤销，则应仅撤销该部分裁决；对于从合同当事人（如保证人）以其并未签订仲裁协议为由申请撤销仲裁裁决的案件，在主合同当事人未提出申请撤销仲裁裁决的情况下，法院应仅审查从合同关系中是否存在有效的仲裁协议，如确实不存在，则仅撤销涉及从合同当事人权利义务的裁决项。

（六）秉持谨慎解释原则，避免滥用社会公共利益条款

社会公共利益属于一种不确定的弹性概念，在不同的历史时期，具有不同的内涵和外延。因此，法院在司法审查过程中，应秉持谨慎解释的原则审慎认定仲裁裁决是否确实违反了社会公共利益。审查实务中，申请人以此事由申请撤销仲裁裁决多是为了拖延仲裁裁决的执行，广西法院支持当事人该撤裁申请理由的案件为零。

三、仲裁司法审查中发现的问题

（一）报核程序耗时长，制约仲裁裁决的高效性

最高人民法院《关于仲裁司法审查案件报核问题的有关规定》施行以来，现行报核制度在统一裁判尺度方面效果明显，但由于报核程序耗时长，难以发挥仲裁案件及时高效的优势。造成此种情况的主要原因是每个报核案件需要经过移送案卷、立案、核查、答复、退卷等程序，如需层报至最高人民法院的案件，则需要更长时间，以致案件审查期限超出了2个月的法定期限。而且，有的案件在经过较长的司法审查程序后仍可能被确认无效或被撤销，当事人将面临重新仲裁或者提起诉讼的风险，导致双

方的权利义务长期处于不稳定状态,纷争迟迟未能最终解决,不利于仲裁的健康发展。

(二)法院与仲裁机构沟通不畅,影响案件审查效率

最高人民法院《关于适用〈中华人民共和国仲裁法〉若干问题的解释》第30条规定,人民法院可以要求仲裁机构作出说明或调阅仲裁案卷,并将相关裁定送达仲裁机构。因该规定是单向性的,司法审查实践中,法院与仲裁机构的交流沟通并不顺畅,主要体现在:第一,仲裁案件进入司法审查后,仲裁案卷并非随案移送,法院或因审限紧迫、交接手续麻烦、没有专门的对接部门等,极少调卷或查阅仲裁案卷,而仲裁机构因没有得到通知也不会主动移送案卷;第二,法院虽然可就仲裁案件要求仲裁机构作出说明,但缺乏法院和仲裁机构双方互动的相应工作机制;第三,该解释只是规定法院"可以"将司法审查裁定送交仲裁机构,但在司法实践中鲜少向仲裁机构送交法院裁定书,仲裁机构亦鲜少与法院主动联系,故而未能获取其裁决被当事人申请撤销或者申请不予执行,以及被司法审查裁定予以撤销或者不予执行的准确数据,也未能掌握基础资料以不断完善自身的仲裁制度。

(三)重新仲裁的法律规定过于原则,影响仲裁裁决自我救济功能的发挥

重新仲裁是仲裁司法审查的一种特殊程序,赋予仲裁进行自我救济的机会,在确保仲裁裁决终局性的前提下能够适当修正仲裁裁决,是在仲裁裁决被撤销与仲裁裁决一裁终局之间设置的"平衡杠杆"。但在审查实践中,一是由于《仲裁法》规定重新仲裁是"可以",而非强制程序,法官在撤销仲裁裁决与通知重新仲裁有足够的自由裁量权,而通知重新仲裁只是法院对仲裁庭的一种"授权行为",并非"命令行为",仲裁庭可以进行重新仲裁,也可以拒绝进行重新仲裁,导致重新仲裁的实现处于模糊的不稳定状态;二是有的案件因法院未能明确告知重新仲裁的理由,或是仲裁庭担心重新仲裁后同样面临裁决被撤销的风险而直接拒绝重新仲裁,因此,在司法实践中鲜有适用,影响了重新仲裁的功能发挥;三是最高人民法院《关于适用〈中华人民共和国仲裁法〉若干问题的解释》第21条规定,只有裁决所根据的证据系伪造以及对方当事人隐瞒了足以影响公正裁决的证据两种情形可以重新仲裁,其适用范围较窄,也是司法审查实务中鲜有适用重新仲裁的原因。

(四)部分法官的审查思路不清晰,影响案件质量

仲裁与诉讼在审理方式、送达程序、人员组成等方面存在较大差异,部分法官对仲裁司法审查案件相关的法律规定不够熟悉,审查思路混乱,影响仲裁司法审查案件的质量,主要体现在:第一,惯性采用民事审判思维进行司法审查,适用《民事诉讼法》

的相关规定而非仲裁规则评判仲裁程序的合法性；第二，未严格依照法定事由进行审查，更关注仲裁案件的实体审理和法律正义，造成司法权对仲裁的过度介入；第三，予以否定性评价的部分仲裁司法审查案件未按照报核制度层报核查，不利于统一裁判尺度。

（五）当事人对仲裁条款重视不足，容易引发争议

3年来，以仲裁条款无效或者不存在为由提起仲裁司法审查案件数量持续增长。当事人在签订合同时忽视仲裁条款的磋商，对仲裁条款的含义认知不足，只是被动接受，一旦仲裁机构作出对其不利的裁决时，容易引发争议。司法实践中，有的当事人约定的仲裁条款表述不规范，多是照搬网上或者其他合同的条款，约定不明，甚至不合法，导致对仲裁条款的效力发生争议。还有的当事人就同一事项签订多份合同，对管辖条款作出不同的约定。特别是借款担保合同纠纷中，就同一交易通常存在数个关联合同，相同当事人或不同当事人可能分别约定诉讼、仲裁等多种争议解决方式，一旦发生争议时，对于纠纷应提交诉讼或仲裁，各执一词，从而引发了案件应由法院受理还是仲裁机构受理、仲裁协议是否有效等相关争议。

（六）当事人对仲裁司法审查制度认识不足，未能及时、正确、有效地行使救济权利

当事人的申请是启动仲裁司法审查的前提，但由于当事人对仲裁司法审查制度的认知不足，影响其权利的救济。一是忽视法律规定的提出仲裁司法审查申请的期限，导致申请因超过期限而被驳回。二是忽视法律规定的法定审查范围，导致未能围绕《仲裁法》所规定的法定事由提出申请，而是以仲裁裁决结果不公、法律适用错误、证据采纳及事实认定有误为由进行主张。三是对法定撤销仲裁裁决事由的理解不足。有的当事人虽然提出了法定的审查事由，但由于对该法定情形理解不到位、准备不充分，导致举证不足，故其申请也往往难以获得支持。

（七）当事人存在启动司法审查程序拖延时间的故意

根据《仲裁法》第64条的规定，一方当事人申请执行裁决，另一方当事人申请撤销裁决的，人民法院应当裁定中止执行。人民法院裁定撤销裁决的，应当裁定终结执行。撤销裁决的申请被裁定驳回的，人民法院应当裁定恢复执行。由此可知，司法审查程序启动后，进入执行程序的仲裁裁决应当中止执行。有的当事人深知司法审查的这一效果，为拖延其应当承担偿付债务责任的时间，故意向法院申请撤销仲裁裁决或不予执行仲裁裁决。

四、对策与建议

尽管最高人民法院紧锣密鼓通过了一系列有关仲裁司法审查的司法文件和司法解释,涉及案件的审理到裁决执行等方方面面,但是完善仲裁案件的司法审查工作,应当从源头抓起,及时回应仲裁司法审查实务中的需求,并加强仲裁与司法的衔接,进一步促进仲裁司法审查制度的完善。

(一)增强对仲裁及仲裁司法审查制度的认识,防患于未然

当事人在启动仲裁程序或者仲裁司法审查程序前,应事前做足功课,避免因对相关规定的认识和理解不足,而影响了对自身权利的行使和维护。一是当事人在合意约定仲裁协议时,应充分了解仲裁制度,包括仲裁快捷高效、一裁终局的特点,仲裁协议的格式要求,仲裁与诉讼的区别以及相关仲裁机构的仲裁规则等,确保在达成仲裁协议前已充分知悉其法律效果,并达成有效的仲裁协议,避免双方在此后就仲裁协议的有无及效力产生争议,影响纠纷的快速高效解决。二是当事人就仲裁协议发生争议欲启动仲裁司法审查程序时,应充分了解各类仲裁司法审查案件的申请期限,及时行使自身权利,避免权利过期。三是当事人应充分了解法律规定的申请事由,并进行有效的举证和辩论,做到精准、理性维权。

(二)加强仲裁的规范与宣传,营造良好仲裁氛围

仲裁事业属于朝阳产业,仲裁机构要充分认识到仲裁作为多元化纠纷解决机制在推进社会主义经济发展、创新社会治理中的作用,进一步加强仲裁的规范与宣传,营造良好仲裁氛围。一是完善仲裁规范,对于现有仲裁规则中规定不明确,易引发争议的规定,依据仲裁程序的特点制定更为合理、合法的仲裁规则。二是严格依法仲裁,在案件的受理上进行严格审查,防止虚假仲裁情况的出现;在尊重当事人意思自治的基础上,严格适用《民法典》等实体法律规定,做到事实认定清楚、法律关系认定准确,提高裁决文书质量,增强仲裁公信力。三是加强仲裁宣传,提高社会公众对仲裁制度的认知度,引导当事人正确理解仲裁与诉讼的不同,充分了解仲裁的优势,更积极主动地选择仲裁方式解决纠纷,充分发挥解决纠纷的分流作用,缓解人民法院“案多人少”的矛盾。

(三)完善仲裁司法审查制度,为仲裁事业的发展保驾护航

人民法院仲裁司法审查工作是仲裁司法监督的重要形式。仲裁司法审查制度自实施以来,对于促进仲裁事业的发展,起到了积极的作用。法院应根据社会形势发展需要,不断完善仲裁司法审查制度,推动仲裁在维护我国市场经济发展方面发挥更大

作用。一是树立仲裁司法审查的基本原则和理念。充分尊重仲裁当事人意思自治原则;坚持监督与支持并重的司法审查原则,审慎处理两者之间的关系,确保公权力对仲裁的适度介入,做到监督既不缺位又不越位;树立程序审查为主、实体审查为辅的原则,避免自由裁量权的过度放大化,造成司法成为仲裁"二审"法院的现象。二是细化报核制度,明确报核期限。由于层级报核的程序及期限规定不够具体和明确,导致仲裁司法审查案件的审理时限过长,因此,可在辖区内明确报核程序各环节的审查期限,有效应对仲裁解决纠纷的快速高效要求。三是释明申请理由及法律后果,避免故意拖延。审查实务中,在对申请撤销仲裁裁决案件进行审查时,可向当事人释明撤销及不予执行的其他理由,让当事人明确其撤销的理由,且一并提出不予执行的事由,当其撤销申请被驳回后,再以不同的理由重复申请撤销仲裁裁决或提出不予执行抗辩的,法院则不予支持。该做法主要是考虑在现有框架下解决撤销仲裁制度与不予执行仲裁裁决制度双重审查的困境,规避申请人为了拖延仲裁裁决的执行,分别以不同的理由提出撤销申请及不予执行申请,以保护仲裁裁决的效率和效力。四是整合各方面资源,有计划、有重点、全方位、多形式地开展仲裁司法审查制度的宣传工作,引导当事人在纠纷发生前或者仲裁阶段提前知晓仲裁司法审查制度,避免盲目维权。

(四)搭建平台,促进仲裁与司法的深度融合

仲裁与司法的良好沟通,对于法院解决诉讼案件压力、仲裁事业的发展是最大的"利好",因此应积极搭建各种制度平台,有效促进仲裁与司法的深度融合。一是建立案件通报交流机制。法院与仲裁机构应建立定期沟通工作机制,仲裁司法审查案件结论作出后,法院可与仲裁机构对个案或批量案件进行沟通,共同分析仲裁及司法审查之中存在的问题,研究对策,总结经验。二是建立仲裁案件移交审查机制。法院可与仲裁机构建立仲裁案件移送司法审查机制,填补法律空白,即在法院受理仲裁司法审查案件后,应同时将申请书等材料发送仲裁机构,仲裁机构收到材料之日起 7 天内将相关仲裁案卷移送审查法院,使案件司法审查工作及时、完整、顺利进行。三是建立仲裁人员参与司法审查机制。法律规定仲裁司法审查案件在必要时可向仲裁人员进行询问,但并非强制性要求。在仲裁司法审查案件中,不论是对仲裁程序的审查,还是对仲裁实体的审查,为了更全面地了解案件处理情况,都有必要听取仲裁庭的意见,应当通知仲裁员参加仲裁司法审查程序。百色仲裁委员会在百色市中级人民法院诉讼服务中心设立服务窗口,为法院与仲裁机构的有效衔接进行了积极探索。

随着“一带一路”建设、广西“三大定位”战略实施、自贸试验区建设的深入推进，广西仲裁业的发展面临前所未有的机遇和挑战。仲裁的健康发展，离不开司法的支持与监督，广西全区法院将一如既往地依法履行支持和监督仲裁的司法职能，继续完善和实施仲裁司法审查制度，推动广西仲裁事业的发展，提高仲裁公信力，努力构筑仲裁与诉讼有机衔接的多元纠纷解决机制，共同为广西经济腾飞营造良好法治环境。

关于边疆民族地区民事一审服判息诉率的司法统计分析

——以崇左市法院为样本

崇左市中级人民法院课题组*

民事一审服判息诉率反映社会矛盾纠纷经人民法院一审审理得以彻底化解的比例，是法院化解社会矛盾纠纷能力的指针。崇左市位于广西西南，边境线长533公里，辖区壮族人口约占全市总人口的90%，是全国壮族人口最集中的地级市，[1]属于典型的边疆民族地区。本文以崇左市两级法院为样本，从民事一审服判息诉率现状及变化情况出发，通过数据统计分析，发掘影响民事一审服判息诉率关联因素，探究背后原因。在此基础上，结合边疆民族地区特点，提出巩固提升民事一审服判息诉率建议，以增强法院纠纷化解能力，保障边疆民族地区长治久安，并为服判息讼工作提供借鉴。

一、民事一审服判息诉率内涵解读

(一)民事一审服判息诉率概念

$$\text{民事一审服判息诉率} = 1 - \frac{\text{民事上诉案件收案数}}{\text{民事一审结案数}}$$

---

* 课题组组长：李其陆，崇左市中级人民法院副院长。课题组成员：文斌，崇左市中级人民法院审判管理办公室主任；罗永秀（执笔人），崇左市中级人民法院审判管理办公室副主任；梁琼文，崇左市中级人民法院审判管理办公室法官助理；林丽红，崇左市中级人民法院审判管理办公室书记员。

〔1〕 参见《就推进投资合作事宜进行深入交流》，载《左江日报》2017年5月15日，第1版。

民事上诉案件收案数，是指二审法院受理当事人因不服一审民事判决或裁定而上诉的案件数，不包括不服管辖权异议裁定案件而上诉的二审收案数。

民事一审结案数，是指一审法院对当事人提起民事诉讼而审结的案件数，不包括适用特殊程序审结的案件。

（二）民事一审服判息诉率的设置意义

1. 民事一审服判息诉率是衡量人民法院履职能力的重要标准

人民法院的任务包括审判民事案件，解决民事纠纷，保护个人和组织的合法权益，维护国家安全和秩序，维护社会公平正义，维护国家法制统一，尊严和权威等。〔1〕2013—2017 年全国地方各级法院审结民事（含商事）案件占审结案件的 73.6%，〔2〕民事案件占法院受理案件的绝大部分，妥善化解民事纠纷，就化解了绝大部分社会矛盾。对边疆民族地区而言，人民法院化解民事纠纷能力的高低，对保障边疆民族地区长治久安具有更直接影响和更重要作用。

2. 民事一审服判息诉率是评价司法为民、公正司法的重要因素

“努力让人民群众在每一个司法案件中感受到公平正义”是司法工作核心目标。人民群众对法院履职的好坏，有最真切的感受。民事一审服判息诉率是当事人接受裁判结果不上诉这一选择聚合的结果。因此，民事一审服判息诉率反映群众对法院审判的认可度，能够评估法院一审化解民事矛盾的实际效果，体现一审的公信与权威状况，〔3〕是评价法院“司法为民、公正司法”的重要因素。

3. 民事一审服判息诉率反映司法资源使用效益

当前案件数持续上涨、群众司法需求日益多元，法院工作面临重大挑战。在现有条件下，优化司法资源配置、追求司法效能最大化，是缓解法院压力的有效途径。民事一审服判息诉率越高，说明越多的案件使用较少司法资源得到了有效解决，降低了化解社会矛盾的司法成本，节约下来的司法资源可以让更多群众共享，间接扩大了司法资源受益面，更充分发挥出司法效能。

〔1〕 参见《人民法院组织法》第 2 条。

〔2〕 参见 2018 年 3 月 9 日最高人民法院院长周强在十三届全国人大一次会议上作出的《最高人民法院工作报告》。

〔3〕 参见张军主编，最高人民法院研究室编著：《人民法院案件质量评估体系理解与适用》，人民法院出版社 2011 年版，第 195 页。

二、崇左法院民事一审服判息诉率现状分析

(一)民事一审服判息诉率处于较高水平

为了解近年来崇左法院民事一审服判息诉率的现状,本文对2015—2019年崇左法院民事一审服判息诉率情况进行了统计(见表1)。

表1 2015—2019年崇左法院民事一审服判息诉率统计

年度	崇左法院民事一审服判息诉率	广西法院民事一审服判息诉率	崇左在全区排名
2015	92.66%	91.90%	4
2016	89.57%	88.90%	5
2017	90.77%	87.52%	1
2018	92.61%	87.66%	1
2019	91.09%	86.45%	1

2015—2019年,崇左法院民事一审服判息诉率91.25%,高出广西法院民事一审服判息诉率3.04个百分点。崇左法院民事一审服判息诉率连续5年高于广西法院平均值,且是广西唯一一个民事一审服判息诉率连续3年超过90%的地区,可见其化解民事纠纷能力处于较高的水平。

(二)关联因素分析

为探究民事一审服判息诉率保持高位的关联因素,下面以2015—2019年崇左法院民事一审案件审理情况为数据基础,从民事一审案件纠纷类型、审理程序、结案方式、审理机构四方面入手分析。

1. 纠纷类型

参照最高人民法院《民事案件案由规定》(2011年)确定的一级案由,结合崇左法院各类案由数量,将民事案件分为七类纠纷,分别是(1)人格权纠纷,(2)婚姻家庭、继承纠纷(以下简称婚姻家庭纠纷),(3)物权纠纷,(4)合同、无因管理、不当得利纠纷(以下简称合同纠纷),(5)劳动争议、人事争议(以下简称劳动争议纠纷),(6)侵权责任纠纷和(7)其他纠纷。对2015—2019年崇左法院民事一审案件按照以上七类进行统计分析。数据显示,2015—2019年,崇左法院民事一审案件集中在合同纠纷、婚姻家庭纠纷、侵权责任纠纷三类,占比84.44%,且一审服判息诉率均超90%。剩余四类纠纷一审服判息诉率均低于90%。由此可以看出,近年来崇左法院民事纠纷高

度集中，且集中的纠纷一审服判息诉率较高，案件数与一审服判息诉率呈正相关关系。

2. 审理程序

根据民事一审服判息诉率的计算方法，民事一审结案数不包括适用特殊程序审理的案件，因此，本文涉及的民事案件只适用简易程序或普通程序审理。

2015—2019 年，崇左法院审结的民事一审案件中，适用简易程序 40082 件，适用率 73.84%，适用普通程序 14199 件，适用率 26.16%。简易程序案件一审服判息诉率为 93.67%，普通程序案件一审服判息诉率为 85.54%，相差 8.13 个百分点。可见，近年崇左法院受理的民事一审案件中，简易案件较多且其一审服判息诉率相对较高。

3. 结案方式

民事一审案件主要结案方式有三种：判决、调解、撤诉。其中，以调解和撤诉方式结案的案件，不具有上诉的可能性，结案后直接成为一审息诉案件。2015—2019 年，崇左法院受理的民事一审案件中，以调解和撤诉方式结案的占 59.80%，说明有 59.80% 的案件成为一审息诉案件，可上诉案件占比较小。

4. 审理机构

根据审理机构所处地域，按照市、县、乡镇三级划分，崇左法院可以分为市法院（中级法院）、县法院（各基层法院县院部）、乡镇法庭（人民法庭）三类审理机构。2015—2019 年，崇左法院审结的民事一审案件中，由县法院、乡镇法庭、市法院审结案件分别占案件总数的 75.50%、23.94%、0.06%；乡镇法庭、县法院、市法院的民事一审服判息诉率分别为 93.70%、90.58%、77.55%。通过对比可以看出，县法院是审理民事案件的主要机构，民事一审服判息诉率较高；乡镇法庭民事一审服判息诉率最高，高于县法院 3.12 个百分点。

通过上述分析，发现与崇左法院民事一审服判息诉率呈正相关的因素包括：纠纷类型高度集中、简易案件多、调撤率高、人民法庭民事一审服判息诉率高。

（三）高服判息诉率原因分析

简易案件较多是崇左法院民事一审服判息诉率处于高水平的客观有利条件。结合其他因素及工作实际，我们认为，崇左法院民事一审服判息诉率保持高位的原因包括以下几点：

1. 设置特色法庭，集中化解大量矛盾

崇左法院根据民事纠纷集中的特点，设置特色法庭，配置精英力量。如婚姻家庭纠纷案件多，各县市均设置家事法庭；考虑到乡镇家事类案件多的特点，将家事法庭延伸各个人民法庭；考虑到山区群众应诉不便且案件多为婚姻家庭纠纷，设置妇女儿童老人巡回法庭。同时为家事法庭团队配置具有丰富审判经验的法官，并确保团队中有一名精通本地民族语言的干警。通过设立特色法庭，由专业、经验丰富、懂民族语言的法官处理同类型纠纷，确保案件实体处理的准确性和裁判尺度的一致性。

2. 尊重民族风俗，人情化解法成效明显

崇左壮族人口占总人口 90% 以上，壮族在生产生活中十分注重人情往来，崇尚睦邻友好。崇左法院考虑地方少数民族特点，采用“族佬调解”等人情化工作方法，达到当事人双方互谅互让或认可处理结果的效果。2015—2019 年，崇左法院 7 个基层人民法院调解率均超过 30%，调撤率超 55%，其中调撤率最高的是大新县人民法院，该院调撤率达 72.59%（其中调解率 58.86%）。

3. 人民法庭化解纠纷能力强

崇左法院设有 21 个人民法庭，法庭辖区人口占全市人口的 70% 左右。人民法庭发挥司法为民的优良传统，在乡镇树立了良好的形象，在群众中具有较高的声望。2015—2019 年，全市 1/3 人民法庭民事一审服判息诉率高于 95%，其中 2 个法庭民事一审服判息诉率超 98%。人民法庭拉升了崇左法院民事一审服判息诉率整体水平。

4. 繁简分流制度全面落实

2016 年以来，崇左市两级法院推进繁简分流工作，探索建立较为成熟的简案快审、繁案精审工作模式，近 3 年民事简易程序适用率均在 80% 以上。速裁团队集中审理简易案件，实现 20% 的民事法官审理 80% 的案件，提高案件的审理效率；普通民事庭专门审理繁案，因案件任务量下降，每一起案件投入的时间精力增多，保证案件质量。

三、崇左法院民事一审服判息诉率变化分析

（一）崇左法院民事一审服判息诉率呈现下降趋势

2015—2019 年，广西法院民事一审服判息诉率总体呈下降趋势，崇左法院虽 2017 年、2018 年有所回升，但总体呈现同样趋势（见图 1）。

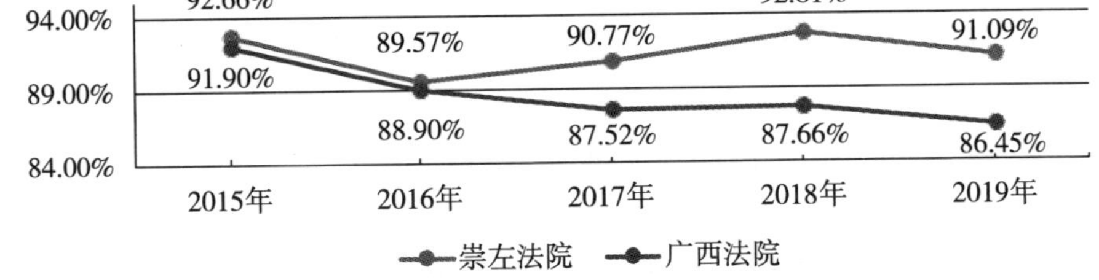

图 1 民事一审服判息诉率变化

（二）影响因素分析

民事一审服判息诉率整体下降，反映出当事人对法院一审处理结果的认可度降低、司法公信力减弱。我们推测，以下几个因素与这一现象有关：(1)民事案件增长情况。(2)民事案件的复杂程度，主要是新类型案件、疑难案件的审理难度。(3)民事审判资源的配置情况，主要是人员变动情况、人员增长情况、法官年均办案数增长情况等。为验证上述推测，我们以 2015—2019 年崇左法院相关数据为基础，进行实证分析。

1. 案件增长情况

2015—2019 年，崇左法院民事一审结数不断增长，除 2018 年略有回落，总体呈现案件较快增长。基层人民法院中，凭祥市人民法院、扶绥县人民法院案件数增长最快，增长率超过 20%（见图 2）。

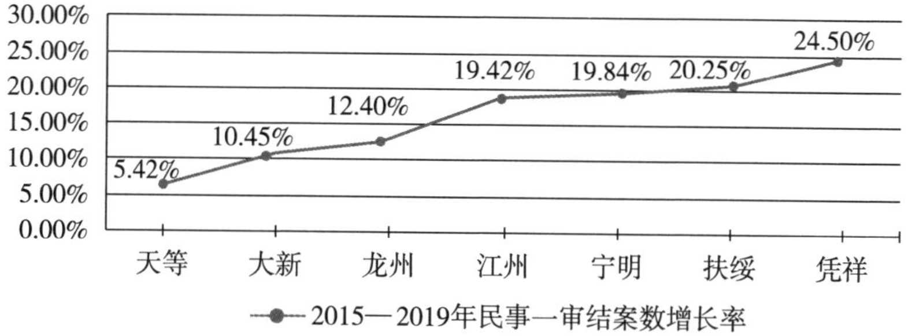

图 2　崇左各基层人民法院民事一审结案数增长率

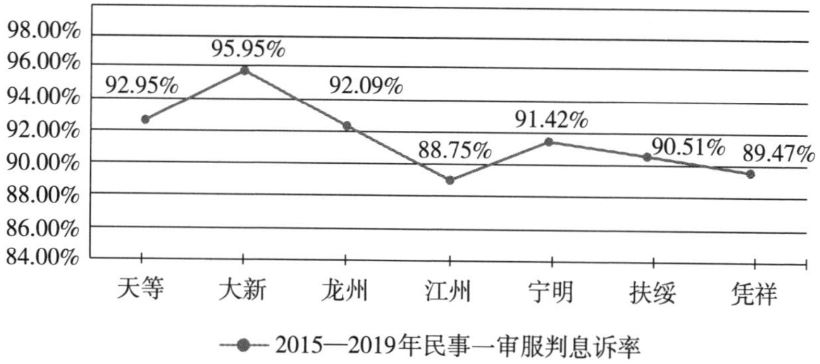

图 3　崇左各基层人民法院民事一审服判息诉率

从图 2 和图 3 的对比可以看出，崇左民事一审案件增长率与民事一审服判息诉率呈负相关关系，即民事一审案件增长越多、越快，民事一审服判息诉率越低。

2. 新类型案件审理情况

(1)案由变化情况

为便于分析,有必要对相关概念进行界定:①案由。每个诉讼案件在审理终结时均定有具体案由,称为结案案由。本文所称案由,便指结案案由。②案由数,指特定时间内法院审结的全部诉讼案件涉及的不同案由个数。

本文对2015—2019年崇左法院民事一审案件案由数进行了统计分析。数据显示各年度民事一审案件案由数有增有减,变化不大,但2015—2019年案由数之和与各年相差较多,较案由数最少的2016年多120个,较案由数最多的2019年多98个。

因案由出现不具有确定性,各年度案由数之间不具有确定的关联性,因此不能互相运算,即2016年案由数-2015年案由数≠2016年案由变化数。但部分时间的案由均包含在总时间的案由中,用总时间的案由数减去部分时间的案由数,得出的结果就是其余时间案由变化数,如2015—2019年案由数-2015年案由数=2016—2019年案由变化数。运用排列组合运算方法,则可以算出该期间案由平均变化数。据此,本文设计案由年均变化数计算公式如下:

$$\text{案由年均变化数} = \frac{(N^{2015—2019} - N^{2015}) + \cdots + (N^{2015—2019} - N^{2019})}{5 \times 5}$$

注:N指案由数,指数指该案由数的年份,如N^{2015}指2015年案由数,$N^{2015—2019}$指2015年至2019年案由数。

由上述公式算出,2015—2019年崇左法院案由年均变化数22.4个。2015—2019年崇左法院民事一审案件案由年均数184.8个,由此计算得出,案由年均变化数占案由年均数12.14%。因该占比超过10%,可以认定近年来崇左法院民事一审案件每年变化的案由较多。变化的案由通常来自一些案件数极少的案由,也可以认为这些案由属于新案由。可以推测,近年来崇左法院民事一审案件新案由较多。

(2)新类型案件数

2008年,时任最高人民法院副院长沈德咏指出,新类型案件是由于法制发展、科技进步以及社会变革而新出现的、以案件的形式反映在司法活动中的社会新问题和新矛盾,是人民群众对司法新要求、新期待的表现形式。[1] 我们认为,新类型案件的判断标准应当因地制宜。我国各地经济、文化等方面并非处于同一水平,崇左地处内陆边疆,位置偏僻闭塞,经济、文化等方面发展较为滞后,本地新问题和新矛盾与经济

〔1〕 参见柳福华、陈勇辉:《新类型案件诉讼与构建和谐社会研讨会在天津召开》,载《人民司法》2008年第22期。

发达地区存在差异。如公司纠纷早就成为东部地区民事纠纷的常见类型,但崇左法院2015—2019年公司纠纷案件仅48件,年均不足10件。因此,崇左地区与其他地区的新类型案件范围有所不同。

为便于分析,对相关概念进行界定:

一是案件类型。参考最高人民法院《民事案件案由规定》(2011年)制定的三级案由,结合具体案件量及服判息诉率等,将崇左法院审结案件进行类型归纳。因数据分析要在一定量的基础上才有借鉴、归纳意义,所以将案件数不足100件的案件类型剔除,仅对案件数在100件以上的案件类型进行分析。

二是崇左地区新类型案件。以2015年崇左法院民事一审案件为基数,以2015年该案件类型案件数占2015—2019年相同案件类型案件数比例,判断是否为新类型案件。2015年崇左法院民事一审案件数7221件,占2015—2019年崇左法院民事一审案件数的13.76%。本文将2015年案件数占2015—2019年案件数比重低于5%的类型案件,认定为崇左地区新类型案件,反之为非新类型案件。

三是崇左地区新类型案件多或少的判断标准。新类型案件数占案件总数不足5%,认定新类型案件数较少;新类型案件数占案件总数的5%~10%,认定新类型案件增长数在正常区间值范围;新类型案件数占案件总数超10%,认定新类型案件数较多。

根据上述界定,本文对2015—2019年崇左法院民事一审案件中新类型案件情况进行分析。数据显示,2015—2019年崇左法院民事一审案件中,案件数在100以上的案件类型有52个,其中12个案件类型属于新类型案件,所含案件7288件,占案件总数的13.89%。一审服判息诉率低于90%的新类型共有5个,所含案件占新类型案件总数49.92%。

通过上述数据分析可以看出,近年来崇左法院民事一审案件中新类型案件数较多且民事一审服判息诉率偏低。

3. 疑难案件审理情况

疑难案件在我国通常是指案件事实疑难不清,或是法律适用上存在困难和争议的案件。如何通过数据辨别疑难案件,我们认为可以根据案件审理时长、上诉案件发改率两方面来推定。

因此,本文将判断疑难案件的标准定为:①审理时间超6个月(以181天计)的案件推定为疑难案件,审理时间超12个月(以365天计)的案件推定为重大疑难案件;②上诉案件发改率高于崇左法院发改率的案件类型推定为疑难案件类型,该疑难案件类型的全部案件推定为疑难案件。

判断疑难案件数多或少的标准定为:疑难案件数占案件总数不足5%,认定疑难案件数较少;疑难案件数占案件总数的5%~10%,认定疑难案件在正常区间值范围;疑难案件数占案件总数超10%,认定疑难案件数较多。此外,考虑到疑难案件和重大疑难案件审理难度的不同,在计算疑难案件占比时,我们将重大疑难案件数翻倍计算。根据以上界定,本文对2015—2019年崇左法院民事一审案件审理时长及二审发改率情况进行统计分析。

(1)审理时长分析

数据显示,2015—2019年崇左法院民事一审案件疑难案件占案件总数的9.84%,根据本文设定的标准,该期间崇左法院民事一审疑难案件数在正常区间值范围。

2015年崇左法院民事一审服判息诉率为92.66%,处于近年来最高水平,此后呈下降趋势。分析2016—2019年民事一审服判息诉率降低的原因是否包含疑难案件增多因素时,可以对2016—2019年案件审理时长进行分析。统计得出,2016—2019年崇左法院民事案件重大疑难案件占比1.37%,疑难案件占比9.05%。与2015年相比,2016—2019年重大疑难案件和疑难案件占比均低于2015年。可以看出,疑难案件与服判息诉率均呈减少趋势。

(2)上诉案件发改率分析

2015—2019年一审服判息诉率低于90%的案件类型有32个,其中上诉案件发改率(发改率=发回重审和改判案件数/上诉案件数)高于全市平均值(15.1%)的案件类型有6个。由此推定,该六类案件属于疑难案件类型,所含疑难案件1900件,占案件总数的3.62%,属于疑难案件数较少。另外,在分析过程中,我们发现纳入计算范围的案件类型52个中有6个疑难案件类型,占比11.5%,属于疑难案件类型较多。

综合以上两方面分析,近年来崇左法院不存在疑难案件数较多的情况,但疑难案件类型较多。

4. 审判资源变动情况分析

为探究近年来崇左法院审判资源的变动情况,判断其是否影响民事一审服判息诉率,本文以2015—2019年江州区人民法院(以下简称江州法院)人员流动情况、2015—2019年崇左法院民事法官情况和民事法官人均办案数据为基础,对人员变动情况、人员增长情况法官年均办案数增长情况等方面进行分析。

(1)人员变动情况

考虑到人员变动的必然性以及崇左法院人员数量情况,本文将判断人员变动是否频繁的标准定为:变动人员占人员总数不足5%,认定人员变动小;变动人员占人员总数5%~10%,认定人员变动在正常区间值范围;变动人员占人员总数10%以上,认定人员变动频繁。

①法院干警变动情况

为了解新进与调离人员情况,本文以江州法院为例,反映崇左法院干警整体变动情况。数据显示,2015—2019年,江州法院新增和调离干警数量基本持平,5年间新增25人,调离24人,发生变动共49人,平均每年变动10人。2015—2019年江州法院年均干警总数75人,干警年均变动数占干警年均总数的13.33%。由此可以认定,江州法院干警变动频繁。

②民事法官变动情况

统计显示,2015—2019年崇左法院民事一审案件主办法官人数在小幅度变少(2017—2018年出现大幅度变化的原因是员额制改革,该因素不纳入考量范围),年均173人。2015—2019年法官总数与各年法官人数相差很大,较法官最少的2019年多128人,这意味着2015—2019年民事法官至少变动了128人。

法官办理民事案件具有不确定性,跟案由出现具有不确定性一致,因此,在计算民事法官平均变动人数时,可以借鉴计算案由年均变化数公式:

$$\text{民事法官年均变动数} = \frac{(N^{2015—2019} - N^{2015}) + \cdots + (N^{2015—2019} - N^{2019})}{5 \times 5}$$

注:N指民事法官人数,指数指该人数的年份,如N^{2015}指2015年民事法官人数,$N^{2015—2019}$指2015年至2019年民事法官人数。

根据该公式计算得出,民事法官年均变动19人。2015—2019年,崇左法院民事法官年均人数173人,则民事法官年均变动人数占民事法官年均人数10.98%,由此认定,崇左法院民事法官变动频繁。

综上所述,通过对江州法院人员变动情况及崇左法院民事法官变动进行比较分析可以看出,崇左法院法院干警、民事法官流动性大。

(2)法院人员增长情况

①法院干警增长情况

为了解近年来崇左法院审判力量补充情况,我们以崇左市中级人民法院(以下简称崇左中院)及江州法院为代表,对该两个法院2015—2019年的干警数量进行分析。

2015—2019年,崇左中院干警年均96人,江州法院干警年均75人。5年间两个法院干警增加较少,崇左中院增加5人,年均增加干警1人;江州法院增加11人,年均增加干警2人。由此可以看出,崇左法院干警数增长少,速度慢。

②民事法官增长情况

为了解近年来崇左法院民事法官数量增长情况,我们对2015—2019年崇左法院民事一审法官增长情况进行了统计分析。崇左法院民事法官在2015—2019年逐渐减少(不考虑2017—2018年因员额制改革法官变少情况)。2015—2019年崇左法院民事法官年均减少2人,占民事法官年均数1.15%。崇左法院呈现干警数、民事法官数均增长数量少、增长速度慢,与崇左法院民事案件增长数量多和速度快呈相反态势。

(3)法官年均办案数增长情况

2015—2019年,崇左法院民事法官年办案数为61件,年均增加15件,增长速度为24.59%。其中,2015—2019年法官办理案件增长速度高于民事案件增长速度,2018年最多超过34.63个百分点。由此可以看出,近年来崇左法院民事法官年均办案数呈上升趋势,且增长速度高于民事案件增长速度。

案件快速增长,加重了审判任务;新类型案件数较多、疑难案件类型较多,加大了案件审理难度;法院干警流动性强且增长缓慢,导致审判力量得不到补充且缺乏连贯性,上述因素都会导致民事一审服判息诉率下降。因此,可认为影响崇左法院民事一审服判息诉率的因素有:案件快速增长、新类型案件数较多、疑难案件类型较多、法院干警流动性强且增长缓慢。

(三)下降趋势原因分析

通过上述因素分析,结合崇左法院实际情况,我们认为,造成崇左民事一审服判息诉率下降的原因主要是崇左法院审判能力不能满足当前的司法需求,具体表现为:

1. 审判任务不断加重

(1)案件数量快速增长

崇左建市以来,经济、文化等各方面不断发展,城市化进程加快,产生的社会问题和矛盾也呈现多样性和多发性,近年来民事案件快速增长。2015—2019年,崇左法院民事案件年均增长率为16.16%。特别是江州法院,2019年的案件数是2015年案件数的2.38倍。

(2)新类型案件不断增多

经济社会发展大背景下,民事关系日益丰富,出现了新型法律关系,如建设工程合同纠纷，商品房预售、销售合同纠纷等新类型案件不断增多。根据本文定义，认定案件数在100件以上的52个案由中，有12个案件类型属于新类型案件，所含案件7288件，占案件总数13.89%，由此可见，民事新类型案件占比较高。

2. 审判资源较为欠缺

崇左地处大石山区，没有明显的经济优势，经济发展水平相对落后。在原有审判资源较为贫瘠且民事案件数量快速增长的情况下，相应的审判力量没有随之充实。

(1)队伍发展缓慢。崇左法院干警队伍人员数量增长慢，严重制约着审判力量提升。一是人难招。近年来，崇左法院通过公务员、选调生、政法干警招录等途径扩充法院干警队伍，但因地处边疆、条件艰苦，每年都会遭遇报考人数不足岗位无法开考的情况。二是人难留。2009—2014年，7个基层人民法院共流失审判员及助理审判员78名，2016—2018年崇左法院流失干警44人，其中崇左中院流失法官5人。到条件较好的法院就职是大部分人选择离开的原因，且法院工作繁重逐渐成为法官离开的第二原因。

(2)现有干警水平有限。可以根据是否接受过大学本科以上高等教育及法学专业教育人数占比，对该地区人员水平进行基础判断。以崇左中院为例，2017年从事审判工作(含法官、法官助理、书记员)的有64人，其中本科以上学历30人，占46.88%，研究生学历2人，占3.13%；具有法学专业背景的有25人，占39.06%。通常来说，中级法院审判力量强于基层人民法院，由此可以看出，当前崇左法院存在审判力量不足的问题。

(3)人员流动性大。民事案件较刑事案件、行政案件来说，法律关系复杂多样、涉及法律法规多且变化快，对民事法官的专业素养、经验积累要求高。但近年来崇左法院法官变动频繁，这意味着民事审判领域的法官业务连续性受损，制约了民事法官整体审判水平。

3. 审判能力不足

根据上述数据分析，虽然崇左法院民事法官年均办案数没有显著的增加，年人均办案数为61件，案多人少的矛盾没有特别突出。但结合崇左法院对新类型和非新类型案件的审理情况，可以看出，民事法官在审判方面仍然存在能力不足。

(1)审理常见案件类型能力不足。首先，根据本文定义确定的六类疑难类型案件中，有五类纠纷属于非新类型案件纠纷。非新类型案件案由占疑难案件类型总数的45.45%。其次，常见的机动车交通事故责任纠纷中，2015—2017年上诉案件发改率为27.06%，其中2017年高达37.10%，改判理由中适用法律错误的案件占比为

60.82%。以上情况说明崇左法院在审理常见类型案件时仍存在能力不足问题。

(2)审理新类型案件能力不足。案件数在100件以上的12个新类型案件中,民事一审服判息诉率低于全市平均值的有5个,占41.67%。审判工作要求法官不断更新知识,崇左新类型案件虽多,但劳动合同纠纷、商品房预售合同纠纷、产品责任纠纷等新类型案件在发达地区已经有较为成熟的处理方法,法律适用方面也有明确指引,可以通过学习快速掌握,而民事一审服判息诉率普遍偏低。由此可以看出,崇左法院法官处理新类型案件能力有所欠缺。

四、建议

本文以崇左法院为视角,分析影响民事一审服判息诉率正反两方面因素,探究决定其基本状态及变化趋势的原因。通过分析,我们认为这些原因与崇左地理人文条件、经济社会发展水平等边疆民族地区属性有着密切的联系。在此基础上,结合上述分析,本文对边疆民族地区巩固提升民事一审服判息诉率提出如下建议。

(一)吸引懂民族语言的本地人才,大力培养双语法官

作为民族地区法官,懂民族语言、民族习惯是开展当事人工作的法宝。首先,结合当下经验,本地的干警流动性较小,且在做群众工作方面具有较大优势,建议在招录干警时向懂民族语言的本地人员给予优惠。如招录干警时,部分岗位将掌握当地民族语言、户籍为本地人作为加分项,或者专门开设岗位,增加会民族语言的本地人招录优势。其次,大力培养双语法官。通过培训,加强法官对民族语言的掌握程度,了解民族风俗习惯,壮大双语法官队伍,提升队伍能力。

(二)尊重民族习惯,强化调解能力

边疆民族地区群众具有浓厚的乡土情节,又因生产生活方式的互助性,重视人情往来,仍旧保留着熟人社会的一些特质。针对该特点,可以加强以下两方面的工作。一是重视调解。因此,人民法院在处理民事纠纷时,应当重视调解,充分尊重民族情感,从和睦相处等人情角度出发,让中间人或双方熟人参与调解,鼓励当事人达成一致意见。二是重视明理释法。做群众工作时,应当结合民族风俗习惯,从情理角度分析法律关系,争取当事人对法律的理解,增加其对处理结果的认可度。

(三)提升审判能力,妥善化解各类纠纷

民事审判能力不足是当前法院面临的普遍问题,提高审判业务是法院的当务之急。对于边疆民族地区法院,应根据当前审判工作实际,有针对性地提高审判能力。一是以问题为导向,逐一攻破。针对部分常见类型案件审判能力不足的问题,制定常

见类型案件审判指引,对民事一审服判息诉率低的案件类型逐一分析,找出问题所在,并在指引中作出特别说明;针对疑难案件,通过开展专项培训,帮助法官把握疑点、难点,有效处理案件。二是与时俱进,及时更新知识。针对新类型案件,定期组织相关法律规定和指导案例学习。通过提高法官业务能力,确保案件实体处理的公正性。三是发挥集体的力量,消除民事法官流动性大的弊端。发挥审判管理办公室和专业委员会作用,统一全市民事案件处理标准,降低因裁判尺度不一导致民事一审服判息诉率下降的风险。

(四)加大特色法庭建设,集中化解纠纷

边疆民族地区社会矛盾纠纷类型相对集中,妥善处理了集中的纠纷,就化解了大部分的社会矛盾。如针对边疆民族地区婚姻家庭纠纷多,特别是近年来因农村土地征收补偿款分配引发纠纷较多等,设置专门的审判法庭进行审理,确保法律适用正确和裁判尺度统一,提高当事人对案件处理结果的接受认可度。

(五)加强人民法庭建设,发挥司法基石作用

人民法庭作为人民法院重要的基层基础,站在以司法手段化解矛盾纠纷、维护公平正义的前沿,是国家基层治理特别是乡域治理的重要组成部分。[1] 事实证明,人民法庭化解矛盾纠纷的能力较强,法庭民事一审服判息诉率较高且便于在交通不便地区开展工作。边疆民族地区法院应充分利用人民法庭处于矛盾纠纷前线的有利条件,加强人民法庭建设,将更多的矛盾纠纷在人民法庭化解。

---

〔1〕 姜巍巍、郭罡正:《北京召开人民法庭建设工作推进会　杜万华对人民法庭工作提出八点要求》,载《人民法院报》2017 年 6 月 11 日,第 1 版。

广西法院小额诉讼程序适用情况调研

张　尧　李　哲*

一、前言

2012年8月31日，十一届全国人大常委会二十八次会议审议通过了《关于修改〈中华人民共和国民事诉讼法〉的决定》，对现行的《民事诉讼法》(2007年修正)进行了较大范围的修订，小额诉讼制度是此次修订的一大亮点。修订后的民事诉讼法在简易程序基础上新增了小额诉讼程序，规定基层人民法院和它派出的法庭审理事实清楚、权利义务关系明确、争议不大的、单一金钱给付的简单民事案件，标的额为各省、自治区、直辖市上年度就业人员年平均工资30%以下的，适用小额诉讼程序。小额诉讼作为简易程序的"再简化"，通过一审终审制，进一步简化程序，提高诉讼效率，保障当事人经济、快捷、便利地利用司法资源维护其合法权益，减少讼累和负担，将民事关系快速稳定。但《民事诉讼法》(2012年修正)就小额诉讼只作了一条比较原则、简约的有关适用标准的规定，对于如何开展小额诉讼的具体问题并没有涉及，具体到审判实践中还有很多问题亟待明确。为贯彻落实好小额诉讼制度的施行，以便在广西法院平稳有序开展小额诉讼审判工作，广西壮族自治区高级人民法院专门成立小额诉讼指导小组，对小额诉讼进行了专题研究并展开积极调研。在调研的基础上，以《民事诉讼法》为法律依据，结合广西法院在小额速裁试点工作中累积的成功经验以及审判实际，广西壮族自治区

* 张尧，广西壮族自治区高级人民法院民一庭法官助理；李哲，广西壮族自治区高级人民法院民一庭法官助理。

高级人民法院于2013年5月6日印发了《关于适用小额诉讼程序审理民事案件相关问题的解答》(桂高法〔2013〕132号,以下简称《解答》),就小额诉讼的适用案件范围、标的限额、审理程序、程序转化等问题进行了细化规定。

《解答》印发以来,广西法院在民事诉讼中依法适用小额诉讼程序,取得了较好成效。但部分法院还存在应当适用小额诉讼程序而未适用、小额诉讼程序适用率偏低、程序转换审批把关不严、社会认知度低等问题,小额诉讼程序的积极作用未能充分有效发挥。为进一步公正高效处理小额案件,广西壮族自治区高级人民法院于2019年12月16日印发了《关于严格依法适用小额诉讼程序的通知》(桂高法〔2019〕160号,以下简称《通知》),对广西法院依法适用小额诉讼程序作出了明确规定,并将适用小额诉讼程序情况纳入年度绩效考评。为进一步落实《通知》精神,加强小额诉讼程序适用情况研究,探索扩大小额诉讼程序适用范围,进一步优化审判资源配置,充分发挥小额诉讼程序的整体效能,广西壮族自治区高级人民法院成立课题组对广西法院小额诉程序适用情况进行了专项调研。

二、广西法院小额诉讼程序适用情况

课题组以广西法院华宇审判系统智能报表模块为依托,对2020年1—12月广西法院适用小额诉讼程序情况进行了统计调研,并以此为样本进行了数据分析。

(一)总体情况

2020年1—12月,广西法院共新收各类一审民事案件372916件,其中适用小额诉讼程序审理的案件92919件,小额诉讼程序适用率[1]达24.92%。与2019年同期相比,适用小额诉讼程序案件数量大幅增加70151件,同比增幅达308.11%,小额诉讼程序适用率亦同比上升17.99%(见表1),反映出2020年广西法院小额诉讼工作实现了较大的突破。

表1　小额诉讼程序适用情况统计

统计时段	新收一审民事案件数/件	适用小额诉讼程序案件数/件	小额诉讼适用率/%
2019年1—12月	328637	22768	6.93
2020年1—12月	372916	92919	24.92
同比增幅	13.47	308.11	17.99

〔1〕小额诉讼程序适用率=适用小额诉讼程序的案件数/基层法院一审民事案件收案数×100%

（二）法定适用小额诉讼程序案件和当事人选择适用小额诉讼程序案件情况

根据《通知》的规定，凡符合适用小额诉讼程序类型且标的额不超过上一年广西城镇非私营单位就业人员年平均工资的30%的案件，立案时均应适用小额诉讼程序，实行一审终审；对符合法定类型的案件，且诉讼标的不超过上一年广西城镇非私营单位就业人员年平均工资的案件，经双方当事人同意的，经征求各方当事人意见，各方当事人以书面形式一致同意的，可以适用小额诉讼程序进行审理。广西壮族自治区高级人民法院印发的《2020年9月1日至2021年8月31日适用小额诉讼程序案件标的限额的通知》及《关于确定2019年9月1日至2020年8月31日适用小额诉讼程序案件标的限额的通知》规定：2020年1—12月广西法院适用小额诉讼程序案件的限额为22000元、23000元。我们对2020年1—12月适用小额诉讼程序案件区分标的金额进行了统计分析。

1. 法定适用小额诉讼程序的案件情况

2020年1—12月，广西法院新收的372916件一审民事案件中，低于法定适用小额诉讼程序标的限额的案件有168752件，其中适用小额诉讼程序案件84988件，占比50.37%。其余因不属小额诉讼案件类型而未适用小额诉讼程序的案件中，有62694件案件适用简易程序审理，占此类新收一审民事案件的37.15%（见表2）。适用小额诉讼程序和简易程序案件占比接近九成，反映出广西法院在推进案件繁简分流，优化审判资源配置，提升司法效能工作上取得了较大的进展。

表2 法定限额范围内适用审判程序类型分布

审判程序类型	数量/件	占比/%
小额诉讼程序	84988	50.37
简易程序	62694	37.15
普通程序	21069	12.49

2. 当事人合意适用小额诉讼案件情况

主动引导当事人合意适用小额诉讼程序，有助于扩大小额诉讼程序适用范围，减少当事人讼累，节约审判资源，具有十分积极的意义。近年来，广西法院积极引导当事人选择适用小额诉讼程序，工作稳步推进。2020年1—12月，广西法院新收案件中，标的额超过法定适用小额诉讼程序标的限额案件为75136件，但当事人选择适用小额诉讼程序的案件7931件，较2019年同期的5281件增加2650件，增幅达50.18%。从案件类型来看，民间借贷纠纷、金融借款合同纠纷、信用卡纠纷、买卖合同纠纷、商品房预售合同纠纷是最主要案件类型,占比超六成,达到了62.59%。

（三）广西各地区法院适用小额诉讼程序案件情况

广西作为沿边、沿海的边疆少数民族自治区,各地市之间在各方面都呈现出较大的地区性差异。从广西法院2020年审理案件统计数据看,广西14个地市法院及海事法院适用小额诉讼程序案件情况存在较为明显的地区性差异(见表3)。

表3　各地市及海事法院适用小额诉讼程序情况统计

排序	单位	一审民事案件收案数/件	适用小额诉讼程序案件数/件	小额诉讼程序适用率/%
1	南宁市中级人民法院辖区	86612	15998	18.46
2	柳州市中级人民法院辖区	46463	13779	29.64
3	百色市中级人民法院辖区	35604	12801	35.93
4	崇左市中级人民法院辖区	18909	9588	50.71
5	桂林市中级人民法院辖区	42076	9216	21.90
6	玉林市中级人民法院辖区	26586	7730	29.08
7	河池市中级人民法院辖区	19312	4331	22.43
8	贺州市中级人民法院辖区	12434	4181	33.63
9	贵港市中级人民法院辖区	19195	3064	15.96
10	北海市中级人民法院辖区	14120	2920	20.68
11	防城港市中级人民法院辖区	9870	2663	26.98
12	梧州市中级人民法院辖区	14137	2484	17.57
13	钦州市中级人民法院辖区	13421	2292	17.08
14	来宾市中级人民法院辖区	13464	1863	13.84
15	北海海事法院辖区	615	9	1.46
16	南宁铁路运输中级法院辖区	98	0	/
合计		372916	92919	24.92

注:按适用小额诉讼程序案件数排序。

（四）小额诉讼程序案件审理情况分析

1.审理周期

小额诉讼程序是对简易程序的“再简化”,提高审判效率,缩短审理周期是其程序性目的。从本次调研情况看,统计样本中小额诉讼程序审理周期明显短于普通程序案件,小额诉讼程序设立的效率价值得到了充分体现。2020 年,广西法院适用小额诉讼程序案件 92919 件(含往期旧存案件在本期结案数),平均审理周期为 36.6 日,其中审理周期在 30 日以内的 43767 件,占比 47.83%;审理周期在 31~60 日的 27567 件,占比 30.13%;审理周期在 61~92 日的 18753 件,占比 20.50%。同期普通程序案件的平均审理周期为 155.21 天,小额诉讼程序平均审理周期不到同期普通程序案件审理周期的 1/4,显示出了较大的效率优势。

2. 案件类型

根据《通知》的规定,适用小额诉讼程序审理的案件类型为:(1)借贷、买卖、租赁纠纷案件;(2)欠款数额明确的信用卡纠纷案件;(3)拖欠水、电、燃气费及物业管理费纠纷案件;(4)普通消费服务纠纷案件;(5)身份关系清楚,仅在给付的数额、时间上存在争议的抚养费、赡养费、扶养费纠纷案件;(6)劳动关系清楚,仅在劳动报酬、工伤医疗费、经济补偿金或者赔偿金的给付数额和给付时间上存在争议的劳动合同纠纷案件;(7)劳务关系清楚,仅在劳动报酬的给付数额和给付时间上存在争议的劳务合同纠纷案件;(8)责任明确、损失金额确定的道路交通事故损害赔偿和其他人身损害赔偿纠纷案件。2020 年,广西法院适用小额诉讼程序审理 92919 件案件中,合同类纠纷有 67715 件,所占比例达 73.45%。按照三级案由细分,居前 10 位的案件类型为:(1)物业服务合同纠纷有 23990 件,占比 25.82%;(2)借款合同纠纷有 11430 件,占比 12.30%;(3)房屋买卖合同纠纷有 8957 件,占比 9.64%;(4)买卖合同纠纷有 6361 件,占比 6.85%;(5)服务合同纠纷有 5772 件,占比 6.21%;(6)机动车交通事故责任纠纷有 4391 件,占比 4.73%;(7)劳动合同纠纷有 4342 件,占比4.67%;(8)银行卡纠纷有 4080 件,占比 4.39%;(9)劳务合同纠纷有 4004 件、占比 4.31%;(10)追偿权纠纷有 2944 件,占比 3.17%(见表 4)。

表 4 适用小额诉讼程序案件案由分布

	三级案由	数量	比例
1	物业服务合同纠纷	23990	25.82%
2	借款合同纠纷	11430	12.30%
3	房屋买卖合同纠纷	8957	9.64%
4	买卖合同纠纷	6361	6.85%
5	服务合同纠纷	5772	6.21%

续表

	三级案由	数量	比例
6	机动车交通事故责任纠纷	4391	4.73%
7	劳动合同纠纷	4342	4.67%
8	银行卡纠纷	4080	4.39%
9	劳务合同纠纷	4004	4.31%
10	追偿权纠纷	2944	3.17%
11	其他	16648	17.92%

从调研情况来看，适用小额诉讼程序审理的案件的立案案由多达185类，但案件主要集中在物业服务合同纠纷、借款合同纠纷、房屋买卖合同纠纷、买卖合同纠纷、服务合同纠纷等案件类型。特别是物业服务合同纠纷案件，占适用小额诉讼程序审理案件数1/4以上，且多为物业服务企业起诉业主要求支付物业费。案件类型过于集中，使小额诉讼程序的功能价值难以在不同案件类型中得到广泛体现。此外，小额诉讼原本是为弱势群体减轻诉讼负担而设，但实践中多以物业、银行、电信等企业为小额诉讼案件的原告，导致小额诉讼程序在普惠大众方面的作用也不明显。

3. 程序转换

小额诉讼案件在审理过程中因当事人申请增加或者变更诉讼请求、提出反诉、追加当事人等原因，致使案件不符合小额诉讼条件，应当适用简易程序或普通程序审理的，人民法院应裁定转换为简易程序或普通程序。2020年，广西法院适用小额诉讼案件92919件，审结91499件，转换为其他程序的案件仅为3133件，该转换率为3.42%。转换率保持较低的水平，体现出广西法院对小额诉讼程序适用条件、情形把握较好，也反映出随着近年来小额诉讼程序工作的持续推进，当事人对小额诉讼程序的认可度得到了有效提高。

4. 结案方式

广西法院把调解工作贯穿于小额诉讼程序案件审理的全过程，坚持柔性司法理念，采取诉前联调、引入矛盾纠纷多元化解机制等多种方式，力争在案外解决矛盾纠纷。同时，对于确实不具备调解基础的案件，当判则判，避免审判资源的浪费和增加当事人的讼累。2020年，广西法院适用小额诉讼程序审结案件中，以调解方式结案的案件29176件，占比31.89%，以撤诉方式结案的案件29131件，占比31.84%，小额诉讼程序案件调撤率达63.73%，呈现出良好的法律效果和社会效果。

5. 息诉服判情况

公平正义、定分止争是所有审判活动的最终价值追求,小额诉讼程序亦不例外。最终价值追求是小额诉讼程序追求简化审判程序、提高审判效率的程序性价值的基石,程序性价值是为最终价值服务的。作为人民法院工作的最直接阅卷人,当事人在判决后是否服判息诉直接反映审判质量和审判效果。因此,考察小额诉讼案件的服判息诉率[1]具有非常重要的参考性意义。2020 年,广西法院适用小额诉讼程序审结案件中,申请再审案件仅为 1382 件,服判息诉率达 98.49%,而同期民事案件一审服判息诉率为 86.48%。这反映出小额诉讼程序案件作为一审终审案件,在追求审理效率的同时,不仅未以牺牲审判质量为代价,反而体现出了更好的审判质量、效果,实现了程序简化和实体公平的较好平衡。

三、小额诉讼制度的司法困境

(一)适用率未达预期,且地区差异明显

根据最高人民法院预估,《民事诉讼法》(2012 年修正)实施后,全国法院小额诉讼案件将占到全部民事案件的 30% 左右,对人民法院的民事审判工作格局将产生重大影响。从调研情况来看,2013—2019 年,广西法院小额诉讼程序适用率均未达 10%。2019 年 12 月,《通知》下发后,广西法院小额诉讼适用率较之以往有了大幅提高,但仍未达到最高人民法院预期目标,且地区差异明显。一是小额诉讼案件适用率地区差异明显,崇左市法院一审民事案件小额诉讼适用率高达 50.71%,而海事法院小额诉讼程序适用率仅为 1.46%,南宁、梧州、钦州、来宾、贵港市法院及海事法院的小额诉讼程序适用率不足 20%,低于广西平均水平。二是适用小额诉讼案件绝对数地区差异明显,南宁市法院虽小额诉讼程序适用率仅为 18.47%,但其绝对数量位居广西第一,达到 15998 件;崇左市法院适用小额诉讼案件的绝对数量和小额诉讼程序适用率均排名广西前列。与此相比较,来宾市法院适用小额诉讼案件的绝对数量和小额诉讼程序适用率均处于低位;海事法院因一审民事案件收案数量少,适用小额诉讼程序审理的案件仅有 9 件。

(二)强制适用的案件多,合意适用的案件少

尽管《通知》赋予当事人程序选择权,对符合法定类型且诉讼标的额不超过上一

---

[1] 因小额诉讼程序案件是一审终审案件,其司法救济途径为申请再审,故计算小额诉讼案件的服判息诉率指标较普通程序案件不同。其计算公式为:小额诉讼服判息诉率 = 小额诉讼程序结案案件中申请再审案件数/小额诉讼程序结案数 ×100%。

年广西城镇非私营单位就业人员年平均工资(2018 年广西城镇非私营单位就业人员年平均工资为 70606 元)的案件,当事人可以合意适用小额诉讼程序。但实践中,当事人选择适用的案件并不多。2020 年,标的额为 22000 ~ 70606 元的案件有 75136 件,但当事人合意适用小额诉讼程序的案件仅为 7931 件。

(三)简便性和灵活性不足,程序价值不明显

民事诉讼法及司法解释对于小额诉讼的程序和审理流程,并无具体规范。根据广西壮族自治区高级人民法院 2013 年印发的《解答》,小额诉讼程序的简便性和灵活性主要体现在送达方式的多样化、庭审程序和裁判文书的简化以及开庭时间、地点灵活等方面。虽然《解答》中所附的小额诉讼判决书格式样本十分简洁,但从调研情况来看,由于小额诉讼实行一审终审,为了避免将来发生当事人申诉、信访的风险,法官在制作判决书时仍不敢省略事实认定部分,判决书简化效果不明显。审理方式方面,《解答》规定的可在晚间、休息日或法定节假日开庭以及在当事人住所地、工作场所或争议发生地等地点开庭审理,实际中也比较难以落实。简易程序同样具有审限短、送达方式简便、庭审程序简化等特征,从小额诉讼运行的实际情况来看,除实行一审终审外,小额诉讼程序与简易程序相比优势并不明显。

(四)送达难度大,审限紧张

根据民事诉讼法的规定,参照简易程序,适用小额诉讼程序审理的案件应当在立案之日起 3 个月内审结。《解答》对此提出了更高要求,规定小额诉讼案件应自立案之日起 1 个月内审结。确有必要延长审理期限的,经批准可以适当延长,但审理期限最长不得超过 3 个月。民事案件普遍存在送达难的问题,由于小额诉讼的审理期限短,送达难带来的压力尤为突出。一些符合小额诉讼程序适用条件的案件,往往因为被告无法直接送达或者下落不明等原因导致无法适用,或适用后被迫转换程序。

(五)快审快结优势不明显

如前所述,《解答》规定小额诉讼案件应自立案之日起 1 个月内审结。从调研情况来看,2020 年,适用小额诉讼程序审理的案件 92919 件,审结 91499 件,其中审理周期在 30 日以内的 43767 件,占比 47.83%;审理周期在 31 ~ 60 日的 27567 件,占比 30.13%;审理周期在 61 ~ 92 日的 18753 件,占比 20.50%,即过半数的小额诉讼案件审理期限超过 1 个月。同期适用简易程序审理案件的平均审理周期为 49.16 天,小额诉讼程序虽然相较于普通程序案件呈现出较大的效率优势,但是对比简易程序并未显示出明显优势。

（六）适用案件类型较为集中

从调研情况来看，适用小额诉讼程序审理的案件的立案案由多达 185 类，但案件主要集中在物业服务合同纠纷、借款合同纠纷、房屋买卖合同纠纷、买卖合同纠纷、服务合同纠纷等案件类型。特别是物业服务合同纠纷案件，占适用小额诉讼程序审理案件数 1/4 以上，且多为物业服务企业起诉业主要求支付物业费。案件类型过于集中，使小额诉讼程序的功能价值难以在不同案件类型中得到广泛体现。此外，小额诉讼原本是为弱势群体减轻诉讼负担而设，但实践中多以物业、银行、电信等企业为小额诉讼案件的原告，导致小额诉讼程序在普惠大众方面的作用也不明显。

（七）部分案件存在同案不同判风险

系列案件如同一小区业主拖欠物业费的物业服务合同纠纷、同一交通事故多名受害者提起的机动车交通事故责任纠纷等，如案件标的额不同，则有可能适用不同程序。适用小额诉讼程序审理的案件实行一审终审，而适用简易或普通程序审理的案件可以上诉。此时，如二审法院与一审法院对案件有不同认定，易出现同案不同判的风险。

四、小额诉讼程序运行的制约因素

（一）小额诉讼程序适用范围较为狭窄

我国小额诉讼程序的适用标准是二元制双重标准，一要符合“事实清楚、权利义务关系明确、争议不大的简单的民事案件”的情形，二要满足“标的额为各省、自治区、直辖市上年度就业人员年平均工资百分之三十以下”的条件，且案件类型限制为金钱给付的案件，适用范围较为狭窄。以贵港市法院为例，2020 年，贵港市基层人民法院新收民事一审案件 19195 件，新收标的额 22000 元以下的民事一审案件 7626 件。根据法律规定，涉及人身关系、财产确权等纠纷不得适用小额诉讼程序，故排除离婚纠纷、法定继承纠纷、变更抚养关系纠纷、同居关系子女抚养纠纷等案件数较多的案由及案件数少于 5 件的案由后（此处将案件数 5 件及以下的案由排除，主要原因是此类案件极少，多数为疑难、非常见案件，不宜适用），将“其他案件”全部计算进可适用范围，贵港市法院 2020 年法定适用小额诉讼案件数为 1848 件，占民事一审收案的 24.23%。因此，贵港市全市法院穷尽办法将所有表征符合条件的案件都适用小额诉讼程序，小额诉讼适用率也不会超过 24.23%。

（二）小额诉讼程序适用标准界定较为模糊

尽管法律对于小额诉讼程序作出相应规定，但是规定的条文较少，可操作性不强，对于如何适用更是缺乏具体的指导性意见。案件“事实清楚、权利义务关系明确、争议不大”属于主观判断，仅凭起诉状和当事人提供的部分证据难以把握。原告起诉时多避重就轻，从有利于自己的角度书写诉状及提交证据材料，立案法官亦无法辨别真伪。如立案时仅根据标的额选择适用小额诉讼程序，案件移送审理后，出现无法送达或双方当事人对基础法律关系、合同效力等案件事实争议较大或需要进行鉴定等情况，案件需要转换程序，反而浪费时间，增加分流概率，最终影响审判效率。因此，《通知》印发以前，在具有分歧的案件上，基层法院大多倾向于不适用小额诉讼程序。调研中，部分法院反映，《通知》印发后，囿于绩效考评压力，在立案阶段，是否适用小额诉讼程序主要以标的额大小为标准，对案由、案件事实、当事人情况等具体问题不再做过多考量。但调研时，部分法官亦提出，标的额小不意味着案件简单，如居间合同，往往涉及两个以上法律关系，并不适宜适用小额诉讼程序进行审理。部分法院对一些涉及利息、违约金计算，实际判决时涉案标的额有可能大于23000元的案件，案件标的额小于23000元但当事人人数众多的案件，以及系列案等能否适用小额诉讼程序，仍有诸多困惑。

(三)程序规则缺位，可操作性有待加强

小额诉讼程序作为简易程序的简化程序，在法律和司法解释没有规定的情形下，仍适用简易程序的相关规定。调研中，大部分法官均表示，除举证期限和答辩期限更短外，适用小额诉讼程序和适用简易程序在案件审理流程上并无明显差异。部分法官为确保案件质量、防止把握不准发生错案，宁可多花时间严谨适用程序，导致小额诉讼程序与简易程序相比优势并不明显。

(四)适用小额诉讼程序的积极性不高

小额诉讼程序设立的目的，一方面是减轻当事人的诉讼负担，为普通公民提供方便、快捷的司法救济；另一方面是提升法院案件审理时效，节约司法资源。但由于实行一审终审，当事人无上诉救济的机会，这种程序利益限制所可能导致的救济受阻和司法风险，使当事人和法院都心存顾虑，从而降低了小额诉讼的价值吸引力。

1. 当事人因素。一是大部分当事人及代理人对小额诉讼程序的认知程度较低。在法院工作人员初步将小额诉讼权利义务告知当事人及代理人后，当事人及代理人也并未进行深入了解，往往不信任小额诉讼程序。二是法律规定小额诉讼程序实行一审终审，当事人既不能上诉，也不能申请复议，堵塞了一定的救济途径。当事人认为生效裁判文书有错误，只能通过再审程序救济，而再审救济途径却耗时耗力，即便当事人申请再审，能进入再审的概率也比较低。三是普通群众往往认为上一级法院的法官法律素质更高、业务能力更强，审理更公正、更权威。在当前司法权威不足、法院公信力没有得到普遍认可、当事人对一审判决公正性存疑的前提下，审判是否高效、是否节约诉讼成本，不是当事人首要考虑的内容。四是虽然小额诉讼程序在审限上可以相对缩短，在诉讼费用上可以减半收取，但这些利益都不足以与程序救济利益相匹敌。并且，简易程序在诉讼时间和诉讼费用上亦同样具有优势，又不损害审级利益，这种情况下，当事人更倾向于选择简易程序。审判实践中，甚至出现了当事人滥用程序异议，通过增加、变更诉讼请求等方式故意规避适用小额诉讼的现象。

2. 法官因素。一是基层法院案件多，法官办案任务重，小额诉讼案件审理期限短，法官工作压力过大。二是小额诉讼实行独任审理和一审终审，失去了合议和上诉两个纠错途径，加之法官在职责范围内对办案质量终身负责，部分法官对自身业务能力不够自信，办案压力大增。三是小额诉讼案件并未简化庭前告知及送达程序，如果被告无法送达、案件争议较大，又需办理程序转换和重新进行庭审审理，法官担心增加工作量。四是适用小额诉讼程序，当事人只能通过申请再审或信访途径救济，申诉信访风险大增，法官不愿意承受这种压力。五是法定审限内审结率、申请再审率、信访投诉率等都是法官业绩考评的重要指标，当适用小额诉讼程序不能给考核“加分”甚至增加“减分”风险时，法官将倾向于减少小额诉讼程序适用频率，这在人案矛盾较大的法院尤为突出。

（五）人员配备不足，未设置专门的审判团队

一是人员配备不足。司法改革后，员额法官数量减少，辅助人员配备不足，很多法院未能达到“一审一助一书”的配比。如再单独设立一个小额诉讼团队，人员更为紧张。有的法院即便成立了小额诉讼团队，人员配备也无法保障。

二是缺乏专门审判团队。未成立专门审判团队的法院，所有民事审判部门随机分案，承办法官要同时办理小额诉讼程序、简易程序和普通程序案件，相较于专职法官，其他法官处理小额诉讼案件的时间不充分，经验不足，因此办案效率成果不显。

（六）送达困难

我国民事案件普遍存在送达难问题，即使是案情简单的小额诉讼案件也不例外。尽管《解答》规定了人民法院可以采取电话、传真、电子邮件、手机短信等简便方法与当事人联系，但电子送达须当事人同意方能适用。人民群众对电子送达接受度不高，尤其是经济落后地区，大部分当事人及其代理人对电子送达不够理解与信任，仍倾向于传统送达方式，拒绝电子送达。因而，目前法院仍然主要采用传统的邮寄送达和直接送达方式。此外，还存在原告恶意诉讼或者规避管辖权，故意提供不正确的被告住

址，给法院送达工作造成妨碍的情况；也有被告为躲避诉讼，故意提供不准确的地址，躲避送达的情况。因为被告下落不明而转换程序的案件比例高达 80%，严重影响了小额诉讼及简易程序的适用。

五、完善小额诉讼程序的建议

（一）拓宽适用范围

最高人民法院于 2020 年 1 月 15 日印发的《民事诉讼程序繁简分流改革试点实施办法》第 5 条规定，基层人民法院审理的事实清楚、权利义务关系明确、争议不大的简单金钱给付类案件，标的额为人民币 5 万元以下的，适用小额诉讼程序，实行一审终审。标的额超出前款规定，但在人民币 5 万元以上、10 万元以下的简单金钱给付类案件，当事人双方约定适用小额诉讼程序的，可以适用小额诉讼程序审理。广西虽然不属于试点法院，但亦可参照上述规定，结合我区经济发展情况，对小额诉讼程序适用限额进行相应调整，拓宽小额诉讼程序适用范围。

除了调整强制适用的限额外，对当事人合意选择适用小额诉讼程序的案件范围还可以进一步扩大。依照司法解释规定，小额诉讼程序仅适用于金钱给付类案件，人身关系、财产确权纠纷、知识产权纠纷等类型案件不适用小额诉讼程序。从实践情况来看，一些人身关系、财产确权纠纷、知识产权纠纷案件法律关系也并不复杂，当事人为追求诉讼效率，亦有选择适用小额诉讼程序的意愿，应当允许适用条件外的案件当事人协商适用小额诉讼程序。当事人合意选择适用小额诉讼程序，必须以书面方式证明。对此，南宁市江南区人民法院、平南县人民法院、柳城县人民法院等法院进行了有益尝试。从 2020 年数据统计情况来看，当事人选择适用小额诉讼程序审理的法定继承纠纷案件 911 件，其中 871 件以调解、撤诉方式结案，平均审理天数 21.42 天，无论是从案件审理的期限还是社会效果，都凸显了适用小额诉讼程序的优势。最高人民法院于 2020 年 10 月 23 日印发的《民事诉讼程序繁简分流改革试点问答口径（二）》第 12 条规定，小额诉讼程序适用于简单金钱给付类案件，对于当事人除给付金钱外，还提出其他诉讼请求的，原则上不适用小额诉讼程序，但如果案件标的额在 10 万元以下，且案件事实清楚、权利义务关系明确、争议不大，各方当事人均同意适用小额诉讼程序的，可以适用小额诉讼程序审理。由此可见，最高人民法院对于扩大当事人合意选择适用小额诉讼程序的案件范围亦持肯定态度。

（二）明晰适用边界

依照民事诉讼法及司法解释的规定，识别一个民事案件应否适用小额诉讼程序，应从客观及主观标准两个方面衡量。客观标准即“标的额+案由”，主观标准即“事实清楚、权利义务关系明确、争议不大”。《通知》印发之前，为避免申诉信访风险，大多法院更侧重考量主观标准。《通知》印发之后，为提高小额诉讼程序适用率，大多法院只要符合客观标准，就立为小额诉讼案件。速裁团队发现案件不适合适用小额诉讼程序后，再将案件分流至案由对口业务庭，这样更换主审法官、转换诉讼程序，既浪费了法官的精力，又影响了案件审理的效率。迫于对小额诉讼案件适用率和程序转换率的绩效考评标准，有的法官即便发现案情复杂、争议较大亦不能转换程序，只能硬着头皮掐着3个月审限把这块“硬骨头”吞下去。如采用“标的额+案由+案情”的主客观相结合的标准，则可以更精确地对小额诉讼案件进行识别，但这对立案法官的业务素质要求相对较高，其工作量也有所增加。有条件的法院可以设立小额诉讼案件受理窗口，由速裁团队辅助人员轮换或返聘有经验的老法官专职负责案件甄别，以提高甄别率，缩短分流时间。

（三）规范小额诉讼程序适用

依照民事诉讼法及司法解释的规定，小额诉讼程序是简易程序的一种，司法解释没有特别规定的，适用简易程序的相关规定。但简易程序强调的是程序的简化，小额诉讼程序更追求诉讼效率。调研中，大部分法院表达了对上级法院尽快制定小额诉讼实施办法，对小额诉讼程序的适用案件类型、立案、送达、审理、裁判、执行等办理流程、时限、程序转换方式等予以统一规范的迫切期望。

1. 确立立案告知制度，充分保障当事人的程序知情权、选择权和救济权。立案部门先行审查案件，对符合适用小额诉讼程序案件的案件，及时向当事人送达小额诉讼程序告知书，告知其小额诉讼程序的适用条件、审判组织、审理程序简化、裁判文书简化、程序异议和一审终审等重大事项。

2. 规范审理流程，限定小额诉讼案件的立案、移送审理、排期开庭及审理期限，实现小额诉讼案件的高效流转。

3. 在保障法官和辅助人员休息和人身安全的情况下，灵活安排开庭时间和开庭地点。

4. 简化庭审程序，在保障当事人合法权益的基础上，庭审可以不受法庭调查、法庭辩论等庭审程序限制，直接围绕诉讼请求或者案件要素进行，原则上应当一次开庭审结，力争当庭宣判，当庭送达裁判文书。

5. 完善配套统一的文书样式，简化裁判文书。最高人民法院制定了《民事诉讼程序繁简分流改革试点相关诉讼文书样式》，自2020年11月1日施行。其中包括小额诉讼程序告知书，小额诉讼程序转换民事裁定书，小额诉讼民事判决书、民事调解书等文书样式。各基层人民法院可在该文书样式的基础上，进一步探索要素式、令状式文书简化模式。

(四)拓宽救济途径

提高效率是立法者一直追求的目标。小额诉讼为了实现高效的目的，牺牲了当事人的部分诉讼权利。然而，这会让当事人和法官均有一种不安全的感觉。尽管法律赋予当事人通过申请再审予以救济的权利，但是，再审程序的启动有严格的条件，尚不能满足当事人的要求。为此，需要更合理的救济方式，做到更为有效的地保护当事人的合法权益。建议在实行一审终审的前提下，赋予当事人对裁判结果的异议权。这样既能满足快审快结的需求，又能化解救济难题，减少信访风险。

(五)加大宣传力度

提高社会对小额诉讼程序的认知度和接受度，鼓励和引导当事人选择小额诉讼程序解决纠纷。一方面，借助传统媒体与互联网新媒体大力宣传适用小额诉讼程序优势，普及小额诉讼程序知识。另一方面，加强诉讼服务中心、立案窗口的宣传和释明，在立案大厅制作宣传栏和放置小额诉讼典型案例、诉讼指南等相关资料，引导当事人查阅翻看，展示小额诉讼快、简、便、省的优势，争取当事人对小额诉讼程序的认同。

(六)完善绩效考评及法官权益保障机制

由于目前小额诉讼救济渠道较窄，信访风险较大，法院和法官对适用小额诉讼程序顾虑重重，必须建立科学的绩效考评机制和完善法官权益保障机制。在以法院为整体的评估考核制度中，科学设置小额诉讼在民事案件中的适用比例，综合考虑审理难易程度、法官工作量等多种因素折算小额诉讼结案数量。完善错案责任追究和法官绩效考评机制，科学合理界定错案，正确对待涉诉信访，改善司法环境，依法、及时、有效处理无理缠访、闹访，解决法官的后顾之忧，保护和鼓励法官依法、公正、高效审理小额诉讼案件的积极性。

(七)建立专业化审判队伍

由"员额法官＋司法辅助人员"组成团队，负责办理小额诉讼案件和一些简单的简易程序案件，复杂案件则移送至对口业务庭审理。设立专门的团队承办小额诉讼案件，可以让法官在大量小额诉讼案件的办理过程中积累审判经验，提高此类案件的流转速度，提升审判质效。以崇左市法院为例，崇左市是广西小额诉讼程序适用情况最好的地区，崇左市中级人民法院下辖7个基层人民法院，小额诉讼适用率最高的凭祥市人民法院，适用率达 55.89%；适用率最低的江州区人民法院，适用率亦达到 39.68%。崇左市各基层人民法院在立案庭均成立了速裁团队，简单民事案件立案后，马上转入速裁团队进行审理，由于速裁团队法官长期从事此类工作，审判效率和质量都有所保障。

(八)解决送达难题

一是加强立案管理，完善送达地址确认制度，要求原告尽可能详尽地提供被告的送达地址及联系方式，填写送达地址确认书。二是建立诉前预送达机制，对原告提供的送达信息进行诉前审查，将拟适用小额诉讼程序审理的案件送达提前至诉前阶段，减少送达占用的审理期限，避免后续发生因被告无法送达转换程序的被动局面。三是优化资源配置，成立专门送达小组负责送达事宜。四是积极推行电子送达方式，在征得当事人同意后，采取电话、传真、电子邮件、手机短信、微信等简便方法或利用电子送达平台向当事人送达诉讼文书，提高送达效率。五是充分发挥社区网格员的作用，协助法院送达。

(九)做好软硬件保障

一是完善庭审录像和电子案卷同步生成系统，小额诉讼案件庭审笔录自动同步生成，无须书记员当庭记录，统一实行庭审过程刻盘存档，既节省审判资源，又保证庭审笔录的准确性。二是增强小额案件快速处理的信息化支撑，通过信息化的手段加强对小额诉讼案件的管理决策和数据统计。三是保障物资装备。小额诉讼开庭时间和开庭地点的灵活，对于物质装备提出了更高要求。一些法院囿于车辆配备不足及设备落后等原因，无法实现非工作日时间及非办公地点开庭。象州县人民法院在物质资源配置方面重点向专门负责小额诉讼案件审理的速裁中心倾斜，配备两辆警车，方便巡回审判、就地办案、送达取证，文书即出即印、即发即送，该经验值得推广。

(十)大力推行多元化解、诉前调解

小额诉讼案件审判周期短，调撤工作空间有限。大力推行多元纠纷化解，采取诉前联调、诉调对接等方式，将矛盾争议不大的简单案件，诉前先交由专职调解员或基层调解组织进行调解，有利于及时、有效地化解简单的矛盾纠纷，提升审判质效。应始终秉承柔性司法理念，坚持全流程调解工作要求，力争在案外化解矛盾。同时，对于确实不具备调解基础的案件，当判则判，避免审判资源的浪费和增加当事人的讼累。

司法论坛

职务犯罪案件中“自动投案”和“主动投案”的差异及衔接

赖正直*

我国《刑法》第67条规定:“犯罪以后自动投案,如实供述自己的罪行的,是自首。”根据这一规定,构成自首一般需要满足两个条件:一是“自动投案”,二是“如实供述自己的罪行”。其中,对于“自动投案”,最高人民法院《关于处理自首和立功具体应用法律若干问题的解释》(法释〔1998〕8号)第1条作了定义:“自动投案,是指犯罪事实或者犯罪嫌疑人未被司法机关发觉,或者虽被发觉,但犯罪嫌疑人尚未受到讯问、未被采取强制措施时,主动、直接向公安机关、人民检察院或者人民法院投案。”最高人民法院、最高人民检察院《关于办理职务犯罪案件认定自首、立功等量刑情节若干问题的意见》(法发〔2009〕13号)针对职务犯罪案件中的自动投案又作了专门规定:“犯罪事实或者犯罪分子未被办案机关掌握,或者虽被掌握,但犯罪分子尚未受到调查谈话、讯问,或者未被宣布采取调查措施或者强制措施时,向办案机关投案的,是自动投案。”

同时,由于职务犯罪案件的特殊性、复杂性,在职务犯罪案件调查过程中存在不同于“自动投案”的“主动投案”概念。《纪检监察机关处理

* 赖正直,广西壮族自治区高级人民法院研究室副主任。

主动投案问题的规定(试行)》(中央纪委办公厅2019年7月印发)第2条规定:“本规定所称主动投案,是指:(一)党员、监察对象的涉嫌违纪或者职务违法、职务犯罪问题,未被纪检监察机关掌握,或者虽被掌握,但尚未受到纪检监察机关的审查调查谈话、讯问或者尚未被采取留置措施时,主动向纪检监察机关投案;(二)涉案人员的涉嫌行贿犯罪或者共同职务违法、职务犯罪问题,未被纪检监察机关掌握,或者虽被掌握,但尚未受到纪检监察机关的询问、审查调查谈话、讯问或者尚未被采取留置措施时,主动向纪检监察机关投案。”这一规定确立了职务违法犯罪案件调查中的“主动投案”制度。

《刑法》及司法解释规定的“自动投案”,与纪检监察规范文件规定的“主动投案”,两者既有重合,又有差异,其差异细微精妙,需要加以认真辨别,才能实现纪检监察调查与刑事司法的有机衔接,准确认定自首,公正高效地处理职务犯罪案件。

一、自动投案与主动投案在投案主体身份上的差异

《刑法》及司法解释规定的自动投案,投案人员是犯罪嫌疑人、被告人,这一点容易理解且众所周知,毋庸赘述。

纪检监察调查中的主动投案,投案人员包括两种:一是涉嫌违纪或者职务违法、职务犯罪的党员、监察对象,二是涉案人员。主动投案的投案人员主要包括党员、监察对象,这是纪检监察工作的“全覆盖”性质所决定的。除此之外,需要注意的是,主动投案的投案人员还包括相关涉案人员,这是职务犯罪案件的特殊性所决定的。职务犯罪案件的特殊性,体现在监察调查的启动程序上,一是立案调查的证据标准比普通刑事案件更为严格;二是在立案调查之前规定了初步核实程序,其功能主要是对案件线索材料进行核实。在初核阶段,纪检监察机关一般不会直接与涉嫌职务犯罪的监察对象进行谈话,而是对案件线索所指向的、涉嫌职务犯罪的监察对象以外的涉案人员进行询问、谈话乃至立案调查、留置等,以进一步核查、坐实证据,为对涉嫌职务犯罪的监察对象进行正式立案调查做好准备。

主动投案与自动投案在投案主体上最为明显的差异,就在于涉案人员在刑事诉讼阶段有可能不是职务犯罪案件犯罪嫌疑人、被告人,而是以证人等诉讼参与人身份出现。这些涉案人员可以在监察调查中构成主动投案的主体,但不可能成为刑法上自动投案的主体,因而不涉及是否构成自首的问题。

二、自动投案与主动投案在投案时间上的差异

自动投案对投案时间标准的要求较为宽松,最高人民法院《关于处理自首和立功

具体应用法律若干问题的解释》《关于处理自首和立功若干具体问题的意见》列举了多种情形，但归纳起来就是一点，只要投案主体尚未被公安、司法机关控制，均有可能构成自动投案。

监察调查中的主动投案，对投案时间的要求就相对比较严格。《纪检监察机关处理主动投案问题的规定（试行）》对两种身份的投案主体规定了不同的投案时间要求。对于涉嫌职务犯罪的监察对象而言，成立主动投案要求在纪检监察机关审查调查阶段谈话、讯问或采取留置措施前；对于涉案人员而言，成立主动投案要求在纪检监察机关初核阶段询问、审查调查谈话、讯问或者采取留置措施前。归纳起来，就是涉嫌职务犯罪的监察对象、涉案人员尚未与纪检监察机关办案人员进行语言交流之前，语言交流包括当面接触谈话交流，也包括使用电话、手机、微信等进行远程通信交流。

总体上看，主动投案的时间要求比自动投案更为严格，成立主动投案的空间也比自动投案要小得多。以司法实践中公安机关常用的电话通知到案为例，如果是普通刑事案件，公安机关电话通知犯罪嫌疑人到案的，认定为自动投案应无疑问。但如果是职务犯罪案件，纪检监察机关电话通知涉嫌职务犯罪的监察对象或涉案人员到案，就意味着纪检监察机关已经开始进行询问、谈话，在这一时间节点已无成立主动投案的空间。因为监察调查中的被调查人都是党员或国家干部，他们原本就负有对党忠诚或向组织如实报告有关情况的义务，基于全面从严治党以及深入推进反腐败斗争的需要，在投案问题上不宜给予过多的优待。

三、自动投案与主动投案在单位投案效力认定上的差异

在单位犯罪案件中，犯罪单位、直接负责的主管人员、直接责任人员都可以成为自动投案的主体。最高人民法院、最高人民检察院《关于办理职务犯罪案件认定自首、立功等量刑情节若干问题的意见》规定：“单位犯罪案件中，单位集体决定或者单位负责人决定而自动投案，如实交代单位犯罪事实的，或者单位直接负责的主管人员自动投案，如实交代单位犯罪事实的，应当认定为单位自首。单位自首的，直接负责的主管人员和直接责任人员未自动投案，但如实交代自己知道的犯罪事实的，可以视为自首；拒不交代自己知道的犯罪事实或者逃避法律追究的，不应当认定为自首。单位没有自首，直接责任人员自动投案并如实交代自己知道的犯罪事实的，对该直接责任人员应当认定为自首。”这一规定把单位自动投案分为三种类型：一是单位集体决定自动投案，二是单位负责人决定自动投案，三是单位直接负责的主管人员自动投

案。此外,在单位没有自动投案的情况下,直接责任人员可以单独自动投案。

《纪检监察机关处理主动投案问题的规定(试行)》第6条规定:“涉嫌职务违法、职务犯罪的单位集体研究决定或者单位负责人决定而主动投案,或者单位直接负责的主管人员主动投案的,应当认定该单位主动投案。单位主动投案的案件,需要追究相关人员责任的,参与集体研究并同意投案的人员、决定投案的单位负责人以及投案的单位直接负责的主管人员均应当认定为主动投案。单位没有主动投案,直接责任人员主动投案的,该直接责任人员应当认定为个人主动投案。”上述有关单位主动投案的规定与自动投案基本一致,但也存在细微的差异。这一差异主要体现为上述规定特别强调在单位集体研究决定主动投案中仅对“参与集体研究并同意投案的人员”认定为主动投案。

换言之,在单位普通犯罪案件中,单位集体研究决定投案,但在集体研究过程中没有表示同意投案(包括反对、弃权、中立、未表态等)的直接负责的主管人员和直接责任人员,只要后来如实供述,在成立自首的法律效果上与自动投案完全相同。这可以理解为单位自动投案对直接负责的主管人员和直接责任人员的一种“波及效力”。在单位职务犯罪案件中,单位集体研究决定投案,在集体研究过程中没有表示同意投案的直接负责的主管人员和直接责任人员,无论其是否如实交代问题,都不能认定为主动投案。也就是说,职务犯罪单位在监察调查阶段主动投案对直接负责的主管人员和直接责任人员没有“波及效力”,直接负责的主管人员和直接责任人员必须本人确有投案行为,才能成立主动投案。这符合职务犯罪在成立自首等问题上严于普通刑事犯罪的政策精神。

四、自动投案与主动投案在涉及“余罪”问题上的差异

《刑法》第67条第2款规定:“被采取强制措施的犯罪嫌疑人、被告人和正在服刑的罪犯,如实供述司法机关还未掌握的本人其他罪行的,以自首论。”犯罪嫌疑人、被告人在被采取强制措施后,以及罪犯在服刑期间,本来已无成立自动投案的可能性,但法律为了鼓励犯罪嫌疑人、被告人、罪犯如实供述“余罪”(“司法机关还未掌握的本人其他罪行”),规定其仍有可能“以自首论”,亦即通过立法拟制其符合自动投案条件。从这一规定来看,可以说刑法对于成立自首所需要的自动投案条件,要求是比较宽松的。

《纪检监察机关处理主动投案问题的规定(试行)》对于涉及余罪问题的主动投案的规定比较严厉。该规定第7条规定,“纪检监察机关对有关人员进行初核谈话、

审查调查谈话、讯问期间,或者采取留置措施后,有关人员主动交代纪检监察机关未掌握的本人涉嫌违纪或者职务违法、职务犯罪问题的,不认定为主动投案”。按此规定,一旦监察调查进入初核谈话、审查调查谈话、讯问阶段或者采取留置措施后,不论被调查人或其他涉案人员是否如实交代“余罪”(“纪检监察机关未掌握的本人涉嫌违纪或者职务违法、职务犯罪问题”),都不可能构成主动投案。

也就是说,刑法中的自动投案可以通过拟制的方式成立,但在监察调查中不存在拟制成立主动投案的情形。这仍然是基于职务犯罪在成立自首等问题上严于普通刑事犯罪的政策精神,职务犯罪案件的被调查人和涉案人员负有如实报告情况的义务,履行义务的行为不能得到法律法规的额外优待。申言之,在普通刑事案件中,犯罪嫌疑人、被告人不如实交代“余罪”,可以认为是不具有期待可能性的人之常情,故而如实交代就能得到法律的奖励性评价,即通过拟制自动投案认定为自首。在职务犯罪案件中,对于具有党员干部身份的被调查人、涉案人员来说,如实交代“余罪”本是理应履行的义务,但其在被采取一定措施后仍不如实交代,就要被评价为“对抗组织”的严重性质了。因此,在职务犯罪案件的监察调查中,被调查人、涉案人员已经被监察机关进行初核谈话、审查调查谈话、讯问或者采取留置等措施后,即不存在被拟制为主动投案的可能性,只有在纪检监察机关采取措施之前,实打实地到纪检监察机关或有关机关投案,才能成立主动投案。

五、自动投案与主动投案的衔接

在职务犯罪案件中,主动投案主要存在于监察调查阶段,自动投案主要存在于刑事诉讼阶段,从两者规定来看,大多数情况下,成立主动投案的投案人员在进入刑事诉讼阶段后可以成立自动投案,进而可能认定为自首,实现两者的“无缝对接”,无须特别考虑衔接问题。由于主动投案和自动投案也存在一定差异,在两者不一致的情况下,就要考虑如何进行有效衔接的问题,其中主要是处理好以下两种情形。

(一)成立主动投案但不成立自动投案的情形

一般而言,成立主动投案的条件标准较严,而成立自动投案的条件标准相对较宽松,因此成立自动投案的情形大多数能够成立主动投案,成立主动投案而不成立自动投案的情形比较少见,但也不是没有。

1. 涉案人员主动投案,但未被移送检察机关审查起诉或未被判决有罪的情形。在一些行贿案件中,有的行贿人情节显著轻微,或系被索贿,有可能不被移送审查起诉,或在审判阶段被判决无罪。在这些情况下,尽管涉案的行贿人在监察调查阶段被认定为主动投案,但却不涉及是否构成自动投案的问题。

2.纪检监察机关在立案调查或采取留置措施前,有时会要求被调查人的单位领导或纪检部门负责人先与被调查人进行谈话,以改变其思想,给其提供争取宽大处理的机会,为进一步开展调查创造条件。在这种情况下,如果被调查人积极配合,如实交代职务犯罪事实,就属于《纪检监察机关处理主动投案问题的规定(试行)》第5条第1项规定的"在初步核实阶段,尚未受到纪检监察机关谈话时主动投案的"情形,应当视为主动投案。在这种情形下,被调查人虽然尚未被纪检监察机关采取措施,但实际上已经被本单位或纪检部门控制,已不存在自动投案的可能性,在刑事诉讼中不能认定为自首,但有可能认定为坦白,根据其具体情况予以从轻或减轻处罚。

(二)不成立主动投案但成立自动投案的情形

在监察调查阶段不成立主动投案,但在刑事诉讼阶段成立自动投案的情形相对比较常见,主要有以下几种:

1.在被有关机关采取措施控制后如实交代本人职务犯罪事实的情形。包括:犯罪嫌疑人涉嫌非职务犯罪的罪名,被公安、司法机关采取强制措施后,如实供述纪检监察机关尚未掌握的本人职务犯罪事实;监察对象涉嫌职务违法问题,在纪检监察机关采取谈话、审查等措施后,如实交代纪检监察机关尚未掌握的本人职务犯罪事实;监察对象涉嫌职务犯罪问题,在纪检监察机关采取谈话、讯问、留置等措施后,如实交代纪检监察机关尚未掌握的本人其他职务犯罪事实等情形。在已被公安、司法机关或纪检监察机关采取措施加以控制的情况下,已无主动投案的余地,这一点应无疑问。在被控制的情况下如实交代纪检监察机关尚未掌握的本人职务犯罪事实,可对如实交代的部分职务犯罪事实成立"余罪自首",也就是具有与自动投案同等的法律效果。

2.单位职务犯罪案件中,单位集体研究决定投案,部分直接负责的主管人员和直接责任人员在集体研究过程中没有表示同意投案的情形。《纪检监察机关处理主动投案问题的规定(试行)》第6条第2款规定:"单位主动投案的案件,需要追究相关人员责任的,参与集体研究并同意投案的人员、决定投案的单位负责人以及投案的单位直接负责的主管人员均应当认定为主动投案。"这意味着,单位集体研究决定投案,在集体研究过程中没有表示同意投案的直接负责的主管人员和直接责任人员,不论是否如实交代问题,都不能认定为主动投案。但是,《关于办理职务犯罪案件认定自首、立功等量刑情节若干问题的意见》规定,"单位自首的,直接负责的主管人员和直接责任人员未自动投案,但如实交代自己知道的犯罪事实的,可以视为自首"。按此规定，在单位整体成立自首的前提下，在集体研究过程中没有表示同意投案的直接负责的主管人员和直接责任人员，只要如实交代自己知道的犯罪事实，仍可成立自首，也就是与自动投案具有相同的法律效果。

3. 涉嫌数个罪名，在监察调查中仅如实交代部分罪名的罪行的情形。《纪检监察机关处理主动投案问题的规定（试行）》第7条第2款规定："主动投案后又有潜逃等逃避审查调查行为的，不认定为主动投案。"这里规定的"潜逃等逃避审查调查行为"有个"等"字，意味着除了潜逃以外还可能有其他的逃避审查调查的行为，如不如实交代罪行。按照这一规定，监察调查中的被调查人主动投案后不如实供述全部罪行，逃避审查调查的，不能认定为主动投案。在刑事诉讼中认定自首时，自动投案和如实供述两个条件是分别认定的，不如实供述不会影响自动投案的成立，而且，《关于处理自首和立功具体应用法律若干问题的解释》第1条第2项规定："犯有数罪的犯罪嫌疑人仅如实供述所犯数罪中部分犯罪的，只对如实供述部分犯罪的行为，认定为自首。"按照这一规定，自动投案后仅如实供述数罪中的部分罪行，没有如实供述全部罪行的，不影响自动投案的成立，可对如实供述的部分罪行成立自首。

标本兼治抑或扬汤止沸:受欺诈婚姻登记行政行为的司法审查路径探析

——以公、私法双重属性为视角

黄承万　王文珠*

基于实然考察,目前受欺诈婚姻登记行政行为的司法审查模式存在同案异判、判决结果不尽如人意、服判息诉率低、未能一次性解决纠纷等扬汤止沸式的尴尬境况。对司法实践进一步探究,可以发现受欺诈婚姻登记行政行为自身内含的公、私法双重属性,司法实务对该行为合法性审查标准各异及相关法律规范缺失是现行司法审查之难的根本原因。针对该类行为需要构建标本兼治的司法审查模式:在诉讼过程中,要树立考量《民法典》关于稳定婚姻家庭关系的价值取向、善意申请人及第三人权利保护、相关民事法律规范的适用等私法因素的先决理念;对该行为的合法性审查应当基于当事人意思表示真伪的区别,采用区分式的审查标准;审慎选择不同类型的裁判方式;在增设行政诉讼裁判方式不具备现实可能性的前提下,适用行政诉讼一并审理民事争议制度及采用确认违法、采取补救措施的裁判方式才是解决该类纠纷的最佳模式。

2020 年 6 月,"女子丢失身份证后被结婚起诉民政局,法院:超诉讼期不受理"的话题点燃微博热搜,该话题的阅读及讨论量数小时内即达 6969.5 万。在该话题下的众多评论中,出现许多质疑诉讼结果的声音,由此折射出受欺诈婚姻登记行政行为司法审查所面临的"法院处理起来

---

* 黄承万,广西壮族自治区高级人民法院研究室法官助理;王文珠,广西壮族自治区司法厅行政复议与应诉处主任科员。

很难,却很难获社会好评"的现实困境。

根据现行《民法典》或原《婚姻法》、《婚姻登记条例》对婚姻登记的相关规定,无论结婚还是离婚登记,都必须要求男女双方亲自到婚姻登记机关申请。因此,对于婚姻登记领域而言,都应当是男女双方真实意思的表示,一般不存在受欺诈行政行为。然而,如前文所述的"被结婚",在现实生活中因行政相对人提供虚假材料,或隐瞒真实信息导致婚姻登记机关作出的登记行为错误的现象仍在一定程度上存在。此种因行政相对人不诚信,采用欺诈手段从而使行政机关基于错误认识作出的婚姻登记行为属于受欺诈行政行为。

受欺诈婚姻登记行为涉及的不仅是行政相对人与行政机关的行政法律关系,更是牵涉行政相对人人身、财产等重大民事实体权利,该行为具有民行合一的法律效果。因此,在受理该类案件时,人民法院如何妥善解决该类纠纷,如何处理该类案件隐含的行政法律关系及民事法律关系,从根本上解决当事人的诉讼需求,标本兼治,是困扰现行审判实践的一个难题。

一、受欺诈婚姻登记行政行为司法审查之难的尴尬现状

(一)同案异判在司法实践中普遍存在

【案例1】[1] 2011年1月19日,原告黄某与第三人杨某到被告N市江南区民政局申请结婚登记,被告在确认双方当事人亲自到场并审核了双方提交的身份证明材料后,认为双方的结婚登记申请符合法定结婚条件,遂准予其登记结婚,并颁发了结婚证。2018年5月31日,黄某以杨某在申请结婚登记时提交了虚假的身份证明材料,被告没有尽到合理审查义务为由,提起行政诉讼,要求法院确认被告作出涉案的婚姻登记行为无效。一审法院经审理认为,被诉结婚登记行为作出日期为2011年1月19日,原告于2018年5月31日才提起行政诉讼,已经超过《行政诉讼法》第46条第2款规定的最长法定起诉期限且无正当理由,故裁定驳回了黄某的起诉。黄某不服提起上诉,二审法院维持了一审法院的裁定。

该案例中的法院从行政诉讼起诉期限审查贯穿于立案受理阶段的理念出发,主动审查了涉案行政行为的起诉期限,并以此裁定驳回原告的起诉。

【案例2】[2] 原告田某于1998年4月6日与第三人李某在Y城镇政府申请登记

〔1〕 参见广西壮族自治区南宁市中级人民法院行政判决书,(2019)桂01行终140号。

〔2〕 参见浙江省海盐县人民法院行政判决书,(2018)浙0424行初2号。

结婚,因李某未达法定婚龄,遂用其姐姐的身份信息登记结婚,被告经审核后为双方办理了结婚登记。2018年1月17日,田某以被告未严格审查身份证明材料就办理了结婚登记手续,违反了《婚姻登记条例》相关规定为由提起行政诉讼,要求撤销涉案结婚登记。法院经审理认为,涉案婚姻登记行为自登记之日起至原告起诉之日起违法状态一直持续,故原告起诉未超过起诉期限。涉案结婚登记是因申请人假冒他人身份、提供虚假材料而导致,该结婚登记与客观真实状态不符,缺乏事实依据,故判决撤销涉案结婚登记行为。

该案例中的法院从实质正义的角度出发,认为涉案的申请材料确实是虚假的,涉案登记缺乏事实依据,基于有错必纠和保证当事人得以救济的原则,撤销了涉案的结婚登记。

上述两个案例均为申请人在申请结婚登记时隐瞒真实信息、提交虚假身份证明材料而骗取结婚登记的典型受欺诈婚姻登记行政行为,且行为作出之日至起诉之日均已超过了5年,但不同地方法院作出的裁判却截然不同。

在这类案件中,案情相同但裁判结果却截然不同的情况在司法实践中并不是个例,而是普遍存在的现象。笔者以"婚姻登记""虚假""行政一审"等为搜索条件,自2017年至2019年,在中国裁判文书网上共有987件涉及婚姻登记的行政案件。其中,与前文案情相似的案件中,有105件案件的裁判结果亦因原告起诉超过法定期限而被驳回起诉。[1]

(二)地方法院各异的裁判方式导致合法性审查结果困窘

行政诉讼对受欺诈婚姻登记行为的司法审查结果主要为两种裁判方式:其一,裁定驳回起诉(主要原因为超过起诉期限),将其排除在合法性审查之外;其二,根据对行为内容的合法性审查结果作出不同的判决方式(见图1)。

---

〔1〕 参见中国裁判文书网:https://wenshu.court.gov.cn。

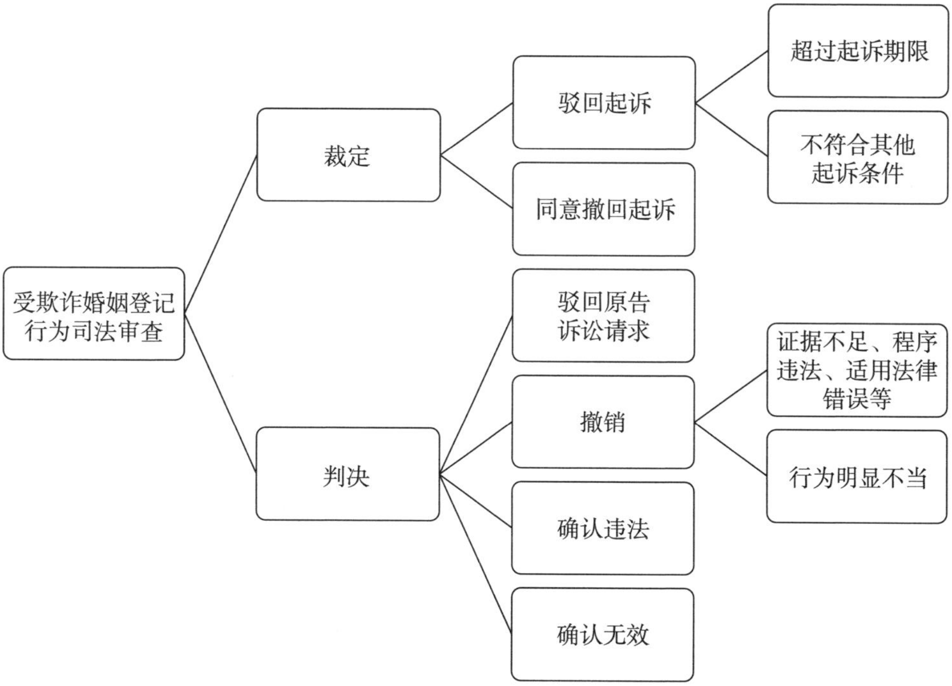

图1　受欺诈婚姻登记行政行为的司法审查结果

1. 裁定驳回起诉导致当事人面临求告无门。不同于民事诉讼的诉讼时效，行政诉讼起诉期限是行政诉讼法设定的起诉条件之一，法院对其不能回避，而应担负起主动审查义务。其存在的价值在于稳定已经形成的行政法律关系，行政行为具有公定力，其稳定存在不仅关系到相对人的权利义务，还关系到社会公众的信赖利益保护问题。案例1的裁判方式一方面维护了行政诉讼起诉期限的制度价值，另一方面也维护了当事人多年基于婚姻而形成的社会关系稳定问题。

然而，该类纠纷往往是当事人在提起民事诉讼不被受理后才转而提起行政诉讼，裁定驳回起诉可能导致原告得不到行政诉讼给予的救济，面临求告无门的境地。社会公众普遍认为司法是对不公行为的最后一道救济途径，如引言中的被结婚案，法院应当对无辜受害的当事人提供救济。若法院以裁定驳回起诉方式拒绝当事人诉求，易导致社会对司法审判的不信任和评价降低。

2. 以实体判决方式处理超起诉期限案件对行政机关而言有失公允性。实体判决方式不仅牺牲了行政诉讼起诉期限的制度价值，对于行政机关而言也有失公允。因相关法律对其设定的义务是形式审查，若行政机关在审查登记申请时已尽了审慎审查义务,其没有主观过错,则否定原登记行为合法性的各类实体判决是对行政机关的一种负面评价。

(三)现行的各类判决方式与立法目的及司法实践的需要不相契合

以上述 987 件婚姻登记案件为例,法院以判决结案的为 872 件,作出的判决类型及数量如图 2 所示:

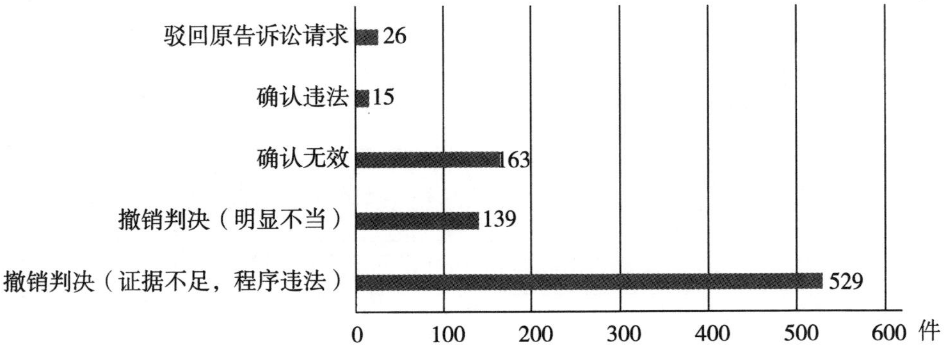

图 2 受欺诈婚姻登记行政案件判决方式类型

由图 2 可知,针对受欺诈婚姻登记行政行为的合法性审查,各地法院作出的裁判方式除上述案例 1、案例 2 所示的以外,还存在如下判决方式:

1. 判决确认无效。[1] 法院认为,被诉的结婚登记申请过程中,申请人提交了虚假身份信息,导致被告颁发了以虚假身份信息记载的结婚证,法律不允许以虚假身份骗取的婚姻登记产生确认、宣告夫妻关系的效力,故该行为存在重大、明显违法情形,应当确认被诉婚姻登记行为无效。

2. 判决驳回原告诉讼请求。[2] 法院认为,被告在作出被诉行政行为过程中,已按照《婚姻登记条例》相关规定所确定的义务对申请人提交的材料进行了审查,已尽到了审核责任,故判决驳回原告诉讼请求。

3. 判决确认违法。[3] 登记机关未尽审慎审查义务,且登记行为不可撤销,判决确认违法。法院认为,婚姻登记机关在审查离婚登记审查材料中,未获取材料中体现的申请人具有精神病史,其未尽到审慎审查的义务即对离婚登记申请予以受理,进而作出离婚登记不当;因离婚登记行为一经作出,原婚姻关系对双方当事人不再具有约

[1] 参见怀化铁路运输法院行政判决书,(2020)湘 8603 行初 10 号。

[2] 参见广东省深圳市中级人民法院行政判决书,(2016)粤 03 行终 781 号。

[3] 参见山东省东营市中级人民法院行政判决书,(2019)鲁 05 行终 9 号。

束力,其均具有再婚的合法权利,且涉案其中一方当事人已再婚,故涉案离婚登记已不具有可撤销性,所以判决确认被诉行政行为违法。

4. 以明显不当为由判决撤销。[1] 法院认为,被告已审查了当事人提交的身份证明材料,在程序上符合相关法律法规规定,被告由于客观条件限制未能辨认出当事人提交的材料为虚假材料,其婚姻登记行为无过错。但因涉案登记材料系虚假材料,婚姻登记行为与事实不符,明显不当,故应当予以撤销。

法院作出的上述判决方式,除驳回原告诉讼请求外,在法律后果上导致的情形都是当事人存续多年的婚姻关系结束。这仅解决了行政法律关系上的问题,即当原婚姻登记行为合法性存在问题后当事人如何进行行政权利救济的问题,对于该行为所涉及的民事法律关系,即基于婚姻关系所产生的人身关系和财产关系并未得到解决。上述判决方式并不能实质上解决当事人的根本矛盾和诉讼需求,而只是扬汤止沸,其他关于子女养育等人身关系和婚姻存续期间的夫妻共同财产关系却处于悬而未决的状态。

且原《婚姻法》里关于可撤销婚姻和无效婚姻的规定并不包含受欺诈婚姻登记情形,原《婚姻法》的价值取向在于最大程度保持瑕疵婚姻的效力,以保障社会上婚姻家庭的稳定关系。法院作出的上述裁判方式,不仅突破了原《婚姻法》的相关规定,与该法的价值取向不相衔接,也导致其与该法的法律适用关系难以厘清。[2]

(四)现行的判决方式导致审判结果不尽如人意

笔者对上述872件案件的后续情况进行了追踪,发现有675件的当事人不服一审判决进行了上诉,上诉率为78%,提起上诉的申请人既有行政相对人,也有行政机关。这表明了受欺诈婚姻登记行政行为在司法审查实践中所遭受的尴尬境况,该类案件法院无论作出何种裁判方式都不尽如各方当事人的意愿,服判息诉率较低。法院无论是作出"一撤了之"或"一驳了之"的裁判,似乎都并不能满足既维护行政机关公信力,又实质上解决当事人纠纷的不同公正需求。因此,标本兼治抑或扬汤止沸,是行政审判中处理该类案件亟须解决的难题所在。

二、受欺诈婚姻登记行政行为司法审查之难的原因探析

(一)自身具有的民行合一属性导致司法认定之难

婚姻登记行为从自身属性而言,是结合并跨越公法、私法这两大法域的行为,其

---

〔1〕 参见湖北省京山市人民法院行政判决书,(2016)鄂0821行初29号。

〔2〕 参见田韶华:《论婚姻登记行政诉讼的判决方式》,载《行政法学研究》2020年第1期。

自行为成立之时起就具备民行合一的属性。虽然受欺诈婚姻登记行为在外观上有申请人不诚信导致效力存疑的表现，但是该行为瑕疵并不能否认其双重属性。

婚姻登记行为具有双重法律关系。当事人身份合一行为是登记行为的基础〔1〕：其一，民事法律关系，即当事人有形成（或解除）婚姻关系的意思表示，且基于该意思表示成就了婚姻关系的成立（或解除），并随之附带了当事人的身份关系及财产关系的变动；其二，行政法律关系，行政相对人的婚姻关系需要行政机关予以确认，非经行政机关的确认，对外不产生法律效果，其与其他行政行为一致，婚姻登记行为成立后，具有公信力、确定力和拘束力。

双重法律关系的属性注定了婚姻登记行政行为较之其他行政行为具有特殊性，其成立与否不需要行政机关意思表示的参与，其与民事基础法律关系密不可分，且该行为成立后能对双方行政相对人产生私法上的法律效果。这也导致了婚姻登记行政诉讼与其他传统行政行为的诉讼相比具有特殊性，法院对婚姻登记作出否定性的裁判结果，不仅结束了该类行为的行政法律关系，更对行政相对人的民事法律关系产生直接影响。

受上述特殊性的影响所致，受欺诈婚姻登记行政行为司法审查之难在于，对于该类行为，并不只能从合法性（包括形式及实质上的）进行审查，更要注重对行政相对人的民事法律关系，特别是善意一方的民事实体权利义务进行关照，相关私法上的因素成为法院作出裁判时不得不考量的因素。

（二）各地法院对该行为的合法性审查标准各异导致司法认定之难

1. 对于婚姻登记机关所担负的审查义务，各地法院认定不同。《婚姻登记条例》对于登记机关的审查义务未作具体规定，因此各地法院在司法实践中对此认定不同。一些法院认为，根据《婚姻登记条例》第8条的规定，申请人应当对申请材料的真实性负责，登记机关所担负的审查义务只是审慎审查的形式义务。在审查婚姻登记申请时，确认是双方当事人亲自到场的情况下，登记机关只对当事人提交的材料是否齐全，外观上是否真实可信进行审查，并在通过询问当事人是其真实意愿表示后就给予登记。持相反观点的法院则认为，登记机关担负的是实质审查义务，其不仅应当对当事人提交的身份证明材料和相关证件的外观真实性进行审查，更应当对申请材料记载内容的真实性、申请人的民事行为能力及意思表示等进行实质审查。

基于对婚姻登记机关担负的审查义务认定不同，法院对受欺诈婚姻登记行为作

---

〔1〕 参见杨立新：《杨立新民法讲义（婚姻家庭法）》，人民法院出版社2009年版，第122页。

出的裁判也因此不同。对于认为登记机关已尽形式审查义务的,要么判决驳回原告诉讼请求,要么在撤销涉案登记行为时特别注明登记机关无过错;对于认为登记机关担负实质审查义务的,则认定其在审查时未尽到法律规定义务,程序违法,故判决撤销、确认违法或确认无效。

2. 对于受欺诈婚姻登记行政行为的合法性评价,各地法院认定不同。对于该类行为是否属于违法行为,由于各地法院对婚姻登记机关担负审查义务的认定不同,作出的合法性评价即有肯定和否定之争。关于法院认为该行为属于违法行为的缘由,上文已进行较多阐述,在此不再赘述。

司法实践中,部分法院认为该行为不属于违法行为,理由如下:首先,对于登记行为而言,登记机关所行使的仅是形式审查义务,因此在登记机关受当事人虚假材料错误引导,基于错误认识而作出受欺诈的行政登记行为时,其所承担的证明标准相对其他行政行为而言是非常有限的。该较低的证明标准体现为,其已按照相关法律法规的要求尽到了审查义务。其次,登记机关在主观上并无故意的过错,在客观上也没有违反法律规定的行为。最后,受欺诈婚姻登记行政行为在行政法律关系上也包含双重属性,即行政行为的合法性及结果的非合法性。显而易见,该类行为在作出过程中完全合法,仅是因为其他外部因素如当事人的虚假意思表示及虚假的申请材料导致结果的违法性,而因外部因素造成的违法性不应当让登记机关承担。综上,法院在对受欺诈婚姻登记行政行为进行司法审查时,不应当对婚姻登记机关作出违法评价。

(三)现行相关法律规范的缺失导致了受欺诈婚姻登记行政行为司法审查认定之难

受欺诈婚姻登记行政行为在司法实践中的表现有如表 1 所示的两种情形:

表 1　受欺诈婚姻登记行政行为在司法实践中两种情形对比

意思表示真伪	目的	表现形式	相关示例
非申请人的真实意思	无真实结婚或离婚的目的。	婚姻登记申请人的其中一方提供的是完全虚假的材料,其并没有和另一申请人结婚或离婚的目的,仅是一种欺诈的行为。	虚构完全不存在的公民信息与他人结婚; 冒用他人信息与他人结婚; 为达到非法目的虚构完全虚假的材料申请离婚; 隐瞒真实情况进行离婚。

续表

意思表示真伪	目的	表现形式	相关示例
基于申请人真实意思表示	结婚或离婚均基于真实意思表示。	申请婚姻登记是双方当事人的真实意思表示,仅是因未达到法定条件而虚构或编造虚假材料以达到真实婚姻登记的目的。	未达到法定婚龄而虚构身份信息申请结婚登记; 当事人不能到达现场而由其亲属代替其前去登记。

对于受欺诈婚姻登记行政行为的法律效果目前并无法律规范对此进行确认。无论是《民法典》还是原《婚姻法》对于可撤销婚姻及无效婚姻的规定都不包括上述受欺诈婚姻登记行政行为所包含的情形。

司法实践中,法院对受欺诈婚姻登记行政行为进行审查时,只能依据《行政诉讼法》的相关规定予以审查及判断。由于现行行政诉讼法上的各项判决方式并不能十分准确地对应该行为的公、私法双重属性,导致法院作出的判决或是不能及时有效解决行政争议(判决驳回原告诉讼请求的情况下);或是事实认定与法律责任承担相悖,违背了责任自负原则(判决撤销或确认违法的情况下);或是最后的裁判结果面临法律依据不足或司法审查标准不统一,导致法律适用牵强、裁判说理不充分等问题。

三、标本兼治:受欺诈婚姻登记行政行为司法审查路径之重构

(一)先决理念:受欺诈婚姻登记行政行为司法审查应考量私法因素

婚姻登记行政行为具有的公、私法双重属性决定了受欺诈婚姻登记行政行为的司法审查区别于其他行政行为,其具有的特殊性要求该类案件的司法审查应当在诉讼中树立考量私法因素的先决理念。

法院应当考量的私法因素主要包括以下几个方面:

1.《民法典》婚姻家庭编中所树立的价值取向。阅读《民法典》婚姻家庭编中的所有条文,可以看出其所树立的价值取向为尊重当事人的真实意思表示,保护合法的婚姻关系效力,维护婚姻家庭秩序的稳定。因此,该价值取向也应当是法院审理受欺诈婚姻登记行政行为所应当予以考量的因素。

2. 在司法审查过程中应适用相关民事法律规范。受欺诈婚姻登记行政行为引发的行政相对人与行政机关之间的纠纷虽然属于行政诉讼,依法应当适用《行政诉讼法》和行政法律规范的规定;但因该类诉讼亦明显属于民行合一的诉讼,在关于当事

人的意思表示及婚姻效力等涉及民事法律关系的认定上,应当适用《民法典》或其他民事法律规范的相关规定。

3. 保护善意申请人及善意第三人的权利。受欺诈婚姻登记行政行为中除行政机关受不诚信申请人的行为欺诈外,另一方守信申请人也受其欺骗,还可能存在其他善意第三人权利受到该欺诈行为的影响。例如,采用虚假身份信息与他人进行结婚登记,这个具有真实结婚意愿的申请人的相关行政或民事权利应当得到司法机关的保护;抑或冒用他人身份信息进行结婚登记,被冒用者的权利保护亦应在司法审查中被予以考量。总之,守信申请人及善意第三人的权利在该类案件的司法审查中应当被予以保护,而不能仅为了解决被诉行为的合法性问题而将其忽略或牺牲。

(二)区分式标准:基于当事人意思表示真伪的区别,采用不同的合法性审查标准

1. 非真实意思表示的,合法性审查采用行政诉讼传统审查标准。对于当事人非成就婚姻关系的意思表示,虚构身份信息、冒用他人身份信息进行婚姻登记的受欺诈登记行政行为,对其的司法审查应当采用与其他典型行政行为一致的完全合法性审查标准。在此种类型中,当事人结婚或离婚均不是其真实意愿的表示,该婚姻关系的成就或解除在实质上根本不存在。在该类型中,受欺诈方不仅是行政机关,还有另一守信申请人,司法机关对该行为的合法性审查不仅不会损害守信申请人的实体权利义务关系,反而使之从虚假、错误的法律关系当中解脱出来,使其受损的权利得到司法救济。因此,对该类行为的司法审查,司法机关可以就被诉登记行为的事实认定、证据、程序、法律适用、合理性、行政机关的职权等方面进行完全合法性审查,进而作出相应判决。

2. 真实意思表示的,合法性审查采用行政与民事诉讼相结合的标准。对于当事人基于真实意思表示想成就或解除婚姻关系,但迫于某些原因而采用虚假材料或不真实表述等形式获取婚姻登记而导致的欺诈性行政行为,在行政诉讼中对其进行审查时不能采用传统的合法性审查标准。因行为欺诈而缔结的婚姻,其婚姻关系仍然成立,在无法定无效情形的情况下,双方当事人仍应受该关系约束。[1] 例如,在现实生活中存在大量这样的状况,即双方当事人均有结婚的真实意愿,但未达到法定婚龄,因此隐瞒真实信息,采用虚假身份材料向登记机关申请登记,而在获取婚姻登记多年,且双方当事人均已达到法定婚龄的时候,又以原登记行为存在虚假材料为由提

〔1〕 参见王礼仁:《婚姻诉讼前沿理论与审判实务》,人民法院出版社2009年版,第640页。

起行政诉讼。对于该类行为,法院在审查的时候,并不能仅仅从涉案婚姻登记行为的合法性进行考量,一撤了之。又如,是因为申请材料上存在的瑕疵、当事人未亲自到场等原因造成的受欺诈性婚姻登记,都是当事人真实意思的表示,形式上或程序上的瑕疵并不应当阻却婚姻关系已成立或解除的法律效力,因此,法院亦不能进行单纯的合法性审查。

针对上述情形,司法机关在审查该类受欺诈行政行为时,对于合法性审查应当仅限于登记机关是否存在故意或者重大过失来进行,也即该行政行为是否达到必须予以否认才能救济当事人的合法权益的程度,否则不应轻易对该行为的合法性作出否定性评价。法院应当结合相关民事法律规范对被诉行为予以认定,对违法行为是否能予以补正、基于婚姻登记行为已成立的民事关系状态如何予以保护进行综合考虑。违法情形能予以补正的登记行为应当维持其法律效力;效力存在瑕疵但该瑕疵能予以消除或修正的登记行为应当保留其效力;登记机关行政程序上存在的轻微违法或瑕疵,但不影响当事人真实意思表示的登记行为不应撤销。

(三)审慎选择:各裁判方式适用的必要性分析

1.超过起诉期限不应全部裁定驳回起诉。对当事人因受欺诈婚姻登记行政行为提起行政诉讼时已超过法定5年最长起诉期限的,是否应当予以驳回起诉,在实践中并没有形成一致意见。行政诉讼固然要坚守主动审查起诉期限的制度价值,但行政相对人的权利获得救济亦同等重要。

在受欺诈婚姻登记行政行为的多种类型中,申请人一方采用完全虚假的身份信息与守信的申请人申请结婚登记,且在婚后了无踪迹,使守信申请人的婚姻关系名存实亡,俗称"欺诈式婚姻"或"骗婚",这一类型可以在一定程度上不受5年起诉期限的限制,或者说是可以享受起诉期限一定程度上的宽泛适用。具体原因如下:首先,该类型的婚姻登记并非当事人的真实意思表示,若守信申请人知悉对方采用虚假身份材料,就不会申请结婚登记;其次,该类型的婚姻关系并不能通过民事诉讼途径予以解决,因为当事人的身份证明是虚假的,无法在法院予以立案;再次,该类型的婚姻关系也不属于治安管理的范畴,当事人受损的权利也不能通过该途径得以救济;最后,若行政诉讼以起诉期限拒绝对当事人予以救济,则其会面临求告无门的困境,与该虚假的婚姻关系捆绑一生,无法解脱。综上,针对此种受欺诈行为,人民法院不应予以裁定驳回起诉,而应立案受理,对其权利进行救济,使其能进入实体审理程序。

浙江省高级人民法院曾就受欺诈婚姻登记行政行为的起诉期限出台相应的指导意见,该意见认为,"当事人知道或者应当知道婚姻登记的夫妻一方系虚构身份或者假冒他人身份的事实之日，视为其知道或者应当知道被诉具体行政行为的内容之日”[1]。笔者认为，该意见不失为解决起诉期限的好办法。在该类案件中，当事人的起诉期限应当为自当事人知道或者应当知道婚姻登记申请材料为虚假材料之日起6个月内提出。该意见既维持了行政诉讼起诉期限的制度价值，也给予了求告无门的当事人司法救济。

2. 驳回诉讼请求在该类案件的司法审查中应当不予适用。法院在审查受欺诈婚姻登记行政行为作出的裁判方式中，不宜适用驳回当事人诉讼请求的判决。当事人因该行为提起行政诉讼的缘由在于该婚姻登记可能给其引发了一系列的矛盾与纠纷，该类纠纷可能是行政法律关系上的，也可能是民事法律关系方面，当事人迫切需要法院对其纠纷予以解决。法院对该类案件一驳了之，不仅不利于及时解决当事人的矛盾，而且违背了《行政诉讼法》总则所确立的解决行政争议的立法宗旨。此外，从法律公正的实质角度而言，受欺诈婚姻登记行政行为虽然在行为外观上具备合法性，但是该行政行为所导致的结果，即行政法律关系是违法的，该违法关系应当予以矫正，对当事人受损的权益应予以及时救济。

3. 撤销判决应当仅适用于“欺诈式婚姻”类型。只有在需要对“欺诈式”婚姻当事人的实体权利进行救济的情况下，才能适用撤销判决。因为该类案件法院作出撤销判决不会存在未能处理的依附于婚姻关系的财产关系，亦不存在可能损害善意第三人利益的情形。除此之外，撤销判决不应适用于受欺诈婚姻登记行政行为的其他类型案件中。

无论法院是基于“证据不足、程序违法、适用法律错误”还是“行为明显不当”等司法审查标准作出的撤销判决，其本质上都是对受欺诈的无辜行政机关作出的行政行为合法性的否定性评价。行政机关在登记过程中并不存在认定事实不清、证据不足、程序违法或者是存在其他明显不当的情形。虽然很多法院在作出撤销判决之前，先对行政机关已尽审慎审查义务作了说明，认为其无过错，但是撤销判决实质上还是从根本上否定了被诉行为的合法性，行政机关仍旧要承担无过错的法律责任，这可能使行政机关工作人员产生排斥和抵触的心理。此外，撤销涉案婚姻登记将对当事人的婚姻关系造成直接且终局的影响，婚姻关系自此解除，但是依附于其的其他人身关系和财产关系未得到处理，相关的纠纷并未得到一次性解决。因此，笔者认为，法院在审查该类案件时，也应当尽量避免运用撤销判决。

---

〔1〕 参见浙江省高级人民法院《关于审理婚姻登记行政案件具体适用法律若干问题的指导意见（试行）》第4条。

4. 确认无效判决在受欺诈婚姻登记行政行为中也不应适用

根据《行政诉讼法》第 75 条的规定，行政行为被确认无效有三个前提，其一，存在行政行为的实施主体不具有行政主体资格或者没有依据等情形；其二，该种情形属于重大且明显违法；其三，原告申请确认行政行为无效。只有满足这三个条件，人民法院才可以判决确认无效。具体到受欺诈婚姻登记行政行为的作出过程中，并不存在婚姻登记机关不具有行政主体资格或者没有依据等情形，更不用提重大且明显违法这一条件。在司法实践中，法院运用此判决来撤销受欺诈婚姻登记行政行为属于适用法律错误。

（四）最优组合：适用行政诉讼一并审理民事争议制度及确认违法、采取补救措施的裁判方式

1. 增设新判决方式的可能性。授益行政领域的扩张趋势，导致了越来越多的受欺诈行政行为出现。针对此种情形，有学者认为，应当借鉴德国行政法上的"废止"判决，增设"废除"这一判决方式，即废除原属于合法但因客观错误事实的存在应让其效力失效的行政行为。[1] 笔者认为，虽然增设判决方式可以较好解决目前行政诉讼裁判方式上存在的现实缺陷，然而，此种方式在司法实践中却不大具备客观可能性。

第一，《行政诉讼法》及司法解释才在近年进行了大规模修改与订正，已经较好契合了司法实践的需要，因为某一判决方式而启动条件严格、程序烦琐、耗费较大人力、财力、物力的修法程序不具备现实可操作性；第二，现行《行政诉讼法》已规定了种类较多的裁判方式，其中未必全部不能适用于受欺诈婚姻登记行政行为的司法审查。

2. 确认违法及采取补救措施是最适宜的裁判方式。虽然确认违法在本质上仍旧是对行政机关作出行政行为合法性的一种否定性评价，但是在目前的行政诉讼法律框架范围内，除"骗婚"类型外，针对基于当事人真实意思表示而引起婚姻登记行为成立的受欺诈婚姻登记行政行为的司法审查而言，对确认违法进行变通适用是最适宜的一种判决方式。

受欺诈婚姻登记行政行为司法审查适用确认违法判决主要是基于对当事人实体权利是否有影响，保持行政行为效力，维持婚姻家庭关系稳定的公、私法因素考量。确认违法判决适用条件里的"程序轻微违法，但对原告权利不产生实际影响的""行政行为违法，但不具有可撤销内容的""被告改变原违法行政行为，原告仍要求确认原行政行为违法的"均能对应受欺诈婚姻登记行政行为中的较多情形。例如，婚姻登记

---

〔1〕 参见鞠吉瑞：《受欺诈行政行为的合法性及判决方式》，载《深化司法改革与行政审判实践研究（下）——全国法院第 28 届学术讨论会获奖论文集》，人民法院出版社 2017 年版，第 1526 页。

里的当事人未到场、未在管辖地登记等存在程序瑕疵的;婚姻登记时未达到法定结婚条件,但起诉时已满足,无效婚姻情形已消失的;违法情形已得到补正的;当事人已办理离婚登记并再婚,撤销已没有必要的,等等。

判决确认违法但不撤销,保持婚姻登记行为的效力,有以下三个优势:首先,可以最大化保护守信申请人及善意第三人的权利,防止不法分子利用法律的漏洞获取不当利益;其次,确认违法解决了该婚姻登记行为存在的行政法律关系违法问题,当事人可以基于仍旧具有效力的婚姻关系来解决其他人身关系和财产关系的变动问题;最后,该种裁判方式能实现维持婚姻家庭关系稳定的立法价值取向。

3. 适用行政诉讼一并审理民事争议制度,以期一次性解决相关纠纷。行政诉讼一并审理民事争议应当是法院审理受欺诈婚姻登记行政诉讼的最佳制度。婚姻登记行为是具有民事、行政双重属性的特殊行政行为,对于受欺诈婚姻登记行为的司法审查必须注重考量公法和私法的相关因素,一次性解决当事人的行政争议及可能隐含的民事争议。《行政诉讼法》第 61 条规定了对行政登记和行政许可类等案件,人民法院可以一并审理相关民事争议。最高人民法院《关于适用〈中华人民共和国行政诉讼法〉的解释》第 137 条至第 143 条对该制度进行了细化。因此,法院在审理受欺诈婚姻登记行政诉讼过程中,适用该制度具有必要性和可行性(见图 3)。

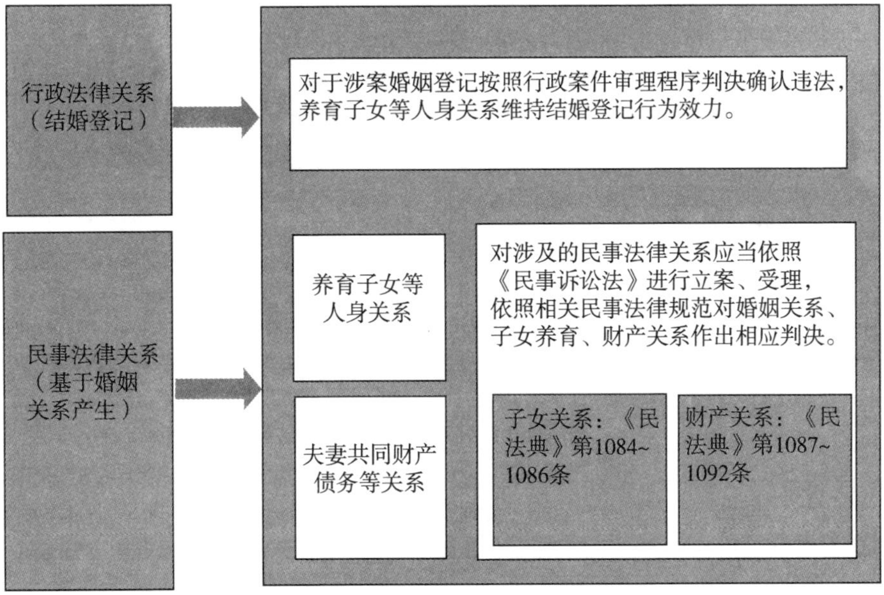

图 3　受欺诈婚姻登记行政诉讼一并审理民事争议制度示例

具体而言,以下情形案例宜采取行政诉讼一并审理民事争议制度:当事人未达到法定结婚年龄,以结婚目的而采用虚假身份材料骗取结婚登记,婚后共同生活多年并养育子女,后因为感情不和想离婚而提起行政诉讼。该种情形的案例涉及的结婚登记是当事人的真实意思表示,且提起行政诉讼时双方已达到法定婚龄。如图3所示,在该制度下,法院在审理受欺诈婚姻登记行为的过程中,可以采用如下模式:

第一,在行政法律关系方面:对于行政行为的合法性审查主要注重是不是当事人的真实意思表示、是否对当事人的权利义务造成实质影响、违法情节的严重程度等,相应地作出确认违法判决或撤销判决(后者仅限"骗婚"类型);对于确认违法的,根据具体案情的需要可以责令被告采取相应补救措施。

第二,在民事法律关系方面:对于当事人基于真实意思表示而形成的受欺诈婚姻登记行政行为类型中,法院经审理认为被诉婚姻登记应当确认违法,维持原婚姻登记效力的,应当向当事人主动释明是否申请一并解决该登记行为所可能附带的民事争议,在当事人同意后,启动行政诉讼一并解决民事争议程序。

结 语

本文以婚姻登记涉及的民事及行政法律关系的双重属性为出发点,通过分析典型案例,对该类案件的合法性审查及裁判方式进行梳理及评判,在应然层面上重构了受欺诈婚姻登记行政诉讼的司法审查模式,以期能一次性解决当事人的纠纷。受欺诈婚姻登记行政行为司法审查需要回归行为本身属性来进行考量,如何利用好行政诉讼一并解决民事争议制度来解决该类纠纷亟须司法机关在实践中作进一步探索和回应。

论骗取贷款、票据承兑、金融票证罪的保护法益

秦　晓*

一、引言

一个行为违反了刑法某一条款的规定，它只是在规范形式上具有犯罪的特征，但一个行为之所以构成犯罪，应当受到刑罚处罚，本质上是因为它侵犯了刑法所要保护的实质内容。这个刑法所要保护的实质内容，在刑法理论上被称为法益。[1] 所谓法益，简言之，就是法律所保护的利益。刑法所要规制的行为，仅限于侵害法益的行为，如果行为只是在形式上符合构成要件的特征，但未侵害法益，就不具有实质的违法性，也就不构成犯罪。换言之，法益概念具有违法性评价机能，即行为是否具有实质的违法性，应根据法益是否受到侵害或者威胁（危险）来评价。[2]

法益"隐藏"在刑法规范之中，刑法分则条文一般不直接明示其保护的法益，但从规范内容、犯罪性质、犯罪对象等因素看，多数犯罪的法益不难揭示，甚至是显而易见的。然而，由于社会关系纷繁复杂，法条文字上的简约性、含义上的抽象性与法律关系的具体性、现实个案的复杂性之间难免会产生矛盾，使某些犯罪的法益需要通过解释、推导才能阐明。同一犯罪的法益具有内在的一致性，但由于方法论、价值观不同，对同一犯罪的法益可能存在截然不同的解释，导致对相同行为分别得出构成犯罪和不构成犯罪的结论。出现这种大相径庭的结论，从逻辑上说，

---

* 秦晓，广西壮族自治区南宁市西乡塘区人民法院刑事审判庭副庭长。

〔1〕 参见李海东：《刑法原理入门（犯罪论基础）》，法律出版社1998年版，第13页。

〔2〕 参见张明楷：《法益初论》，中国政法大学出版社2000年版，第208页。

必定有一种法益解释论不符合刑法的“本意”。当前,理论界、实务界对骗取贷款、票据承兑、金融票证罪的保护法益聚讼不已、莫衷一是,出现了不同法院对相同情况作出不同判决的“乱象”,这一问题值得我们高度重视并深入研究。

二、信贷资金安全说与金融管理秩序说之争

骗取贷款、票据承兑、金融票证罪是《刑法修正案(六)》增设的罪名。该罪是指以欺骗手段取得银行或者其他金融机构贷款、票据承兑、信用证、保函等,给银行或者其他金融机构造成重大损失的行为。[1] 这只是规范刑法学意义上的定义,并未揭示该罪的保护法益。骗取贷款、票据承兑、金融票证罪属于“破坏金融管理秩序罪”(类罪名),刑法设置该罪名无疑与保护金融管理秩序有关,而该罪的犯罪对象为贷款等特定金融资产,刑法设置该罪名与特定金融资产的保护也有密切关系。由此,该罪的保护法益存在金融管理秩序说与信贷资金安全说之争。

金融管理秩序说指出,金融活动的健康运行,需要有良好的信用作为支撑;贷款、票据承兑等重要的金融活动,也完全建立在相互信任的基础之上。发生在贷款、票据承兑等金融活动过程中的任何欺诈行为,不管其动机和目的如何,都会对作为金融活动基础的信用造成破坏。[2] 具体而言,信用申请人在信用申请过程中的欺诈,是导致银行及其他金融机构的信贷资金违背自身真实意思与选择,流入高风险客户手中,从而产生金融风险的重要原因之一,该行为破坏了金融管理秩序,具有严重的社会危害性。[3] 金融管理秩序说强调信用是金融的根基,信用制度是建构金融管理秩序的重要手段,认为骗取贷款、票据承兑、金融票证等行为之所以成为犯罪,是因为这种欺诈行为损害了信用制度,严重破坏金融管理秩序。

信贷资金安全说认为,骗取贷款罪所要保护的是银行的信贷资金安全,而非银行

---

〔1〕 虽然行为对象不相同,但骗取票据承兑、骗取金融票证与骗取贷款,最终结果都表现为骗取银行或者其他金融机构的资金。在骗取票据承兑中,行为人骗取银行承兑汇票,再通过各种手段将票据贴现;而票据贴现是贷款人以购买借款人未到期商业票据的方式发放的贷款(《贷款通则》第9条),即票据贴现是一种特殊的贷款形式。信用证、保函等金融票证,本质上都是银行或者其他金融机构以书面形式作出的一定条件下的付款承诺,可见,骗取金融票证最终也是骗取银行或者其他金融机构的资金。基于以上原因,同时也因为骗取贷款是更为常见、多发的犯罪,本文主要以骗取贷款罪为例进行探讨。

〔2〕 参见刘宪权:《金融犯罪刑法学原理》,上海人民出版社2017年版,第213~214页。

〔3〕 参见彭凤莲、郦毓贝:《破坏金融管理秩序罪认定与疑难问题解析》,中国人民公安大学出版社2009年版,第97页。

的贷款发放自由决定权。借款人虽向银行提供了虚假的资料，但也提供了真实、足额的担保，很难说银行金融资金安全存在风险，换言之，行为人的行为客观上不存在侵害法益的风险，根据刑法客观主义，这类案件应作无罪处理。[1] 信贷资金安全说从贷款、票据承兑等金融活动的债权债务属性出发，指出资金安全是银行或者其他金融机构从事金融活动时考虑的最重要因素，当行为人提供了真实、足额的担保，信贷资金的安全得到了有效的保障，在客观上未危害银行或者其他金融机构债权的实现，因此，相关骗贷行为不具有实质的违法性，不构成犯罪。

金融管理秩序说与信贷资金安全说的根本分歧，集中体现在对提供担保的骗贷行为的处理上：前者认为，担保改变不了行为的欺骗性，改变不了欺骗行为对信用制度、金融管理秩序的破坏，故应以犯罪处理；后者则认为，因具有真实、足额的担保，银行的信贷资金安全无虞，因此，行为人的行为不构成犯罪。理论界对骗取贷款罪的保护法益没有共识，司法机关对提供担保的骗贷行为的定性也不尽统一，有的法院采金融管理秩序说，有的法院持信贷资金安全说，甚至有的法院在不同时期持不同的观点，现举例说明：

（1）东河公司、赵俊骗取贷款案，[2] 采金融管理秩序说。简要案情：东河公司通过隐瞒公司亏损的事实，并由法定代表人赵俊安排公司人员向 A 银行提供虚假的申请资料、资产负债表等财会资料，于 2010 年 2 月 4 日骗取 A 银行贷款 1000 万元；另由汇通公司对东河公司的贷款承担连带保证责任。贷款到期后，东河公司未能偿还贷款，由汇通公司代为偿还贷款本息。一审、二审法院均认为，东河公司、赵俊的行为构成骗取贷款罪，担保公司代为偿还贷款本息，只作为酌情从轻处罚情节。

（2）邓宏骗取贷款案，[3] 一审法院采金融管理秩序说，二审法院持信贷资金安全说。简要案情：2011 年 8 月 25 日，飞尔公司法定代表人邓宏虚构该公司已向融光公司购买原材料、需支付 750 万元货款的事实，并指使财务人员向 B 银行提交虚假的《购销合同书》《授权声明》等申请材料，骗取 B 银行 500 万元贷款；同时，远大公司为飞尔公司的贷款提供担保。贷款到期后，飞尔公司无力偿还，由远大公司代为偿还。一审法院认为，邓宏以欺骗手段取得银行贷款，情节严重，构成骗取贷款罪。但二审法院认为，虽然邓宏提供了虚假的贷款资料，但贷款最终由担保人代为偿还，未给银

---

〔1〕 参见周光权：《刑法公开课》（第 1 卷），北京大学出版社 2019 年版，第 14 页。

〔2〕 参见四川省高级人民法院刑事裁定书，（2014）川刑终字第 617 号。但在（2016）川刑终 423 号刑事裁定书中，该院又持信贷资金安全说。

〔3〕 参见广东省高级人民法院刑事判决书，（2014）粤高法刑二终字第 212 号。

行造成实际损失，邓宏亦未利用贷款进行非法活动，未给金融管理秩序造成实际危害，其行为不符合骗取贷款罪的构成要件，故改判邓宏无罪。

以上两则案例集中反映了金融管理秩序说与信贷资金安全说之间的矛盾。目前虽不能确定金融管理秩序说、信贷资金安全说，何者为司法界的主流观点，但可以确定这种纷争将持续存在。持金融管理秩序说者明确指出，行为人在办理贷款时是否提供了真实、足额的抵押物，是否在案发前归还了贷款，受害单位是否另行提起民事诉讼，均不影响行为的性质；〔1〕换言之，依据行为人在贷款申请时提供的抵押物或担保人，即使银行可通过其他救济途径挽回经济损失，也不足以影响行为人的犯罪构成和刑事责任的承担。〔2〕不过，根据公开的裁判文书及相关规范性文件，信贷资金安全说似乎越来越受到青睐。〔3〕最高人民法院《关于被告人陈岩骗取贷款请示一案的批复》(〔2011〕刑他字第 53 号)指出，"骗取贷款罪，虽不要求行为人具有非法占有目的，但应以危害金融安全为要件。被告人陈岩虽然采用欺骗手段从银行获取贷款的数额特别巨大，但其提供了足额真实抵押，未给银行造成损失，不会危及金融安全。因此，陈岩的行为不属于刑法第一百七十五条之一规定的'有其他严重情节'，不构成犯罪"。一些地方司法机关以会议纪要、意见等形式确认了信贷资金安全说。例如，有司法机关认为，对为了生产经营、生活需要，向金融机构贷款，手续有一定虚假，但没有给金融机构造成损失的，可不作为犯罪处理。〔4〕再如，有司法机关指出，认定骗取贷款罪，应严格审查损害后果，对提供了足额担保，金融机构贷款资金没有损失风险，案发前贷款已全部归还或当事人已寻求民事诉讼救济的，不宜作为犯罪批捕起诉。〔5〕

行为人虽以欺骗手段取得贷款，但能依约还本付息，或者在刑事立案前已还清债务，确实未给银行造成实际损失，这种情形的危害性明显小于造成实害后果的情形。

---

〔1〕 参见安徽省高级人民法院刑事裁定书，(2017)皖刑终 40 号。

〔2〕 参见福建省厦门市中级人民法院刑事裁定书，(2018)闽 02 刑终 815 号。

〔3〕 例如，贵州省高级人民法院(2017)黔刑终 83 号刑事判决书、辽宁省高级人民法院(2017)辽刑终 268 号刑事判决书、江西省赣州市中级人民法院(2018)赣 07 刑终 357 号刑事判决书、安徽省黄山市中级人民法院(2018)皖 10 刑终 43 号刑事判决书，均持信贷资金安全说。

〔4〕 参见重庆市高级人民法院、重庆市人民检察院、重庆市公安局《如何处理当前刑事诉讼案件中亟待解决法律问题的会议纪要》第 3 条。

〔5〕 参见江苏省人民检察院《关于充分发挥检察机关职能作用依法服务保障民营企业健康发展的意见》第 9 条。

因此，司法界还存在缓和金融管理秩序说的做法。例如，有的司法机关认为，行为人以欺骗手段取得银行或者其他金融机构贷款、票据承兑、金融票证，数额超过100万元不满500万元，但在侦查机关立案前已偿还信贷资金，未给银行或者其他金融机构造成直接经济损失的，或者行为人以自有财产提供担保且担保物足以偿还贷款本息的，可认定为《刑法》第13条的“情节显著轻微危害不大”，不作为犯罪处理。〔1〕再如，有的司法机关认为，行为人贷款数额在500万元以下，侦查期间偿还银行本息，或银行或者其他金融机构通过担保实现债权，实际没有造成重大损失，且不具有将骗取的贷款用于违法犯罪活动等情形的，公安机关可撤销案件。〔2〕

三、金融管理秩序说之提倡

笔者认为，研究骗取贷款、票据承兑、金融票证罪的法益，不仅要运用法学的思维与方法，更应遵循金融的逻辑与规律。信用是一种跨期交易，即以现在的资产交换未来的资产，这要求借款人未来按时履行还款承诺，如果相互不信任或者出现信任危机，交易则不可能发生。信用是金融赖以存在和正常运行的基础，金融业的核心问题是信用问题。对骗取贷款、票据承兑、金融票证罪法益的研究，不能脱离金融的根基——信用，此其一。商业银行以特殊的商品——货币——作为经营对象，通过吸收存款、发行债券等方式组织资金，形成负债业务；通过贷款等形式对由负债业务吸收来的资金进行运用，形成资产业务。在信贷资金来源中，银行自有资本只占很小的比例，绝大部分信贷资金来源于负债业务，高负债经营的特点决定了银行业是高风险行业。现代博弈论和信息经济学的分析表明，较之于证券业和保险业，银行业在信息不对称、风险分担和校正纠错机制方面具有更高的风险性和脆弱性，其发生不稳定的情形进而危及金融体系的概率也大大高于证券业和保险业。〔3〕因此，在探讨骗取贷款、票据承兑、金融票证罪的法益时，应将银行业的高风险性特征作为重要的考量因素，此其二。金融是现代经济的核心，是国民经济的命脉，而银行业在我国金融体系中居于主体地位，一旦银行出现系统性风险，对整个经济社会的影响远大于其他任何企业。因此，应立足于银行业在金融机体系中的重要性，来解释骗取贷款、票据承兑、

〔1〕参见浙江省高级人民法院、浙江省人民检察院、浙江省公安厅《关于办理骗取贷款、票据承兑、金融票证罪有关法律适用问题的会议纪要》第2条。

〔2〕参见山东省高级人民法院刑事审判第一庭、山东省人民检察院第四检察部、山东省公安厅经济犯罪侦查总队《关于办理骗取贷款犯罪案件相关问题的参考》第1条。

〔3〕参见胡援成：《货币银行学》，中国财政经济出版社2011年版，第477页。

金融票证罪的法益,此其三。基于以上思路,笔者认为,根据立法体系、立法目的等,结合金融的逻辑与规律,刑法设立骗取贷款、票据承兑、金融票证罪的目的在于保护金融管理秩序,维护特定的金融交易秩序。理由详述如下:

第一,骗取贷款罪系“破坏金融管理秩序罪”,保护金融管理秩序是法益应有之义。类罪名是对某一类犯罪本质特征的概括,它对解释个罪的法益具有指导意义。骗取贷款罪规定在《刑法》分则第三章第四节“破坏金融管理秩序罪”中,我们不能脱离“金融管理秩序”研究骗取贷款罪的保护法益。我国《刑法》同时设置了骗取贷款和贷款诈骗罪,二者在客观上都表现为以欺骗手段骗取银行贷款,行为对象均指向银行,从客观方面难以区分骗取贷款罪与贷款诈骗罪。二者的根本区别在于主观方面——贷款诈骗罪在主观上须具有非法占有的目的,骗取贷款罪则不得具有非法占有目的,否则,构成贷款诈骗罪。贷款诈骗罪以非法占有目的为成立要件,《刑法》设置该罪旨在保护银行的财产权(保护信贷资金安全),其性质偏重于侵财性犯罪。《刑法》同时又设置不得具有非法占有目的的骗取贷款罪,就不应再作为侵财性犯罪看待,从其核心属性看,骗取贷款罪是侵犯金融管理秩序的犯罪,换言之,《刑法》设置骗取贷款罪是为了规制贷款人在贷款等金融活动中的严重欺骗行为,以维护特定的金融交易秩序。因此,骗取贷款罪的法益应是保护金融管理秩序。

认定骗取贷款罪的法益是保护金融管理秩序,并不仅仅因为本罪规定在“破坏金融管理秩序罪”中,从国家经济管理、金融监管的层面看,金融管理秩序说能更有效地规制贷款等金融活动的失信、失范行为,保障国家经济管理权有效行使,维护稳健的金融秩序。银行业在我国金融体系中占主体地位,国家通过对银行业的监管实施宏观经济调控,促进国民经济发展和维护社会稳定。例如,我国《商业银行法》第 34 条规定,“商业银行根据国民经济和社会发展的需要,在国家产业政策指导下开展贷款业务”。维持一定的金融秩序,是国家宏观调控政策、产业政策得以落实的条件之一,但一些企业通过虚构项目等欺骗手段骗取银行贷款,将骗取的贷款投入不符合国家产业政策的领域,不仅使国家通过金融监管实行宏观经济调控的目的落空,也损害了银企之间的互信关系,破坏了当地的信用环境,让信用良好的企业在融资上受到牵连,增加融资难度及成本。可见,即使未危害银行信贷资金安全,骗贷行为对金融管理秩序的破坏性也是明显存在的。这进一步说明,《刑法》设置骗取贷款罪侧重于规制严重破坏金融管理秩序的行为,以刑罚手段维护金融管理秩序。因此,骗取贷款的行为,虽未给银行造成损失,但骗取贷款数额特别巨大,就应认定为严重破坏金融管理秩序,评价为刑事违法行为。例如,蔡某明以欺骗手段骗取银行贷款,其虽如期归还贷款，未给银行造成损失，但骗取银行贷款高达5.3亿元，严重破坏金融管理秩序，被以骗取贷款罪追究刑事责任。[1]

第二，金融管理秩序说更契合《刑法》增设骗取贷款罪的初衷与目的。《刑法》第193条规定了贷款诈骗罪，对以非法占有为目的，诈骗银行贷款的行为规定了刑事责任。然而，现实中有一些单位和个人以欺骗手段骗取银行贷款，严重危害金融安全，但不具有非法占有目的，或者非法占有目的难以证明，不能以贷款诈骗罪定罪处罚。为严密刑事法网，使情节严重的骗贷行为受到《刑法》规制，《刑法修正案（六）》增设了骗取贷款罪。[2]《刑法》增设骗取贷款罪的初衷与目的，就是弥补贷款诈骗罪对金融管理秩序与安全保护的不足，使虽没有非法占有目的但严重破坏金融管理秩序的骗贷行为受到刑罚处罚。如果只要提供了真实、足额的担保，不管骗贷数额多么巨大，将骗取的贷款用于违法犯罪活动或者有其他严重情节，也在所不问，对于骗贷行为一律不作为犯罪处理，无疑是对以欺骗手段骗取银行贷款、肆意破坏金融管理秩序行为的放纵，使《刑法》增设骗取贷款罪本已弥补的漏洞，又制造了新的漏洞，背离了《刑法》增设骗取代贷款罪的初衷与目的。

《刑法》增设骗取贷款罪的初衷与目的，是弥补贷款诈骗罪对金融管理秩序保护的不足，至于是否存在担保，则是保障债权实现的问题，属于当事人意思自治的范畴，不在“破坏金融管理秩序罪”规范目的范围内。《刑法》增设骗取贷款罪，其关注点不在于贷款人是否提供担保，因为如果贷款人通过合法途径、正当程序取得贷款，即使未提供担保，到期后不能履行债务，对银行而言，仍属于正常的商业风险范畴；但若贷款人以欺骗手段骗取贷款，即使提供了担保，欺骗行为本身也破坏了信用制度，损害了银行信用风险管理制度，具有破坏金融管理秩序的现实危险性。总而言之，骗取贷款罪规制的是破坏金融管理秩序的诈骗行为，而不是规范民商事活动中的担保权设立问题。此外，从金融角度来看，担保作为第二还款来源，仅是银行实现债权的额外安全保障，它不会改善借款人的经营状况和还款能力，从某种程度上讲，每个借款人的违约都是因为第一还款来源出现了问题。因此，从银行风险管理角度来看，信用风险的识别与监测是以借款人的第一还款来源是否可靠为依据。借款人使用欺骗手段使银行对其第一还款来源的可靠性陷入错误认知，并因此向其发放贷款，不管其是否

---

〔1〕 参见江苏省高级人民法院刑事裁定书，(2017)苏刑终250号。

〔2〕 安建：《关于〈中华人民共和国刑法修正案（六）（草案）〉的说明——2005年12月24日在第十届全国人民代表大会常务委员会第十九次会议上》，载《中华人民共和国全国人民代表大会常务委员会公报》2006年第6期。

提供担保,其行为都损害了银行的信用风险管理制度,破坏了金融管理秩序。

第三,信用风险(信贷资金安全)只是骗贷行为制造的风险之一,信贷资金安全说将骗取贷款、票据承兑、金融票证罪的法益局限在保护金融机构的信贷资金安全,对金融业的特殊性及商业银行风险的复杂性认识不足,是片面的、狭隘的安全观。担保是风险管理的重要工具,骗贷人提供了担保,在个案中可能最终不会危害信贷资金安全,但骗贷行为是高违约风险行为,是人为恶意制造风险的行为,是导致金融风险产生的原因之一,对金融管理秩序具有严重破坏性。申言之,骗贷行为的危害性是多方面的,除可能导致银行不能收回到期贷款本息(信用风险)外,它还损害金融的信任基础,可能提升银行的不良贷款率。

一方面,骗贷行为损害金融的根基——信用。信用是金融之本,是金融得以产生、存在和发展的基础,信用制度是维护金融管理秩序的重要手段,破坏信用就是破坏金融管理秩序。金融市场存在信息不对称现象,即借款人比贷款人更了解自身经营状况、财务实力及贷款项目潜在收益和风险等。信息不对称导致的后果之一就是逆向选择,即贷款人本希望选择优质交易对手,但因自己处于信息劣势地位,而选择了可能使自己遭受损失的劣质交易对手。为减少信息不对称带来的问题,需通过一系列的制度来规范市场主体之间的信用问题,如《贷款通则》规定,借款人应当如实提供贷款人要求的资料,配合贷款人的调查、审查和检查,不得向贷款人提供虚假的或者隐瞒重要事实的资产负债表、损益表等。骗贷是恶意使贷款人做出逆向选择的行为,是赤裸裸的失信行为,使信贷关系中的信任荡然无存。因此,即使借款人提供了担保,也改变不了信贷关系主体之间信任关系受损的事实。此外,如果仅因具有担保,不管情节是否严重,骗贷行为一律按民事纠纷处理,可能会放大市场主体的非理性(尤其是在经济下行期),普遍诱发道德风险,使借款人恶意违约,甚至出现借款人将银行作为抵押物变现的机构的情况,即借款人通过虚构项目等各种欺骗手段,使银行误认为其未来有稳定的现金流作为第一还款来源,以此骗取银行贷款,但其根本无还本付息的意图,不过是以抵押物(尤其是不易变现的抵押物)套取银行贷款罢了,违约后由银行按程序处置抵押物。银行最终可能没有受到损失,但借款人的行为实际上是将资金融通性质的借贷关系变成了资产变现性质的买卖关系,这不仅破坏了银行的金融属性,更是对信贷市场的信任关系带来致命性打击。

另一方面,骗贷行为存在引发银行不良贷款率上升的风险。由于市场主体的有限理性,如果仅因具有担保,就完全阻却刑法的介入,将会放纵不符合贷款条件的借款人以担保为挡箭牌,肆无忌惮地通过合规性包装骗取贷款,为银行不良贷款率上升埋下隐患,破坏金融管理秩序。自 1998 年起,我国商业银行贷款风险实行五级分类管理,即将贷款分为正常、关注、次级、可疑和损失五类,后三类贷款合称为不良贷款。随着我国经济持续发展及金融创新不断加快,贷款的风险特征发生了较大变化,为应对、解决金融监管实践中出现的新情况、新问题,监管当局对不良贷款的认定口径日趋严格。根据银保监会 2019 年 4 月 30 日发布的《商业银行金融资产风险分类暂行办法(征求意见稿)》,本金、利息或收益逾期(含展期后)超过 90 天,即使有充足的担保,也至少应归为次级类资产,纳入不良资产管理。该暂行办法虽尚未正式实施,但在 2019 年,商业银行逾期 90 天以上的贷款已全部纳入不良资产管理。[1] 可以预见,不良贷款的认定口径日趋严格是未来的监管方向。行为人实施没有非法占有目的的骗贷行为,通常表明其经营业绩下滑、经济能力下降或者经济压力大,因此,骗贷人违约的概率极高。提供担保的骗贷人违约后,银行进行清收及担保品的最终变现是一个较长的过程,一般难以在 90 日内完成,相应的贷款必将被划为不良贷款。由此可见,具有担保的骗贷行为同样存在引发银行不良贷款率上升的风险。正常的贷款也可能给银行的不良贷款率造成风险,但这是银行自主决策所面对的正常商业风险,而骗贷行为是积极制造风险的行为,主观上明显存在恶意,银行在受骗情形下所承担的风险不再是单纯的商业风险,因此,对于骗贷行为,即使提供担保,也不能完全阻却刑法的介入。

第四,信贷资金安全说不符合我国银行业贷款结构的现实。根据我国银行贷款业务运作情况、贷款结构等经验事实,将提供担保作为无罪化事由,骗取贷款罪几乎没有被适用的可能性,这与刑法修正案增设该罪的初衷相悖。根据有无担保,贷款可以分为信用贷款和担保贷款。信用贷款没有担保,信贷资金的安全缺乏保障,因此,信用贷款在各银行的贷款业务中占比不大。例如,在 2019 年的贷款业务中,中国工商银行信用贷款占 32%,担保贷款占 68%;中国农业银行信用贷款占 25.8%,担保贷款占 74.2%;中国银行信用贷款占 31.86%,担保贷款占 68.14%;中国建设银行信用贷款占 33.02%,担保贷款占 66.98%;交通银行信用贷款占 34.77%,担保贷款占 65.23%。[2] “五大行”的贷款结构具有代表性,我们可以大致认为,我国银行所发放的贷款 70% 为担保贷款,仅有 30% 为信用贷款。根据信贷资金安全说的逻辑,骗取

---

〔1〕 参见《中国银保监会召开 2020 年全国银行业保险业监督管理工作会议》,载中国银行保险监督管理委员会网 2020 年 1 月 11 日,http://www.cbirc.gov.cn/cn/view/pages/ItemDetail.html?docId=884698&itemId=915。

〔2〕 数据来源:相关银行 2019 年年报,载上海证券交易所网,http://www.sse.com.cn。

贷款罪仅可能存在于占比较小的信用贷款中。刑法增设骗取贷款罪的初衷，不可能只保护信用贷款，而不保护担保贷款，可见，信贷资金安全说与刑法增设骗取贷款罪的初衷不符。

此外，由于信用贷款仅以借款人信用作为还款保证，银行贷款债权面临很大的风险，由此导致银行在发放信用贷款时，对贷款对象、授信额度采取更为审慎、保守的态度，具体表现为：信用贷款的发放对象通常为具有稳定可靠现金流、盈利能力还款能力俱佳的工商企业、个体工商户等优质客户；对于其他能办理信用贷款的借款人，授信额度一般也不会很高。在前一种情形中，由于借款人具有良好的信用，且银行决定发放信用贷款前对借款人进行更为审慎、严格的审查和评估，借款人使用欺骗手段被识破的可能性更大，骗取贷款罪成立的空间不大。在后一种情形中，即使借款人使用欺骗手段取得贷款，但因信用贷款授信额度所限，骗取贷款的数额一般不会达到骗取贷款罪的定罪起点 100 万元。由此可见，若采信贷资金安全说，成立骗取贷款罪的情形将十分少见，导致骗取贷款罪在事实上被虚置化。

四、结语

一言以蔽之，金融管理秩序是骗取贷款、票据承兑、金融票证罪的法益，保护信贷资金安全只是实现这一法益所附带产生的效果。一方面，根据刑法中“诈骗”的行为构造及金融的逻辑与规律，只要对银行实施欺骗行为，使银行产生错误认识，并基于错误认识发放贷款，不管借款人是否提供担保，都损害了金融的根基——信用制度，破坏了金融管理秩序；对金融管理秩序的破坏达到一定程度时，行为的性质就发生质变，构成犯罪。另一方面，事物由量变向质变发展过程中存在多种变量，因此，在衡量、评价金融管理秩序受到破坏是否达到质变的严重程度时，应综合考虑多种因素。提供了足额担保，或者在案发前偿还信贷资金，银行或者其他金融机构未受到直接经济损失，其危害性显然小于造成实害后果的行为，如果一律按犯罪处理，不尽合理；如果不考虑骗贷数额或者其他严重情节，一律不作为犯罪处理，也失之偏颇。笔者认为，不管一律犯罪化，还是一律除罪化，都是从一种极端到另一种极端；之所以出现这种情况，是因为在评价行为对金融管理秩序的破坏是否达到犯罪的程度时，未考虑事物由量变向质变发展过程中的变量因素。笔者认为，在该情形中，提供担保或者在案发前偿还信贷资金，可视为对受到破坏的金融管理秩序的修正或弥补，当骗贷数额未超过一定的“量”时，可认为行为的性质尚未发生质变，不按犯罪处理。根据当下经济发展状况，结合司法实践，这个“量”可定在 500 万元，即以欺骗手段取得银行或者其他金融机构贷款、票据承兑、金融票证，数额超过 100 万元不满 500 万元，但提供足额担保的，或者在案发前偿还信贷资金的，一般不按犯罪处理。

当然，在提供足额担保的情形中，数额只是界分行为性质是否发生质变的因素之一。笔者认为，以欺骗手段取得银行或者其他金融机构贷款、票据承兑、金融票证，数额超过 100 万元不满 500 万元，但提供足额担保的，或者在案发前偿还信贷资金，未给银行或者其他金融机构造成直接经济损失的，一般不按犯罪处理，但具有下列情形之一的除外：(1)将骗取的资金用于违法犯罪活动的；(2)2 年内多次骗取贷款、票据承兑、金融票证，或者向多家银行或其他金融机构骗取贷款、票据承兑、金融票证的；(3)5 年内因破坏金融管理秩序犯罪、金融诈骗犯罪受过刑事处罚的；(4)为实施本罪而向银行或其他金融机构的工作人员行贿的；(5)造成恶劣社会影响或者其他严重后果的。

从古代判词到现代裁判文书

——谈我国裁判文书中的文化传承

邓国雄*

中国古代判词具有公正、息讼、教化的功能特征，还具有擅长说理、文辞优美、简练精悍的写作特点。现代裁判文书应继承与发扬古代判词的精华，包括学习古代判词严谨审慎的制判态度，借鉴古代判词情、理、法交融的说理方法，继承发扬古代判词惩恶扬善、寓教于判的功能特点，学习古代判词简练精悍、文辞优美的写作风格等。文章结合我国裁判文书说理的基本要求对现代裁判文书的改革发展进行了论述，认为裁判文书的基本功能除了实现个案公平之外，还要承载社会关系、公民行为的规范化治理和道德价值的引导责任。在现阶段，裁判文书在样式规范化、种类繁简分化、表述通俗化的基础上，应汲取古代判词的精华，弘扬社会主义核心价值观，从法理、事理、情理、伦理和文理方面强化裁判文书说理；应鼓励法官撰写有影响力与历史代表性的优秀裁判文书。

引　言

中国法文化起源于夏商，历经十多个朝代，纵贯数千年，其间汲取了儒、道、法、墨等诸家思想，形成了浑厚悠久的中国传统法文化。中国传统法文化在世界法律文化发展史上独树一帜。一百多年来，积弱的中国在走向现代化的过程中，中国文化与两方文化迎头相撞，中国文化遭遇了前所未有的危机与困境，中国文化经历了与西方法文化交融与蜕变的

* 邓国雄，广西壮族自治区高级人民法院民一庭二级高级法官助理。

艰难历程。直至今日,我国才初步建立比较完整的中国特色社会主义法治理论。但是,中国法文化中的优秀传统不应该被抛弃与遗忘,应持客观、理性的态度进行筛选、学习,把它融入当代社会主流价值观——社会主义核心价值观中,从新时代的视角予以继承与发扬。

一、回顾与鉴赏:中国古代判词的优良传统

(一)中国古代判词的发展与演变

古代判词是应古代诉讼活动需要而产生的一种文体,它的产生、发展、成熟经历了一个漫长的过程。我国原始社会最初的纠纷解决方式是采用神明裁判。神明裁判湮灭后,产生了据证裁判,为了把判案的内容与过程按某种固定的格式与规范表述出来,才形成了最初的判词。最早的判词出现于西周时期朕匜青铜器上所刻的铭文。

唐代以前,我国司法官员断案还主要以口头方式现场下裁决,称为“语判”。唐代以后,中国古代法律体系发展到成熟阶段,法律制度比较完备,书面的判词才步入兴旺期。从“语判”到“书判”,是中国古代判词的第一次重大变革。

唐代判词的代表作品有张鷟的《龙筋凤髓判》和白居易的《甲乙判》。这一时期的判词注重引经据典、辞藻华丽、音韵对仗,与文化作品中的诗赋杂文类似,是属于典型的骈体文。骈判虽然具有文学上的美感,但如果过分追求骈体文的对仗工整性,就可能走向极端,脱离了语言的自然习惯,与司法文书所应具备的便于群众普遍接受、易于理解的价值目标取向是背道而驰的。以韩愈为代表的一部分有识之士意识到了这一点,发起了古文(散文)运动,提倡摆脱骈体文的束缚,以散句单行的形式、自由通畅的文风进行写作。跟随着中国古代文学从骈文向散文转变的轨迹,古代判词也在宋元时期实现了由骈判向散判的转变。如宋代出现了散体判词形式的《名公书判清明集》。这是古代判词的第二次重大转变。散文体的古代判词,在明清时期达到了巅峰,代表作有明代的《折狱新语》《盟水斋存牍》,清代的《樊山判牍》《吴中判牍》《于成龙判牍菁华》《张船山判牍》等。

到了清末民初,由于法律体系开始向现代化转型,旧法律词语渐渐消亡,新的西方法律词语大量输入。如“株连、请、减、五刑、八议”等词汇逐渐让位于“权利、义务、连带责任、缓刑、正义、时效”等现代法律词汇,反映到判词上就表现出新旧法律思想并存且呈现异质化的一个进程。20 世纪初,中国文坛掀起了一场浩大的新文化运动,从黄遵宪、梁启超和裘廷梁为代表的维新人士到以胡适、陈独秀为代表的先进知识分子,从开通民智、普及教育和富国强民的目的出发,积极鼓吹和倡导白话文。

1927 年国共两党合作破裂,中国共产党领导革命武装创建了革命根据地,我国的司法判词从此走上了双轨制发展道路。在国民党统治区域,法官制作判词既保留了文言文的典雅精练,又融入了一些现代白话文的通俗,呈现一种半言半白的判决风格。在中国共产党领导的革命根据地,基于当时的形势与实际需要,司法判决走的是群众化路线,更加注重语言的通俗化、裁判依据政策化以及说理情感化。如马锡五审判方式产生于抗日战争最艰苦时期,一方面要对敌斗争,另一方面要维持革命根据地的稳定,在司法审判方面采取就地审判、巡回审判方式,既方便群众又教育群众。因此,判词文字通俗易懂就成为最基本的要求。这种通俗化的判词,为中华人民共和国现代裁判文书风格奠定了基调。

(二)我国古代判词的价值导向

几千年以来,儒家思想作为我国社会价值观的主流思想,也集中反映在我国古代判词中。古代判词是我国传承以儒家思想为代表的传统法文化的一个重要载体,儒家思想所包含的公正、和谐、平等、诚信等观念通过判词一代又一代地在中国社会传承。由于历史变迁,我国古代判词散佚现象严重,如汉代董仲舒的《春秋决狱》流传至今只有数则;唐宋之前的判词,保存至今的寥寥无几;现存的多是明清时期的判集。但存留至今的判词作品也足以供我们品鉴与学习。我们可以通过研究古代判词,探寻其倡导的社会价值导向。

1. 公正

判词作为古代诉讼案件审理结果的载体,它的首要作用就是把诉讼的结果具体化、确定化。因而,实现公正是古代判词的首要价值目标,也是它的首要功能。虽然,古代对“公正”的理解与诠释与现代有较大的区别,但对一些基本的元素,如“诚信”“平等”“秩序”等与现代的理解是一致的。如白居易在《白氏长庆集》中记载了一个案件:某丁假冒他人,用诈伪的方式谋取了一个官职,事发后被抓。其判词中写道:“法司以乱法,不许。”清代的《曾国荃判牍》中对一个谋财害命者处以斩立决时引用了法条,“按律:凡图财害命、得财而杀人命都,斩决”。所以,无论古今,实现公平与正义一直是裁判文书的首要功能与作用。

2. 息讼

我国古代有厌讼、息讼、畏讼的传统。古人不到非不得已的情况,不会轻易诉至官府;即使启动了讼端,也是战战兢兢,倍觉窘迫。司法官员在处理案件时也是以定分息讼为价值导向,通过“息讼”来达到“无讼”的目标。这源于儒家思想提倡的“不争”“无讼”,也是符合统治阶级所需要的各守本分、和睦的社会状态。如清代的《陆稼书判牍》中有审理兄弟争产一案，判词首句即渲染兄弟手足之情，“夫同气同声，莫如兄弟，而乃竟以身外之财产，伤骨肉之至情，其愚真不可及也”，最终判决“所有产业，统归长兄管理，弟则助其不及，扶其不足”。[1] 这体现了陆稼书为了彻底平息兄弟的争端，除依律裁决外，还蕴含了其“以情化人”的断案思想。

3. 教化

我国古代法律传统的一大特点是法治与德治密不可分，古代的诉讼案件，除了依法裁判之外，有相当一部分是依礼、依理、依情、依德进行裁判的，或者几个因素掺杂其中，并通过劝导、说服、训诫等方式达到宣传统治思想、教化百姓的目的。中国传统的法律实施，追求的是“情法两尽”、“情法两得”或“酌以人情、参以法意”。例如，清代名吏于成龙在一个婚姻纠纷案中判道：“……贪富嫌贫，弃良即丑；利欲熏其良知，女儿竟为奇货。须知令甲无私，本宜惩究；姑念缇萦泣请，暂免杖笞。吕豹变刁滑纨绔，市井淫徒，破人骨肉，败人伉俪。其情可诛，其罪难赦，应予杖责，儆彼冥顽。此判。”[2] 在判词中，于成龙既对冯父嫌贫爱富、擅毁婚约的行为以及吕豹变仗势抢婚、强掳民女的行为进行了谴责，又对吕女对父亲的孝心进行了褒扬。又如，《春秋决狱》中的一个著名案例：“甲无子，拾道旁弃儿乙养之，以为子。及乙长，有罪杀人，以状语甲，甲藏匿乙，甲当何论？”董仲舒在判词中写道：“甲无子，振活养之，虽非所生，谁与易之？《诗》云：螟蛉有子，蜾蠃负之。《春秋》之义，父为子隐。甲宜匿乙诏不当坐。”这一判例比较典型宣传了我国历代相传的“亲亲相隐”的伦理原则。

（三）我国古代判词的写作特点

古代判词从功用来划分，可分为实判与拟判（虚判）两种。实判是指官府衙门判罪定案的判词，具有真实性与法律效力。拟判是科举或选拔、考核官员时拟写的，或在文学作品中出现，是一种虚拟的、不具有法律效力的判词。从文体特征来划分，则可以分为骈判与散判。骈判是以骈体形式撰写，其特点是对仗工整、语韵和谐、辞藻华丽、擅于用典，如《龙筋凤髓判》《甲乙判》《新纂四六合律判语》；散判是采用散文形式撰写，句式灵活，注重叙事说理，实用性强，主要体现在明清时期的判牍中。

我国古代的司法官员多是由行政官员兼任，并且大多是通过科举等途径选拔出来的，具有深厚传统文化积累，对社会、伦理、道德、历史、文学都有很深的造诣，文字表达与驾驭能力很强，一些司法官员同时还是当时著名的文学家、政治家。他们在断

---

〔1〕 转引自李双：《古代判词的现代启示》，载《人民法院报》2011年4月15日，第7版。

〔2〕 陈重业辑注：《古代判词三百篇》，上海古籍出版社2009年版，第203页。

案过程中依照法律但不囿于法律，擅长综合运用各种知识裁判案件，所制作的判词说服力强、文字优美得体。概括起来，古代判词在制判说理方面具有以下特点：

1. 擅长抒情说理

古代判词擅于说理，具体包括以律说理、以情说理、以德说理、以礼说理等方式。当然，古代的律与情、德、礼是密不可分的，司法官员析法说理的过程，就糅合了这几个因素，“依傍法理、斟酌人情、平心理断”，以达到结案息讼的目的。一些优秀的古代判词甚至达到了“天理”“国法”“人情”融于一体的境界。典型案例如前述的于成龙审理的吕豹变一案判词。

2. 言辞优美，注重用典

古代判词的制作，是一个专业的技术活动。古代统治者曾经把制判作为一个考核标准用于选拔官吏。如唐代的士子及第后，要经过吏部的考试才能授予官职。吏部考试的内容主要是“身”“言”“书”“判”。其中“判”就是制作判词。所以唐代判词，特别是骈判，其言辞之华丽、用典之精深达到了历史的高峰。同时，流传下来的判词在古代文学作品也多有体现，古代判词与古代公案小说互相衬托，产生了深厚的影响。古代判词的文学色彩浓厚，许多判词同时又是一篇优美的文学作品，还出现了诗词体判文。以词的形式的如《张魁以词判妓状》中的《花判踏莎行》：“凤髻堆鸦，香酥莹腻，雨中花占街前地。弓鞋湿透立多时，无人为问深深意。眉上新愁，手中文字，如何不倩鳞鸿去？想伊只诉薄情人，官中不管闲公事。”以诗的形式的如《判夫出改嫁状》：“淡红衫子淡红衣，状上论夫去不归，夫若不归任从嫁，夫若归时我不知。”[1]

3. 简练精悍

古代判词还有一个重要的特点就是用词精简、凝练。这主要是源于古代骈文的写作特点，“语必骈俪、言必四六”是唐代判词的主要特征。比较典型的是明代的《新纂四六合律判语》，它是以四六句式为主的一个判词集。除了骈判，散判虽采用的是日常句式撰写，但也具有简练、精悍的特点。如清代乾隆年间有一个案件，一个寡妇想改嫁，遭到家人阻挠。她请讼师写好诉状后向官府呈上状纸，诉状称：“豆蔻年华，无嗣孀寡。翁鳏尚壮，叔大未娶。正瓜田李下，当嫁不当嫁？”知县接诉状后，查明事实正如所诉，挥笔写下“嫁！”这份中国历史上字数最少的判决书。[2] 有的古代判词

---

〔1〕 转引自苗怀明：《中国古代判词的文学化进程及其文学品格》，载《江海学刊》2000年第5期。

〔2〕 王冰梅：《从“一字”判决书看民事裁判文书的繁简》，摘自光明网人民法院频道，http://court.gmw.cn/html/article/201307/09/131926.shtml，2021年3月17日访问。

虽然简短，但论证之充分、说理之透彻、说服力之强，令人叹服。如宋代有一个管理钱库的小吏每天偷一枚小钱，事发被捕，以盗窃国库的重罪将其打入死牢。小吏认为仅拿一枚小钱便判死刑，未免太重，高喊冤枉。于是，县令写出了16个字的判词："一日一钱，千日千钱，绳锯木断，水滴石穿。"小吏无言以对，只好认罪伏法。[1]

二、传承与借鉴：对古代判词的"扬"与"弃"

古代判词是我国古代法文化的重要载体。我们对古代判词进行研究，可以取其精华，去其糟粕。经过"扬"与"弃"，古代判词的精华可以在法官撰写裁判文书的过程中提供必要的借鉴。

（一）学习古代判词严谨审慎的制判态度

古代司法官吏在断案制判时非常审慎，往往反复推敲，下笔如铸，达到了"锱铢必慎"的程度。如清代吏部尚书刚毅在其著作的《审看拟式》中提出了"情节形势，叙列贵乎简明；援律比例，轻重酌乎情理"的制判要求。[2] 当前，我国法院案多人少的矛盾突出，审判压力大，但审慎决断、严谨制判的优良传统不能丢。在裁判文书写作过程中，仍应坚持逻辑严密、层次分明、说理透彻、通俗易懂的原则，才能树立与保持裁判文书的严肃性与严谨性。

（二）借鉴古代判词情、理、法交融的说理方法

礼法相融、情理相辅，是中国古代法文化的一大特色。古代判词的说理也融合了礼、律、情、理等多种因素，说理的方法与技巧达到了炉火纯青的境界。现代裁判文书的写作，必须严格按照案件审理的思维，逻辑严密、层次分明，围绕证据事实析法说理。笔者认为，在现有的法律规定条件下，也可以根据案件的实际情况灵活使用各种说理方法，增加文书的说理性。如利用法理分析方法，指导当事人准确理解法律，做到胜败皆明；利用事理分析方法，加强对案件事实的论证分析；利用情理分析方法，填补法律规定的空白，提高当事人对裁判的接受度。所以，我们在裁判文书写作中借鉴古代判词情、理、法交融的说理方法，不会削弱裁判文书的严肃性与权威性，反而可以增强裁判文书的说服力。

（三）继承发扬古代判词惩恶扬善、寓教于判的功能特点

自古以来，我国有重视文明礼仪、人伦秩序、惩恶扬善的传统。在古代判词中，制

---

〔1〕 参见《古代判词趣闻集萃》，载《人民政坛》2010年第12期。

〔2〕 转引自赵静：《修辞学视阈下的古代判词研究》，巴蜀书社2008年版，第9页。

判者往往进行延伸说理，对当事人进行劝谕告诫。对于古代判词的惩恶扬善、寓教于判的功能特点，笔者认为，在现代裁判文书中应予以继承发扬。特别是在未成年人犯罪案件、家庭邻里纠纷案件的裁判文书中，更应注重对过错方进行告诫说教，通过说服教育与道德感化，恢复和谐的社会关系，弘扬良好的社会风气。当然，道德宣教并非现代裁判文书的基本功能，不必强求每份判决书都撰写特定语段对当事人进行教化。笔者仅建议主办法官因案制宜，择机借鉴古代判词惩恶扬善、寓教于判的特点，以提升案件裁判的社会效果。

（四）学习古代判词简练精悍、文辞优美的写作风格

用词精简、文辞优美是古文写作的风格，古代判词作为古文的一种，也具备这个写作特点。古代判词辞藻缛丽的文风，我们应予摒弃；但是其用词简练精悍、文辞优美的写作风格，是值得当代法官借鉴学习的。如清代的张船山在《拒奸杀人之妙判》中叙述陶丁氏杀人案的情节，写了“三刃”，依次为“刀痕深而斜”“斜而浅”“深而正”；判断其杀人动机时，断定其“意在奸不在杀”。[1] 其判词用语之精练，令人赞叹。现代裁判文书与古代判词在行文用语方面已大相径庭，前者更多的强调用语的法律化、规范化。笔者认为，司法裁判是否能具有正当性，是否能为当事人与社会公众所接受，一是要看审理程序与裁判结果是否具有公正性，二是要看司法裁判是否以一种恰当的方式来解释冲突。裁判文书的用语应恰当、简练、通俗，同时具备条理清晰、逻辑性强的特点。也就是说，提高裁判文书的文理性，也是增强裁判文书说理的方法之一。在此基础上，进一步增加裁判文书的文学美感，提升裁判文书的可读性，亦应是法官提升裁判文书质量效果的目标之一。回顾古代判词的发展历程，我们还得到一个警示，即裁判文书必须保持用语的规范性、通俗性，才能为社会公众所普遍接受。

三、启发与升华：论现代裁判文书的写作

现代裁判文书是现代法律制度条件下司法产品的载体，其文书格式的规范性、法律推理的逻辑性、证据辨析采纳的科学性以及法律适用的严格性是古代判词所不能比拟的。但是，这不能成为我们割裂传统，排斥学习古代判词的理由。相反，我们应从古代判词中吸收与弘扬我国法文化的精髓。特别是在判词的析法说理、文字表述方面，我们可以从中获得启发，可以对之进行传承与升华，从而提高我国裁判文书的制作水平，包括进一步明确现代裁判文书写作的要求，完善写作规范等。

---

〔1〕 转引自刘高礼：《论古代判词的历史发展及写作特征》，载《中南政法学院学报》1990 年第 2 期。

（一）我国现代裁判文书的纰缪

当前，我国法院的司法裁判工作备受社会公众关注。其中，裁判文书质量是群众关注的焦点。近年来，一些裁判文书受到社会舆论或当事人的诘责，排除当事人误解、曲解的因素，主要的原因在于文书存在瑕疵。裁判文书的瑕疵问题包括：争议焦点不归纳，或归纳不当；质证、认证环节的缺漏；判决的说理析法不透，或者说理简单、生硬等。在当前深化司法体制改革的背景下，裁判文书规范化建设是重要的举措，就各类裁判文书样式与技术规范，最高人民法院已经多次发布有关文件，在此不再论述。对于裁判文书质量，更多的关注点还是在文书说理。当前，我国部分裁判文书说理水平不高，存在说理不透甚至缺乏逻辑等情况。究其原因，固然有主客观多方面的因素，但文书撰稿人的主观因素为主因是不可否认的。个别法官对法律、事理、人情的认知出现偏差，制定的判决书就会引起当事人的强烈不满，甚至在社会上引起轩然大波。如著名的南京彭宇案，主办法官在判决书中写道："如果被告是见义勇为做好事，更符合实际的做法应是抓住撞倒原告的人，而不仅仅是好心相扶。"〔1〕因此，提高裁判文书质量，首要的任务就是提高法官的法律适用能力与文书写作水平。提高这两个方面的能力，不是短期培训或突击学习可以达到的，必须要对法官进行长期培养锻炼，使其审判工作经验、社会阅历经验、生活体验积累到一定的程度。所以，保持法官职业的稳定性并注重对一线法官的培养锻炼是一个长期性的基础工程。

（二）我国现代裁判文书的说理

我国《民事诉讼法》明确规定："判决书应当写明判决结果和作出该判决的理由。"2018 年 6 月，最高人民法院出台《关于加强和规范裁判文书释法说理的指导意见》，对裁判文书说理的原则、依据、方法以及用语都作了具体规定。为了在司法领域践行社会主义核心价值观，2015 年 10 月，最高人民法院出台《关于在人民法院工作中培育和践行社会主义核心价值观的若干意见》，要求通过具体案件的办理引导良好社会风尚，弘扬社会正向价值。2016 年 12 月，中共中央办公厅、国务院办公厅联合下发《关于进一步把社会主义核心价值观融入法治建设的指导意见》，明确将社会主义核心价值观融入"立法、执法、司法、守法"全过程。2018 年 6 月，最高人民法院印发了《关于加强和规范裁判文书释法说理的指导意见》，特别要求裁判文书释法说理要"符合社会主义核心价值观的精神和要求"。2021 年 1 月 19 日，最高人民法院印发《关于深入推进社会主义核心价值观融入裁判文书释法说理的指导意见》，提出"对

〔1〕 参见南京市鼓楼区人民法院民事判决书，(2007)鼓民一初字第 212 号。

于裁判结果有价值引领导向、行为规范意义的案件，法官应当强化运用社会主义核心价值观释法说理，切实发挥司法裁判在国家治理、社会治理中的规范、评价、教育、引领等功能，以公正裁判树立行为规则，培育和弘扬社会主义核心价值观”。因此，强化裁判文书释法说理，弘扬社会主义核心价值观，是我国法院一贯以来践行的法治理念；同时，也是现代法官提高裁判文书质量，增强裁判文书的权威性与公信力，加强公民行为规则与社会价值观正向引导重要措施。

在省级司法机关制定的一些规范性文件中，也有一些有关于裁判文书说理的规范要求。例如，四川省高级人民法院在其颁布的《关于裁判文书制作的规范意见》提出，“说理应当结合具体案情，针对焦点问题，以法论理，充分论证”。又如，湖南省高级人民法院在《关于规范裁判文书制作的意见》中提出，“裁判说理应当围绕控辩（诉辩）双方的理由、争议焦点进行，对争议的事项进行法理分析，对案件事实作出概括性总结，对当事人行为的定性及双方责任分担等作出评定性结论”。

由此可以看出，我国法院对裁判文书说理的重要性有充分的认识，并下决心进行了裁判文书说理写作的改革。从现有的相关文件要求来看，加强裁判文书说理既有原则性要求，又有具体操作指引。但在过去的一段时间，我国绝大部分裁判文书因袭旧规，仅囿于在立法原意与法学理论方面进行文书说理，在事理、情理、伦理的掌控以及价值观导引方面做的不够。笔者认为，优秀裁判文书的说理不能仅囿于立法精神与法理，还应根据案件的实际情况，综合运用事理、情理、伦理和文理等方式方法进行说理，才能够慑服当事人，提高裁判文书的权威性与公信力，实现“德法兼治”的社会治理效果。

值得欣慰的是，近年来我国优秀裁判文书在不断凸显。例如，在无锡胚胎案中，法官除了用情感说理，“白发人送黑发人，乃人生至悲之事，更何况暮年遽丧独子、独女！沈杰、刘曦意外死亡，其父母承欢膝下、纵享天伦之乐不再，‘失独’之痛，非常人所能体味”；还用法理说理，“沈杰、刘曦遗留下来的胚胎，则成为双方家族血脉的唯一载体，承载着哀思寄托、精神慰藉、情感抚慰等人格利益”；以及事理说理，“在沈杰、刘曦意外死亡后，其父母不但是世界上唯一关心胚胎命运的主体，而且亦应当是胚胎之最近、最大和最密切倾向性利益的享有者”。〔1〕 该案在伦理、情理、事理与法理等方面的说理论述既厘清了该案的审理思路，又扫除了处理该事件的认识误区，还弘扬了我国传统人伦精神，取得了良好的社会效果，堪称现代裁判文书说理的典范。又如，

〔1〕 参见江苏省无锡市中级人民法院民事判决书，(2014)锡民终字第01235号。

在葛长生诉洪振快名誉权、荣誉权纠纷案中，主办法官认为案涉文章“引导读者对‘狼牙山五壮士’这一英雄烈士群体英勇抗敌事迹和舍生取义精神产生质疑，从而否定基本事实的真实性，有损于他们的英勇形象和精神价值。洪振快的行为方式符合以贬损、丑化的方式损害他人名誉和荣誉权益的特征。”“‘狼牙山五壮士’的精神价值已经内化为民族精神和社会公共利益的一部分”其行为不仅“对其近亲属造成感情和精神上的伤害，更会损害到社会公共利益”〔1〕。该案判决书不仅对被告人是否侵权进行了法理分析，而且对以该案为代表的错误思潮进行了有力抨击，起到了正本清源的作用。还有一些优秀的年轻法官突破常规，进行了撰写精品裁判文书的尝试。如北京市东城区人民法院的法官将《孝经》用于说理；〔2〕四川省泸州市纳溪区人民法院的法官在“泸州二奶案”中依据公序良俗进行判决。〔3〕

（三）我国裁判文书说理的探索

裁判文书的改革，是与我国司法制度的改革的一个重要组成部分。裁判文书改革发展的方向，必然要与我国法治理念的成熟完善程度，以及审判事业的历史发展任务相一致。在最高人民法院发布的《人民法院第三个五年改革纲要（2009—2013）》《关于全面深化人民法院改革的意见——人民法院第四个五年改革纲要（2014—2018）》中提出了裁判文书改革的重点是增强判决的说理性，最高人民法院《关于深化人民法院司法体制综合配套改革的意见——人民法院第五个五年改革纲要（2019—2023）》提出“深化裁判文书公开”，以裁判文书公开来推动提高裁判文书质量。笔者认为，在新的历史时期，裁判文书作为司法裁判结果的载体，其基本功能定位有了新的含义，即除了实现个案的公平正义之外，还要承载国家治理、社会治理的规范引导与价值导向的功能。在坚持这个原则的基础上开展裁判文书改革、强化裁判文书说理，才不会偏离方向。在此基础上，鼓励各地法院对裁判文书写作进行大胆探索研究，加强对文书说理方法的研究。笔者认为，社会主义核心价值观的基本内涵

---

〔1〕 参见北京市第二中级人民法院民事判决书，（2016）京02民终6272号（最高人民法院指导案例99号）。

〔2〕 参见北京市东城区人民法院民事判决书，（2010）东民初字第00948号。主办法官在判决书中写道：“我国自古以来就有‘百善孝为先’的优良传统，儒家经典《孝经》中把‘孝’誉为‘天之经、地之义、人之行、德之本’。由此可见，为人子女，不仅应赡养父母，更应善待父母，不应因一己私利而妄言、反目。”

〔3〕 参见四川省泸州市纳溪区人民法院民事判决书，（2001）纳溪民初字第561号。主办法官在判决书中写道：“将财产赠与其非法同居的原告张学英，实质上损害了被告蒋伦芳依法享有的合法的财产继承权，违反了公序良俗，破坏了社会风气。原告张学英明知黄永彬有配偶而与其长期同居生活，其行为法律禁止，社会公德和伦理道德所不允许的，侵犯了蒋伦芳的合法权益，于法于理不符，本院不予支持。”

与我国传统法律文化中的"公正""和谐""平等""诚信"等观念是一脉相传的。应加强对中国法制史的学习研究,充分汲取我国传统法律文化的精华,把它融入我国社会主义核心价值观中,一起转化为我国法官司法裁判理念的重要组成部分,在撰写裁判文书的工作实践中,综合运用法理、事理、情理、伦理和文理分析方法,析法说理,依法据理裁判,努力达到对案件当事人"胜败皆明"的法律效果与对社会风气"击浊扬清"的社会效果。在现阶段,还应创造条件鼓励法官对法律文书写作进行潜心钻研,学习借鉴古今中外的经典判词、判决书,撰写出一批有影响力的、具有历史代表性的优秀裁判文书,充分发挥司法裁判在国家治理、社会治理中的规则引领和价值导向作用,同时实现对我国传统法律文化的传承和发扬。

加强学习型党组织建设
积极推进人民法院国家治理现代化

何锡海*

党的十九届四中全会号召，要坚持和完善中国特色社会主义制度，积极推进国家治理体系和治理能力现代化建设。人民法院有必要建立学习型党组织，以提高干警的政治思想素质，更有效地提升审判执行能力。具体实施要以法官党员为重点，以党支部为战斗堡垒，由政治部、纪检监察部门和机关党委专门负责，紧紧依靠广大群众，结合审判执行工作开展，最终实现增强人民法院党组织学习力、创造力、凝聚力和战斗力，推进人民法院国家治理现代化的目标。

党的十九届四中全会指出，要坚持和完善中国特色社会主义制度，积极推进国家治理体系和治理能力现代化，推动全党增强“四个意识”、坚定“四个自信”、做到“两个维护”，自觉在思想上、政治上、行动上保持与以习近平同志为核心的党中央高度一致。要健全党的全面领导制度，完善党领导人大、政府、政协、监察机关、审判机关、检察机关、武装力量、人民团体、企事业单位、基层群众自治组织、社会组织等制度，健全各级党委（党组）工作制度，确保党在各种组织中发挥领导作用。要健全社会公平正义法治保障制度，坚持法治建设为了人民、依靠人民，加强人权法治保障，保证人民依法享有广泛的权利和自由、承担应尽的义务，引导全体人民做社会主义法治的忠实崇尚者、自觉遵守者、坚定捍卫者。坚持有法必依、执法必严、违法必究，严格规范公正文明执法，规范执法自

---

* 何锡海，广西壮族自治区高级人民法院研究室法官。

由裁量权,加大关系群众切身利益的重点领域执法力度。深化司法体制综合配套改革,完善审判制度、检察制度,全面落实司法责任制,完善律师制度,加强对司法活动的监督,确保司法公正高效权威,努力让人民群众在每一个司法案件中感受到公平正义。要加强对法律实施的监督,保证行政权、监察权、审判权、检察权得到依法正确行使,保证公民、法人和其他组织合法权益得到切实保障,坚决排除对执法司法活动的干预。拓展公益诉讼案件范围。加大对严重违法行为处罚力度,实行惩罚性赔偿制度,严格刑事责任追究。加大全民普法工作力度,增强全民法治观念,完善公共法律服务体系,夯实依法治国群众基础。各级党和国家机关以及领导干部要带头尊法学法守法用法,提高运用法治思维和法治方式深化改革、推动发展、化解矛盾、维护稳定、应对风险的能力。

根据党中央部署,笔者认为,要把建设马克思主义学习型政党组织建设作为重大而紧迫的战略任务抓紧抓好,这是党中央从当前世情、国情、党情出发,进一步加强和改进党的建设的重大举措,是巩固党的执政地位、实现党的执政使命、永葆党的生机活力的重要保证。在人民法院中建设学习型党组织,是贯彻落实建设马克思主义学习型政党战略任务的必然要求,是中国共产党人在新的时代条件下加强党的建设的伟大探索,也是当前人民法院积极推进审判工作的必然要求。

一、充分认识建设学习型党组织的意义

1.建设学习型党组织是人民法院深入贯彻落实党的十九届四中全会精神,提高党的执政能力的客观需要

建设马克思主义学习型政党,是党的十九届四中全会提出的一项重大战略任务。党的各级基层组织要更好地贯彻落实中央的精神,首先必须加强党组织自身的能力建设,而加强党组织自身的能力建设,一个非常重要的方面就是必须加强学习。学习是人民法院党组织适应新形势、增强新本领、打开新局面的必然选择,是人民法院党组织提高司法能力的必由之路,是新时期构建和谐社会的重要手段。对于每个法官党员来讲,学习同样是法官党员在工作实践中贯彻落实中央精神的重要途径,也是养德、明智、增才的重要途径。学以确立理想信念,学以巩固宗旨信仰,学以提高综合素质,学以增强识别能力,学以升华人品人格。因此,我们必须把深入开展建设学习型党组织工作,作为我们牵一发而动全身的战略构想,坚定不移地抓下去。

2. 建设学习型党组织是提高法院党员素质、增强人民法院党组织学习力、创造力、凝聚力和战斗力的有效手段

党员是党组织的细胞。党员素质的高低,直接关系到党组织的形象、关系到党的形象和党的威信。当前,人民法院党员队伍的主流是好的、是有战斗力的。但是,如果我们认真分析一下,就会发现与新形势新任务的要求相比,人民法院党员队伍还存在一些不足。提高党员队伍文化层次、改善党员队伍素质结构的任务已经迫在眉睫,而其根本途径之一就在于强化对党员的学习、教育和管理。建设学习型党组织,对于提高党员的思想觉悟和认识水平,增强党员为人民服务的能力和本领,增强党组织的学习力、创造力、凝聚力和战斗力有着十分重要的意义。

3. 建设学习型党组织是人民法院应对复杂国际形势,把握战略机遇的必然要求

当今世界形势正在发生大发展大变革大调整,我国也处在进一步发展的重要战略机遇期。深刻变化的国际国内环境,使党的建设遇到许多新情况、新问题,推动事业发展进步的任务异常艰巨。这对广大党员干部特别是各级领导干部的理论修养、领导能力和知识水平提出了新的更高的要求。各种新知识、新事物需要我们去学习、去认识,各种新情况、新任务需要我们去把握、去完成,各种新问题、新矛盾需要我们去研究、去解决。不学习、不坚持学习、不刻苦学习,势必会落伍,势必难以胜任我们所肩负的重大职责。人民法院各级党组织和广大党员干部应当按照科学理论武装、具有世界眼光、善于把握规律、富有创新精神的要求,把建设马克思主义学习型政党作为重大而紧迫的战略任务抓紧抓好。

二、人民法院准确把握建设学习型党组织的重点要求

1. 以有效提升审判执行岗位职责能力为重点,不断丰富学习内容

第一,要学习党的基本知识。要始终把加强党的基本知识的学习教育作为一项重要内容。要认真学习时事政治,对近期国内外的重大事件、党的重要决策以及社会政治生活中的一些重要的热点、难点问题都要密切关注;要认真加强对党的重要文献的学习;要认真学习新党章以及《中国共产党党员权利保障条例》和《中国共产党纪律处分条例》等党内法规制度,加强对党内法规、纪律制度的认识和领会;要认真学习中共党史,进一步加深对党的历史经验的理解和运用,居安思危,居危思进,不断提高执政能力和拒腐防变的能力。

第二,要加快学习新的审判业务知识。在方式上,要重点策划好审判业务专家论坛、人民法院大讲堂、民法典讲座、司法能力创新报告会等各类层次高、影响大的专题

讲座,通过专家授课、互动教学、案例分析等方式,把课程内容的时代性、教学方式的针对性和学用结合的实效性融合在一起,力争取得最佳成效。

第三,要学习履行岗位职责所需的业务知识。共产党员的先锋模范作用发挥得怎么样,先进性表现得好不好,经常地、大量地反映在本职工作上。不折不扣地完成本职工作,是对每个党员的基本要求,也是我们加强学习的目标之一。随着时代的发展、形势的变化,干工作所需的业务知识也有了日新月异的变化,人民法院各级党组织都要引导和组织好基层党员干部,首先把业务知识学精、学透,真正做到干一行,爱一行,学一行、钻一行,精一行,真正成为业务工作的行家里手,只有这样,才能立足本职当先锋,增强能力促发展,努力创造出无愧于时代、无愧于人民的工作业绩。

第四,要学习促进法官的全面发展的知识。要在不断提高发展能力、执政能力的同时,高度关注法官的心理健康、创新精神、实践能力、人文素质等方面的全面、和谐、充分发展,切实把推进法官与社会、人与自然的协调与可持续发展的理念融入学习中;把学习作为个体生活与成长的方式,作为社会主导的生产与发展方式,作为促进法官的全面发展的基本途径。

2. 以有效激发主动学习的动力为重点,不断完善运行机制

要加强考核激励调动积极性。要逐步建立起学习型党组织学习情况陈述制度、评议制度、考评制度,加强对人民法院各级党组织成员学习情况的考核。同时把述学、评学、考学等制度从党员领导干部向普通党员逐步推开。要加大平时学习情况考核力度,实现平时考核和年度考核的有机统一。完善平时考核制度,建立和规范平时考核激励约束机制。通过加强平时考核,从根本上防止年度考核走过场、形式化。人民法院的党组织在建设学习型党组织的过程中,既有一定的共性,也有鲜明的个性。各级法院党组对学习型党组织建设工作分别提出不同的学习目标。在解决问题上进行分类指导,对党组织在建设学习型党组织的工作中存在的突出问题,采取有针对性的指导措施。

3. 以有效提高学习行为的层次为重点,不断激励自我超越

自我超越,就是指一个人或是一个组织为了实现既定的目标不断地向本人或本组织的能力极限进行挑战,无论遇到什么情况都不改变目标、不动摇信念。这是建设学习型党组织所必需的一种积极心态和坚定理念,也是我们不断攀登事业高峰所必需的精神气度和开阔胸襟。要以愿景引导超越。各级法院党组都要围绕各自的工作特点,提出一个让全体党员和党组织自身为之振奋的未来蓝图,并以此作为党组织和党员引导自身发展的共同愿景。要以责任促进超越。强烈的社会责任心和事业责任

感是我们各级法院党组织和广大党员开展学习、不断创造、实现超越的前提和基础。要以氛围鼓舞超越，通过各种媒体对在实践中涌现出来的学习型党组织建设工作先进典型和学习型党员先进个人典型进行大张旗鼓的宣传，不断激发和调动各级法院党组织和广大党员学习先进、自加压力、自我超越的热情和积极性。

三、人民法院如何建设学习型党组织

（一）要落实领导责任

要迅速成立相应工作机构，明确职责；建立健全一级抓一级、层层抓落实的责任体系。各级法院党组织负责人要切实履行建设学习型党组织第一责任人的职责，对所在单位的学习型党组织建设工作全面负责、全程负责，特别是要对学习的实际效果负责。要结合实际制定适合于辖区各级法院的建设学习型党组织具体考评办法，加强学习型党组织建设工作的制度约束和体制引导，创造规范化的建设环境。与此同时，人民法院各级党员领导干部还要以普通党员的身份，做到先学一步，学深一点，多学一些，努力以学以致用的良好学风、只争朝夕的惜时意识、兼容并蓄的开放气度、坚忍不拔的学习意志，为基层党员做出表率。

（二）要周密规划部署

人民法院学习型党组织创建工作，是一项目标任务明确、工作重点突出、价值取向鲜明的工作，是一种全新的组织行为。要取得实实在在的成效，就必须积极地进行规划和部署。不能用个人的学习代替组织的学习、不能用无序的行为代替集体的规范。各级法院党组织应当结合自身的实际情况，尽快对本级法院党组织的建设工作提出科学合理的规划，制定出本辖区法院建设学习型党组织规划和年度创建计划，形成共同愿景，并指导各学习小组制订学习计划和愿景目标，这是保障学习型党组织创建工作取得实效的关键所在。

（三）要加强组织协调

要切实解决问题。由于地域、基础等客观条件的限制，各级法院党组织的建设工作可能面临着不同的困难和问题。在这种情况下，各级法院领导机关和领导干部，都要积极关注基层法院党组织的实际困难，通过加大经费支持、加大人才支持、加大政策支持等措施，切实为基层解决问题，确保各基层法院党组织都有学习场所、有丰富的党建书籍与业务类书籍、有现代化的学习设备，能满足电化教育的要求，以此保护和进一步激发基层法院党组织建设学习型党组织的积极性和创造性。

结合人民法院的机关党建工作实际，笔者建议抓好以下工作：

1. 抓教育、不忘宗旨、把提高干警的政治思想素质放在首位

政治工作是一切工作的生命线。在市场经济逐步建立的今天,人们的思想观念、生活方式、价值取向发生了深刻变化,社会上的拜金主义、利己主义、享乐主义思想也有所抬头,不断冲击和侵蚀法官队伍。因此,当前做好干警的思想政治工作就显得尤为重要。党组、支部一班人充分认识到:思想政治工作是搞好审判工作的前提和保障,不能有丝毫削弱,应当加强。只有搞好思想政治工作,才能担负起"保护人民、打击犯罪、服务经济建设和促进社会稳定"的使命。没有过硬的思想政治工作,就不可能很好地完成审判任务,肩负起神圣的使命;没有强有力的思想政治工作,在不正之风冲击和侵蚀下一些干警就可能丧失职业道德,腐化堕落,甚至走上犯罪道路。为此,党建工作紧紧抓住思想政治工作这根"生命线"不放。近几年,广西各级人民法院始终把思想政治工作列入重要议事日程,突出思想政治工作的重要地位。广西法院在年初安排全年工作的一号文件中,对思想政治工作专门作出规定,并制定与之配套的文件,使这项工作全年有安排、阶段有部署,做到常抓不懈。另外,院党组书记亲自挂帅抓此项工作,其他院领导在着重抓好分管工作的同时,互相配合、协同抓好全院干警的思想政治工作。

2. 政治部、纪检部门、机关党委设人专门抓

注重克服以往思想政治工作中的那种空洞的政治说教,积极探索新时期思想政治工作的新路子、建立健全了层层抓、层层管的思想政治工作体系。

3. 抓学习、提素质、紧密结合审判执行工作特点搞好支部工作

法院党组、支部根据党的中心工作,及时组织干警学习中央有关文件和习近平关于党的建设和人民法院审判工作的重要论述,经常开展"不忘初心,牢记使命"和"人民法官为人民"主题实践活动,把学习教育活动寓于丰富多彩的活动之中,既丰富了干警的精神生活又提高了大家的思想情操,更达到了相互沟通、加深了解、促进工作的目的。结合年轻人的特点,开展谈心活动把政治学习教育与做好一人一事的思想工作结合起来,党组成员、支委们不但根据干警的思想实际,与一般干警、入党积极分子和党员个别交心谈心,而且提倡干警上下之间、相互之间经常开展谈心活动,不断沟通思想、融洽相互间关系。干警的凝聚力和向心力不断增强。为此,向党组织递交申请的人不断增多,党员队伍不断壮大。特别是结合审判工作开展支部工作的做法效果良好。党支部要坚持对干警进行职业道德、职业纪律、职业责任教育,制定了教育的具体内容。职业道德要求做到六个一样,即接待要热心不冷漠,地位高低一个样;听诉要专心、不烦躁,对生人熟人一个样;教育疏导要耐心、不厌烦,来谈次数多少

一个样;调查要细心、不草率,案件影响大小一个样;调解要诚心、不敷衍,当事人态度好坏一个样;处理要公正、不徇私情、对远近新疏一个样。职业纪律要坚持贯彻《人民法院干警十不准》和人民法院“五个严禁”。职业责任着重强调办案要及时、调查要全面、案情要真实、方法要灵活、处理要正确。

4. 抓廉政、拒腐防变、提高人民法院的崇高声誉

人民法院党建工作要结合工作实际,针对热点问题有的放矢地开展思想政治工作。首先,抓拒腐防变、教育干警过好“金钱关”。当前社会上拜金主义抬头,加之“靠山吃山,靠水吃水”不良倾向的侵蚀,曾使个别干警思想产生波动。为此,党建工作始终把干警的廉洁执法教育作为政治思想工作的一项重要内容来抓,教育干警在市场经济发展、社会上金钱意识很浓的情况下,保持清醒头脑,在执法中忠于职守、秉公执法,拒腐不沾、绝不拿法律当商品作交易。利用全区、全国政法系统正反两方面的典型教育干警时刻绷紧廉洁执法这根弦。其次,抓为人民服务宗旨教育和革命传统教育,过好“权力关”。把全心全意为人民服务的宗旨教育和艰苦奋斗、无私奉献的革命传统教育作为基础教育来抓、教育干警为人民掌好权、用好权、杜绝权钱交易。引导干警摆正两个关系:一是摆正审判工作与为人民服务的关系。审判权是人民赋予的,是人民对法官的信任。人民法官只有忠于职守,为人民用好审判权,全心全意为人民服务的责任,没有以权谋私,凌驾于人民群众之上的特权。二是摆正个人利益与人民群众利益的关系。教育干警必须以人民群众的利益为重、秉公执法,通过审判活动维护人民群众的权益、维护法律的尊严,同违法犯罪作斗争、为人民掌好权、用好权。最后,抓党纪、政纪、法纪教育,过好“人情关”。教育干警讲法律不讲面子、讲原则不讲人情,要求干警处理案件公正第一、绝不准拿法律与人情作交易、顶住说情风、真正做到秉公执法、不徇私情。

5. 充分发挥党支部的战斗堡垒作用和党员的先锋模范作用

人民法院党建工作要十分注意加强党的组织建设和思想作风建设。坚持党内民主、建立和健全党员目标管理、支部工作目标、党内外监督机制,开好民主生活会,开展民主评议等活动。使所有党员都能长年保持旺盛的革命干劲和艰苦奋斗的工作作风,处处起先锋模范作用。支委们要全身心投入工作中,一边抓本职工作,一边抓支部工作,做到两不误。榜样的力量是无穷的,领导首先要以身作则,起到先锋带头作用。实践证明,人民法院党建工作只要大公无私、工作对路、方法得当,必定会使全院干警思想稳定、情绪高昂,必定会在全体党员、全体干警中形成你追我赶、讲廉洁、比奉献,上下风气正、干劲足、蒸蒸日上的良好局面。

四、建设学习型党组织要与审判执行工作相结合

人民法院作为中国特色社会主义事业的建设者和捍卫者，是社会公平正义的最后一道防线，在化解社会矛盾、维护社会稳定、增强社会和谐中发挥着至关重要的作用。如何使人民法院在执法的过程中保持正确的政治方向和坚定的政治立场，深入推进社会矛盾化解、社会管理创新及公正廉洁执法，进一步加强人民法院党的建设是建设学习型党组织的关键。要坚持以党建带队建，以党建促审判，确保发挥院党组的领导核心、战斗堡垒作用和党员干部的先锋模范作用，确保推进以下三项重点工作不断深入。

1. 加强人民法院党建工作，深入推进社会矛盾化解

一要始终把党员干警讲政治放在首位，树立大局意识。在制订工作计划、安排具体工作任务时始终坚持两个标准，即把审判、执行工作是否有利于增进社会和谐作为做好党建工作的重要标准；把是否积极妥善化解社会矛盾纠纷作为衡量党员干警先进性的重要标准。坚持和谐司法，落实宽严相济刑事政策，建立惩治和预防犯罪的长效机制。大力强化涉诉信访的预防性措施，从源头上减少和避免信访问题的产生。二要始终把党员教育培训作为提高党员综合素质的重要途径，提高党员干警化解社会矛盾纠纷的综合能力。制定严密教育培训规划，有组织、有计划地开展党员干警教育工作，特别是抓好党员干警的理想信念教育、工作责任心教育和职业道德教育；要为教育培训提供充分的物质保障。同时，鼓励和组织党员干警参加学历教育、业务培训，努力培养政治业务素质高、实战能力强的党员干警队伍。在强化人民法院党建工作方面多措并举，不断推进社会矛盾化解，为经济社会又好又快发展营造良好的社会环境。

2. 加强人民法院党建工作，积极参与社会管理创新

充分发挥院党组的领导核心作用，带领全院积极参与社会治安综合治理工作。院党组要始终把握党建工作的正确方向，严格按照党组决策、部门执行的工作规程来运作，引导确保全院各项工作服务当地经济社会发展大局。一要不断强化刑事审判职能，对于故意重伤、强奸、开设赌场、两抢一盗等严重危害社会治安的违法犯罪活动，始终保持高压态势，依法进行严厉打击，在法定量刑幅度内坚决予以从严从快惩处。二要大力推进平安创建工作，结合审判、执行工作中发现可能影响社会稳定的苗头性、倾向性问题，属于法院职权范围内的，及时依法妥善处理；超越法院职权范围的，则积极运用司法建议等方式，及时向有关部门提出加强和改进社会管理的意见建

议。努力使全院干警在院党组的正确领导下为积极推动社会管理创新做出应有的贡献。

3. 加强人民法院党建工作，切实促进公正廉洁司法

一要健全党员监督机制，强化党员干警的廉政意识。实施“跟案查明”制度，对上级批转和社会各界、当事人反映的案件和事件，逐案查清，存在问题的及时纠正，干警有问题及时惩戒。实施“诫免谈话”制度。对新入法院工作人员、职务晋升人员及被信访较多人员，要分别由相关负责人或纪检组长对其进行廉政诫免谈话，警钟长鸣。推行“调离清除”制度，对存有问题苗头的干警或当事人信访举报投诉多的干警，要建议组织部门予以调离，对屡教不改或问题严重的干警要坚决清除出法院队伍，确保法官队伍的纯洁性。同时，还要定期向人大代表、政协委员发函征求意见，召开律师、当事人、执法监督员座谈会，自觉接受社会各界监督，保持广大党员干警的廉洁性。二要充分发挥党员的先锋模范作用。立足于法院工作实际的基础上，制定激励干警公正廉洁执法的工作目标，鼓舞干警保持公平公正、廉洁自律的精神风貌，号召党员干警积极投身到争优创先活动中。在审判一线设立“党员示范岗”，激励广大党员立足本职，身体力行，以实际行动创一流工作业绩。以党员干警的先锋模范作用，激励广大青年干警积极要求进步，从而在社会上树立起了人民法官的良好形象。通过一系列的监督、激励党员干警公正廉洁执法的措施，更好地推动广大干警公正廉洁执法，为维护社会稳定促进社会和谐提供可靠的队伍保证。

人民法院审判执行工作与人民法官核心价值观是紧密联系在一起的。建设人民法院学习型党组织也要与当前开展的人民法官核心价值观的学习活动结合起来。

“公正、廉洁、为民”的核心价值观是在法官群体整个基本价值体系中居于统治地位、体现价值观本质规定的、代表人民法官共同的理想信念和追求的价值观念。它好比是人民法官行动的指南针，不可或缺。作为社会主义核心价值体系和社会主义法治理念的重要组成部分，它是人民法官履行神圣职责的共同思想基础，是推进人民司法事业不断前进的强大动力。建设人民法院学习型党组织，归根到底是要解决为什么人执法，执法是否公正，法官是否徇私的问题。核心价值观活动，解决的是人民法官的队伍素质问题。法官的队伍整体素质提高了，推进审判执行工作自然会如顺水行舟，水到渠成，最终实现增强人民法院党组织学习力、创造力、凝聚力和战斗力，推进人民法院国家治理现代化的重大目标。

案例分析

柳州市瑞中运钢材储运有限公司诉柳州市兆安地产置业有限公司等合资合作开发房地产合同纠纷案

——基于债权请求权的迟延履行违约金与本金具有相同的诉讼时效起算点

赵元松*

【关键词】违约金　诉讼时效

【裁判要旨】对迟延履行违约金诉讼时效的适用，应区分物权基础的违约金和债权基础的违约金。因到期债权未偿付而产生的违约金，与本金具有相同的诉讼时效起算点。

【相关法条】〔1〕

《民法总则》第188条、第192条。

【案件索引】

一审判决书：广西壮族自治区柳州市中级人民法院(2018)桂02民初69号民事判决

二审判决书：广西壮族自治区高级人民法院(2019)桂民终655号民

---

* 赵元松，广西壮族自治区高级人民法院研究室副主任，四级高级法官。

〔1〕 本文援引法条为判决作出时生效法条，现《民法总则》《合同法》《物权法》等均已废止。

事判决

【内容摘要】

原告柳州市瑞中运钢材储运有限公司(以下简称瑞中运公司)与四被告柳州市兆安地产置业有限公司(以下简称兆安公司)等签订协议,约定四被告支付1亿元,违约金按每日1‰计算。四被告支付了8040万元后不再支付,原告也无证据证明主张过权利。起诉后,诉争焦点是未支付部分1960万元所产生的违约金是否过诉讼时效。原告认为违约金每日都在不断产生,权利人可以随时主张。法院审理后认为,本案中违约金的基础性权利是债权,债权的违约金与原权利具有相同的诉讼时效计算起点。本文即从违约金的从属性特性出发,认定累加计算的迟延履行违约金是继续性债权,可以按多个单独权利分别计算诉讼时效。但计算诉讼时效时应区分产生违约金的原权利是物权性权利还是债权性权利,只有原权利是物权性权利的,其产生的违约金才可以从起诉之日起向前倒推2年或3年起算诉讼时效,债权性原权产生的违约金应与原权利具有相同的诉讼时效起算时点。

【基本案情】

2013年10月20日,原告瑞中运公司(作为合同乙方、合同中简称为A公司)与被告兆安公司、柳州市兴柳房地产开发有限责任公司(以下简称兴柳公司)、柳州市双福房地产开发有限公司(以下简称双福公司)签订《合同》,对合资合作开发房地产进行约定。之后被告兆安公司、兴柳公司、双福公司(作为合同甲方)与原告瑞中运公司(作为合同乙方)签订《补充协议》,对双方无法共同开放房地产的善后事宜进行约定,主要约定:甲方承诺在项目公司成立后分三次支付乙方股权回购资金,违约方按每日1‰的比例支付违约金给对方。后四被告陆续归还了8060万元,最后付款日期为2014年8月29日。

瑞中运公司于2018年1月10日向法院起诉,要求四被告给付所欠本金1940万元,并按每日1‰计算违约金。四被告答辩称,原告的诉求已经超过诉讼时效,应当驳回其全部诉讼请求。

【审理结果】

柳州市中级人民法院判决:驳回原告瑞中运公司的全部诉讼请求。

广西壮族自治区高级人民法院判决:驳回上诉,维持原判。

一审法院经审理认为,根据《补充协议》的约定,涉案股权回购款的最后一期履行期限届满之日为2014年2月12日,原告瑞中运公司的债权请求权诉讼时效期间从2014年2月12日起计算,之后又由于被告柳州市兆福地产置业有限公司(以下简称兆福公司)分次支付股权回购款的行为导致诉讼时效的中断,则原告瑞中运公司剩余股权回购款及违约金的债权请求权应当从兆福公司最后一次支付行为之日(2014年8月29日)起计算,现原告瑞中运公司于2018年1月10日向人民法院提起诉讼,已经超过了诉讼时效。被告辩称原告起诉超过诉讼时效符合法律规定,应予以采纳。对原告提出要求被告支付剩余股权回购款及违约金的诉讼请求,不予支持。

二审法院经审理认为,本案中,根据双方当事人之间的《补充协议》约定及兆福公司的还款行为,现瑞中运公司于2018年1月10日向人民法院提起诉讼,已经超过了法律规定的诉讼时效。瑞中运公司主张被上诉人逾期给付股权转让价款后的每一天都产生了一个新的违约金,该违约金的诉讼请求权一直延续至今,本案中双方并未约定违约金的支付期限,上诉人任何时候都可以主张要求被上诉人履行其合同义务,只有当债务人明确表示不履行时,诉讼时效才可依法起算。二审法院认为,违约金是基于债务的不履行而产生的法律后果,对主债务具有依附性。在债权本金的诉讼时效已经届满,债权本金已经丧失胜诉权的情况下,依附于债权本金的违约金亦应丧失胜诉权,故违约金的诉讼时效应与债权本金的诉讼时效一并届满。瑞中运公司主张对于约定为按日计付的违约金等继续性债权,应以按日形成的每个个别债权分别单独适用诉讼时效。二审法院对此不能认同,对于按日给付的违约金等继续性债权单独适用诉讼时效的前提是主债权的诉讼时效尚未届满,本案不具有违约金单独适用诉讼时效的前提。故瑞中运公司关于即使债权本金已经届满,亦应当保护其违约金的上诉主张缺乏依据,不予支持。

【裁判评析】

本案中,争议的焦点问题是违约金的诉讼时效起算问题。当前就违约金诉讼时效的适用存在较多争议和困惑。本案中原告瑞中运公司主张案涉的违约金的计算方式为按日累加计算,应属于继续性债权,主张应与商品房买卖合同中逾期交房、逾期办证时开发商所承担的违约金适用同样的诉讼时效规则。单纯从外观来看,两者确实具有表面上的相似性,都是采用累加计算的方式,稍有不察,极易将物权基础的违约金和债权基础的违约金的诉讼时效适用规则混淆,引起法律适用上的混乱,导致法院判决的不统一,严重损害法律的统一性和权威性。本文拟从迟延履行违约金的性质入手,根据诉讼时效起算的一般原理以及相关的现行法规则,对这一问题予以讨论。

一、累加计算迟延履行违约金的内涵、类型及性质

(一)关于违约金的特性

所谓违约金,是指由当事人通过协商预先约定的、在违约情形发生后独立于履行行为以外的给付。关于违约金的特性,一般认为,违约金既有从属性也有独立性。(1)从属性。违约金与主债的关系,类似于抵押、保证等传统担保方式与主债的关系,即都是以主债有效存在为前提,不能独立存在,从而发挥担保主债履行的功能,违约金与它们并无二致。在这样一个大的逻辑前提下,违约金是不可能被独立约定的,违约金与主合同之间显然具有从属关系。[1] 这意味着,对应着此违约金之债,必然还有一个主债(基本债)。如果主债务不成立、未生效或无效,"违约方"便可以就对方主张的违约金进行免责抗辩,从而消灭违约金给付请求权。[2] (2)独立性。违约金虽以主合同的有效为前提,但违约金具有意思表示的独立性,且具有经济、法律意义的独立性。主合同与违约金均是依当事人的合意而成立,但两者合意的内容是不同的。主合同订立之目的在于通过分配双方当事人权利义务以实现某一目的,而违约金订立之目的在于通过事先确定违约成本以确保主合同如期履行以及对违约损害赔偿额进行预定。债务人尚未迟延履行时,违约金处于"备而不用"的状态,当所附条件成就时,才发生效力,使当事人之间又形成了区别于基础合同的债权债务关系。因此,从债的构成而言,违约金之债本身就是一个独立的债。已发生的违约金即为一个已确定的债,代表着一定数额的经济利益;[3] 违约方已将主债履行完毕但尚未支付违约金的,非违约方可就违约金单独提起诉讼;主债可能适用特别诉讼时效,而违约金债权适用一般诉讼时效。

(二)累加计算迟延履行违约金

违约金按照不同的划分标准有着不同的类型,如以违约金的性质作为标准来划分,可以将其分为惩罚性违约金和补偿性违约金;按照违约金的实际生产方式来划分,则包括法定和约定两种。

根据本文的研究方向,着重分析违约原因和违约金数额两种情况的分类。

1. 迟延履行违约金。归纳合同履行中的违约事由,大致可以分为迟延履行和不

---

〔1〕 参见韩世远:《合同法总论》(第3版),法律出版社2011年版,第656页。

〔2〕 参见最高人民法院《关于审理买卖合同纠纷案件适用法律问题的解释》第21条第1款。

〔3〕 参见史尚宽:《债法总论》,中国政法大学出版社2000年版,第519页。

当履行两大类。迟延履行针对时间,不当履行包括标的、数量、质量、价款、报酬、履行地点、履行方式、履行费用等不符合约定。迟延履行分广义和狭义两种情况。广义的迟延履行,包括迟延给付(亦称债务人的迟延)和迟延受领(亦称债权人迟延),凡是在履行期限到来时,任何一方不做出履行和不接受履行,均构成迟延履行。狭义的迟延履行,则专指债务人的迟延。《合同法》在总则中所规定的迟延履行,主要是指债务人的履行迟延。根据合同法原理,只要当事人违反了履行期限的规定,不必要经过催告,就构成迟延。因迟延履行导致的违约金为迟延履行违约金,迟延履行的行为无论是否给债权人造成实际损失,都应当支付迟延履行金。

2. 累加计算违约金。合同交易中,当事人关于违约金的约定主要有两种方式:一是约定了履行期限和具体数额的违约金,为固定额迟延履行违约金。二是约定了履行期限和违约金计算标准,按时间(一般为按日或按月)累计计算,分累加计算迟延履行违约金。累加计算的违约金具有利息之债的一些特点,计算方式通常与利息的计算极为相似,均为:本金(总房款)×利率(固定百分比)×期间,换言之,总金额的产生方式基本上是相同的。累加计算迟延履行违约金具有明显特性:一是违约金支付存在无限延续的可能性。[1] 二是违约金数额的持续变动性,累加计算的违约金数额与日俱增,一直到发生特定事由才停止计算。三是产生原因的同一性。虽然累加计算违约金数额每天都在增长变动,但每一天增加的违约金的产生原因是相同的,即都指向债务人特定的某一次违约这个事实。四是履行期间的未定性。实践中,此类违约金的计算标准一般有约定,但对于此类违约金应当于何时支付,则通常无约定。由于履行期间没有约定,因而此类违约金的诉讼时效究竟是从其产生之日起算,还是从请求权人对其进行主张之日起算,争议颇多。

(三)违约金产生的基础原权

救济权伴随原权而生,以保障原权为己任。萨维尼在《现代罗马法体系》一书中写道:"私法上契约,以各种不同制度或形态出现,甚为繁杂。首先是基于债之关系而成立之债权契约,其次是物权契约,并有广泛适用。交付(Tradition)具有一切契约之特征,是一个真正的契约,一方面包括占有之现实交付,另一方面包括移转所有权之意思表示。此项物权契约常被忽视,例如在买卖契约,一般人只想到债权契约,但却忘记 Tradition 之中亦含有一项与买卖契约完全分离,以移转所有权为目的之物权契

〔1〕 参见王泽鉴:《债法原理》,北京大学出版社 2009 年版,第 104 页。

约。”[1]之所以物权契约区别于债权契约而存在，乃是因为“移转所有权之意思表示”不同于“债权契约”，“物权契约”之目的在于“移转所有权”。因此，所谓债权行为，是指以债权合意为要素的法律行为；所谓物权行为，则是以物权合意为要素，并以交付/登记为形式要件的法律行为。对此，我国台湾地区学者苏永钦有精辟的分析，“当民法……决定把相对的、请求性质的债权，与绝对的、支配性质的物权区隔时，生活中的一笔交易可能在法律关系上要拆解为数个行为，就已无可避免了。在这一体系下的买卖，即只就财产权与金钱互负移转的义务有合意，而非对支配权移转本身有合意，则买卖只能创造买受人的物权移转债权，和出卖人的金钱移转债权，而不能创造物权移转的效力，可以说是逻辑的结果。”[2]因此，物权行为和债权行为的分类是对法律行为依其法律效果进行分类的必然逻辑结果。[3]

二、累加计算迟延履行违约金的法律性质

（一）累加计算迟延履行违约金的持续性：是继续性债权还是一时性债权

1914年，德国学者基尔克（Gierke）首次提出了继续性债务关系的概念。[4] 这一债务关系二分法得到了后世学者的广泛响应，也在各国立法中得到体现。《德国民法典》第313条、第314条明确采用“继续性债之关系”这一表述，在债法分则中，针对借贷合同、租赁合同、承揽合同等制定出具体的法律规则。[5]《日本民法典》对有关继续性合同的制度和规则作出了与一时性合同的区别规定。我国《合同法》《民法典》未对继续性合同进行单独规范，但对一些传统的继续性合同如供用电、水、气、热力合同，借款合同，租赁合同，融资租赁合同，承揽合同，运输合同，仓储合同，委托合同等，则通过有名合同予以了规范。

---

〔1〕 转引自王泽鉴：《民法学说与判例研究》（第1册），中国政法大学出版社1997年版，第283页。

〔2〕 苏永钦：《物权行为独立性与相关问题》，载《民法物权争议问题研究》，台北，五南图书出版股份有限公司1999年版，第27页。

〔3〕 参见谢怀栻、程啸：《物权行为理论辨析》，载《法学研究》2002年第4期。

〔4〕 Vgl. Von Cierke, Dauernde Schulderhdltnisse, in Jherings Jahrb. Bd. 64 s. 357ff. 转引自盛钰：《继续性债之关系》，台湾大学法律学研究所1988年硕士学位论文。

〔5〕 参见李小华：《论继续性合同的立法缺陷及完善》，湖南师范大学2013年硕士学位论文。

对于继续性债务关系的概念有着不同的观点，[1]通说认为是指在存续期间从不中断地产生给付义务和保护义务。[2] 其特征主要是[3]：履行通常都有时间上的持续性、债务总额在债的关系成立时不确定。从继续性债务的定义和特征来看，累加计算迟延履行违约金属于继续性债权，目前我国理论界和司法实务界的主流观点均认为其是继续性债权。最高人民法院权威观点认为，如果当事人在合同中明确约定逾期办证违约金数额的，为一时性债权；如果当事人在合同中约定以日或月为单位累计计算违约金数额的，属于继续性债权。[4] 北京市高级人民法院民一庭《关于〈民法总则〉施行后适用诉讼时效制度的参考意见》对"继续性债权诉讼时效的溯及力问题"的规定也认为对于约定为按日计付的违约金属于继续性债权。

一时性债权与继续性债权不同，它们在适用诉讼时效方面存在很大区别。一时性债权的内容在合同订立时就已确定，时间因素对内容和范围不再起任何作用，适用诉讼时效也相对简单，起算点为一时性债权的清偿期限届满之次日。随着时间的延续，继续性债权的给付不断展开，诉讼时效是从债权最初受到侵害之日还是从债权最后受到侵害之日开始计算，还是每个期次分别计算，都存在争议。[5]

（二）累加计算迟延履行违约金可分性：是"多个个别债权"还是"整体性债权"

累加计算迟延履行违约金应理解为多个债务还是一个独立的债务存在争议。[6]（1）"多个债权说"。该观点认为，"违约金的总额"与"个别数额"相对独立，可把 1 天

---

〔1〕 有观点认为应从构成其债权债务内容之给付，是否须在某一时间点、或于某一期限内履行，加以判断；或认为应从时间的延续性角度认识继续性合同，所有的继续性债之关系依其性质可以无限地延续；或认为继续地尽力依照契约所约定的义务不断地给付，而不使债的整体因履行而终结，才是继续性债之关系的本质；或认为继续性债之关系是指，"在存续期间从中不断产生给付义务和保护义务，因此时间因素在其中有重大意义的债务关系"。王泽鉴教授也认为："继续性契约之内容，非一次的给付可完结，而是继续的实现，其基本特色系时间因素在债的履行上居于重要的地位，总给付之内容系于应为给付时间的长度。"参见盛钰：《继续性债之关系》，台湾大学法律学研究所 1988 年硕士学位论文；李京法：《继续性合同基础理论研究》，清华大学 2003 年硕士学位论文；毕经纬：《继续性债务关系研究》，清华大学 2005 年硕士学位论文；王泽鉴：《债法原理》，北京大学出版社 2009 年版，第 103 页。

〔2〕 参见杜景林、卢谌：《德国新债法研究》，中国政法大学出版社 2004 年版，第 119 页。

〔3〕 参见王利明：《债权总则》（王利明法学教科书），中国人民大学出版社 2016 年版，第 62 页。

〔4〕 参见杜万华主编：《〈第八次全国法院民事商事审判工作会议（民事部分）纪要〉理解与适用》，人民法院出版社 2017 年版，第 330 页。

〔5〕 参见李玉文：《论继续性合同中的抗辩权》，载《法商研究》2004 年第 3 期。

〔6〕 参见韩世远：《商品房买卖中的迟延损害、违约金与时效》，载《法律适用》2010 年第 11 期。

或者1个月的违约金作为一个“个别债权”,即违约一日就有一定数额的违约金,违约二日便有二日的违约金……违约金的总额等于一日的违约金乘以违约金的天数。正因每个“个别债权”具有某种程度的经济上和法律上的独立性,所以,在诉讼时效的适用上就可以就每个“个别债权”分别适用诉讼时效。[1] (2)“整体的合同权利说”或“单个债权说”。该观点则认为,当事人在合同中约定了对违约金“累加计算”,其本意是强调违约金是一个“整体的合同权利”,即按日累计计算的违约金应当是一个债权。由于合同中通常未对违约金的起算进行约定,故当事人可随时请求违约方承担违约责任,故在债权人未向债务人主张违约金之前,诉讼时效不起算。[2] 司法实践中,一些权威案例也持该观点。[3]

当前第一种观点是主流观点,最高人民法院权威观点认为,如果当事人在合同中约定以日或月为单位累计计算违约金数额的,属于继续性债权,以每个个别的债权分

---

〔1〕 参见崔建远:《继续性债权与诉讼时效》,载《人民法院报》2003年6月27日,第3版;陈嘉贤:《按日累计的违约金请求权诉讼时效何时起算》,载《人民司法》2011年第22期;韩延斌:《商品房买卖纠纷中逾期办证责任的认定》,载《人民司法》2006年第5期。

〔2〕 参见韩世远:《违约金的理论争议与实践问题》,载《北京仲裁》2009年第1期。

〔3〕 在泛华工程有限公司西南公司与中国人寿保险(集团)公司商品房预售合同纠纷案中,一审法院重庆市高级人民法院认为:“关于人寿(集团)公司主张的违约金请求是否超过了诉讼时效的问题。首先,本案违约金系基于泛华公司未按约履行交房义务的违约行为而产生的。按照双方当事人在《商品房预售(预购)合同》中的约定,泛华公司如违反约定的期限延迟移交房屋,应向人寿(集团)公司缴纳违约金,违约金每日按房价款的0.2‰累加计算。从该约定内容分析,延迟交房的违约金是根据违约行为持续发生的状况而‘累加计算’的,即相对于购房方来讲,主张自合同约定的逾期交房之日至实际交房之日的违约金,是双方当事人在合同中所确定的一个整体的合同权利,而不是按照违约的天数具体分割为若干分别计算诉讼时效的独立的权利,购房方可以在该项整体权利没能实现时提出主张。如果将本案违约金请求权分割为若干独立的请求权,并以分别起算的诉讼时效予以限制,这必将改变本案双方当事人在合同中约定的‘累加计算’的本意,违背当事人意思自治的基本原则。其次,本案中双方当事人在合同中仅约定了违约金的计算方法,并没有约定违约金的支付期限。对于没有支付期限的债务,债权人任何时候都可以主张,只有当债务人明确表示不履行时,才能认定债权人‘知道或者应当知道权利受到侵害’,诉讼时效才可依法起算。最后,就本案的实际情况而言,要求购房方在房屋交付之前单独就违约金债权提起诉讼或申请仲裁,均不符合社会公众在日常生活中所遵循的公序良俗。总之,泛华公司关于违约金债权应当按照违约时间分别计算诉讼时效的抗辩理由,因无现行法律、司法解释明文规定的支持,不予采纳。”最高人民法院作为二审法院维持了一审关于诉讼时效的认定。参见最高人民法院民事判决书,(2005)民一终字第85号。

别适用诉讼时效。[1] 有关司法解释对因专利权、著作权、商标权侵权而产生的侵权赔偿继续性债权,行使诉权自知道或者应当知道侵权行为之日起超过 2 年的,均采用了将每日的侵权赔偿债权分别计算诉讼时效的方式,即保护自起诉日倒推 2 年的债权。[2] 在司法实践中,不少法院对继续性违约金债权,自债权产生之日起超过 2 年起诉的,也参照采用了保护自起诉倒推 2 年的做法。[3] 司法实践中,采用该观点的主要是基于利益衡平的考量:如按照"单个债权",违约金的诉讼时效要么从违约之日起计算,要么从违约结束之日起计算;如果从违约开始之日起计算,必然要求权利人在违约行为可能尚未结束时就要向法院起诉,这不利于权利人的保护;如果从违约结束之日起计算,在商品房买卖中开发商逾期交房或办证时间通常较久的情况下,可能一个或数个楼盘的逾期违约金就超出了开发商的实际承受能力,这会对违约方造成沉重负担,也会影响地方经济发展和社会稳定。"单个债权说"无论是采取何种诉讼时效起算时间点,均会对某一方当事人产生不公平的结果,这与诉讼时效制度存在的目的相悖。相比较而言,"多个个别债权"集合体的观点更为公平,平衡了当事人双方的利益,符合诉讼时效制度的立法目的。将每日产生的违约金看作一个单独的债权,分别计算诉讼时效,在没有时效中断、中止事由的情况下,以债权人起诉之日倒推 2 年为计付违约金的起算时间,这一做法既可以促使债权人尽快行使权利,又可以实现守约方与违约方的时效利益平衡。[4]

三、累加计算迟延履行违约金诉讼时效起算的规则

(一)诉讼时效起算的一般理论

诉讼时效从何时起算,各国各地区立法并不相同,主要有以下四种有代表性的立场:一是债权成立说。债权一经成立,债权人即可请求履行清偿,时效也应自此起算。《德国民法典》2002 年修改之前是采用的这种观点。二是请求权得行使说。认为债权人可以向债务人主张权利时,就是请求权可得行使之时,诉讼时效就可以开始计

〔1〕 参见杜万华主编:《〈第八次全国法院民事商事审判工作会议(民事部分)纪要〉理解与适用》,人民法院出版社 2017 年版,第 330 页。

〔2〕 参见最高人民法院《关于审理著作权民事纠纷案件适用法律若干问题的解释》(法释〔2002〕31 号)第 27 条、最高人民法院《关于审理商标民事纠纷案件适用法律若干问题的解释》(法释〔2002〕32 号)第 18 条。

〔3〕 参见《北京市高级人民法院民一庭关于〈民法总则〉施行后适用诉讼时效制度的参考意见》。

〔4〕 参见侯国跃主编:《最高人民法院商品房买卖合同司法解释精释精解》,中国法制出版社 2016 年版,第 295 页。

算。日本、瑞士采用了这种立法例。[1] 三是诉因产生说。认为对权利客观侵害发生之时,诉因得以产生,诉讼时效应自此开始起算。在美国,买卖之债的时效就是从诉因产生时开始计算的。[2] 四是知或应知权利受损说。即主张诉讼时效期间自权利人知道或者应当知道权利被侵害之日起算。典型立法为俄罗斯和我国。《俄罗斯民法典》第200条规定:"诉讼时效期间自当事人获悉或者应当获悉自己的权利被侵犯时起算。本规则的例外情况由本法典和其他法律规定。"我国《民法典》第188条第2款规定:诉讼时效期间自权利人知道或者应当知道权利被侵害之日起算。这种观点强调主客观一致性,强调安全和伦理,基于权利受侵害这个事实的客观发生来敦促权利人及时维权,有利于实现时效制度保障交易安定性之目的。[3]

(二)违约金之诉诉讼时效的一般规则

结合前文对违约金特性和诉讼时效一般理论的分析,违约金诉讼时效具有以下一般的规则:一是无论是基于债权产生的违约金还是基于物权及物上请求权产生的违约金,在性质上均应为债权请求权,应该适用诉讼时效。二是违约金的诉讼时效受制于主债权的诉讼时效,只有在主债权诉讼时效未届满的前提下,才能适用违约金的诉讼时效。三是对违约金的支付日期有约定的,诉讼时效从约定之次日起算。四是没有约定的,从违约之日或宽限期届满之日起算。

(三)累加计算迟延履行违约金诉讼时效的特殊规则

与一般的债权相比,按日累计违约金请求权有其特殊性,而现行的法律、司法解释并未就该类违约金请求权的诉讼时效起算问题单独作出规定,直接导致司法实务界对此存在截然不同的看法。由于现行法对此类诉讼时效自何时起算无明确规定,导致理论与实务中缺乏统一见解。因此,各个法院在面对该问题时,审判结果不尽相同。综合起来,大致有如下几种代表性见解:

第一种观点认为,自违约行为发生之日起算诉讼时效。此观点认为,自违约行为发生之日,债务人(违约方)侵害债权人(守约方)的事实即已确定,债权人即知道或应当知道权利受到损害,根据法律关于诉讼时效的原则性规定,应当自违约行为发生之日起

---

〔1〕 参见《日本民法》第166条、《瑞士债法典》第130条。

〔2〕 参见《美国统一商法典》第2-725条。

〔3〕 参见高圣平:《诉讼时效立法中的几个问题》,载《法学论坛》2015年第2期。

算诉讼时效。[1] 违约金乃原本之债的延续,诉讼时效应当与原本之债同一,[2]因此,两项请求权的诉讼时效一并开始起算。这种观点建立在同一性理论之上,该理论认为如果原债是为了满足当事人的给付利益,那么当给付利益因合同未履行或未适当履行而没能被满足时,原债将转换为损害赔偿之债。

第二种观点认为,应以债务人实际履行债务之日作为诉讼时效的起算时间。采用这种裁判方法的法院认为,双方约定的违约金数额从约定履行之日起随时间的推移按一定标准不断增长。虽然债权人在债务人违约之日便已知晓其权利受到了侵害,但债务人究竟延迟履行至何时未定,即具体的违约金数额未定,只有待违约金金额确定下来,诉讼时效才能开始起算。[3] 有权威学者也支持这一观点。[4]

第三种观点认为,违约金之债应自主债履行迟延之日起,按日分别起算。采用这种裁判方法的法院认为,迟延履行违约金的请求权属于继续性债权,即逾期一日计算一日的违约金,因违约责任产生的按日计算的违约金是可以分割的,对于每一个时间

---

〔1〕 参见张火生诉重庆建兴房地产开发建筑有限公司商品房预售合同纠纷上诉案,重庆市第五中级人民法院民事判决书,(2014)渝五中法民终字第05651号;上海市高级人民法院《民事法律适用问答》规定:“问题1:在商品房预售合同纠纷中,当事人约定开发商违约应当按日向买方支付违约金的,违约金的诉讼时效如何计算。答:诉讼时效应从当事人知道或者应当知道其合法权益受到侵害时开始计算。违约行为一经发生,其侵害了债权人合法权益的事实即已确定,而违约金无论按日计算还是按月计算,都只是对如何确定违约方应当承担的赔偿数额的标准或计算方式的约定,并不是因为有这种约定而重新产生了新的债务。违约金的诉讼时效应当从债权人知道或者应当知道违约行为发生之日起计算。”湖南省高级人民法院《关于办理商品房买卖合同纠纷案件的指导意见(试行)》第2条第2款也有类似的规定;贵州省高级人民法院《关于审理商品房买卖合同纠纷案件若干问题的指导意见(一)(试行)》第5条规定:“逾期办证违约金的计算期间应当从合同约定或法定的办证期限届满之日起算,通常以出卖人完成商品房权属初始登记的时间为截止时间。”

〔2〕 参见郗伟明:《论迟延履行违约金诉讼时效的起算》,载《环球法律评论》2010年第2期。

〔3〕 参见周翠群诉南方黑芝麻集团股份有限公司商品房销售合同纠纷上诉案,广西壮族自治区南宁市中级人民法院民事判决书,(2014)南市民一终字第949号。另外,广东省高级人民法院《关于审理建设工程施工合同纠纷案件若干问题的意见》(粤高法发〔2006〕37号)第4条规定:没有证据证明当事人已同意不计算结算前的违约金和垫资款利息,一方当事人在结算完毕后再主张结算前的违约金和垫资款利息的,可予支持。但如果当事人对违约金和垫资款利息的支付时间有约定的,应从约定支付之日起计算诉讼时效期间;如果当事人对违约金和垫资款利息的支付时间没有约定的,应从工程结算之日起计算诉讼时效期间。如双方未自行结算需委托中介机构进行造价鉴定的,从收到中介机构的鉴定报告之日起计算诉讼时效期间。

〔4〕 江必新、何东林等:《最高人民法院指导性案例裁判规则理解与适用·合同卷二》,中国法制出版社2012年版,第411~412页。

点产生的违约金均应各自受到诉讼时效的约束，累计的违约金的诉讼时效区分成若干“单独债权”，分别适用诉讼时效。如自债权人起诉之日起倒推 2 年之外的违约金请求权已罹于诉讼时效，法院不予支持。[1] 这种观点支持者众多[2]，是当前的主流观点。

第四种观点认为，应将按日计算的违约金认定为履行期限不确定的债务，按照最高人民法院《关于审理民事案件适用诉讼时效制度若干问题的规定》第 4 条的规定确定。采用这种裁判方法的法院认为，[3] 迟延履行违约金按日累加计算，是债务人逾期履行时债权人可以主张的违约金债权的计算方法，这既不应理解为是当事人对违约金支付期限的约定，也不意味着每逾期一日就单独地产生一个违约金债权。由于

---

〔1〕 参见最高人民法院(2015)民申字第 3030 号民事裁定书，毕全永诉广州市从化珠江房地产开发有限公司商品房预售合同纠纷上诉案，广东省广州市中级人民法院民事判决书，(2014)穗中法民五终字第 4163 号；曾某、李某与广州市某集团公司、广州市某集团公司第一分公司商品房买卖合同纠纷案，广东省广州市中级人民法院民事判决书，(2011)穗中法民五终字第 430 号。

〔2〕 实务界观点主要参见《第八次全国法院民事商事审判工作会议(民事部分)纪要》第 18 条第 1 款规定：“买受人请求出卖人支付逾期办证的违约金，从合同约定或者法定期限届满之次日起计算诉讼时效期间。”最高人民法院也对该条作出权威解读：“如果当事人在合同中明确约定了违约金的具体数额，即一旦发生逾期办证的违约情形，出卖人应支付确定金额的违约金，则该种违约金给付，在性质上属于一时性债权，其内容在出卖人未按约定履行办证义务时就已确定，故诉讼时效应当从该一时性债权的清偿期限届满的次日起算。如果当事人在合同中约定以每日或每月为单位累计计算违约金数额，违约金的数额随着违约行为的持续而不断增长，则该种违约金给付，在性质上属于继续性债权，即其内容和范围受到时间因素的影响，随着时间的推移不断发生变化，违约金应当以每个个别的债权分别适用诉讼时效。虽然此种继续性债权的诉讼时效也是两年，但在买受人于办证期限届满超过两年后起诉主张违约金时，由于逾期办证违约行为仍在继续，故对于自起诉之日倒推两年的违约金，一般仍应予以保护；自起诉之日回溯超过两年的部分，应认定为已超过诉讼时效期间。”参见《民事审判指导与参考》编写组：《逾期办证违约金诉讼时效应如何起算》，载杜万华主编：《民事审判指导与参考》2016 年第 4 辑“民事审判信箱”栏目，第 159 页。另参见北京市高级人民法院《关于审理房屋买卖合同纠纷案件若干疑难问题的会议纪要》第 23 条、福建省高级人民法院《关于审理商品房买卖合同纠纷案件疑难问题的解答》第 21 条、浙江省宁波市中级人民法院《关于审理商品房买卖合同纠纷案件疑难问题解答》第 13 条、厦门市中级人民法院《关于审理商品房买卖合同纠纷中逾期交房和逾期办证若干问题的指导意见》第 11 条。学界观点主要参见崔建远：《继续性债权与诉讼时效》，载《人民法院报》2003 年 6 月 27 日，第 3 版；韩延斌：《商品房买卖纠纷中逾期办证责任的认定》，载《人民司法》2006 年第 5 期；陈嘉贤：《按日累计的违约金请求权诉讼时效何时起算》，载《人民司法(案例)》2011 年第 22 期；林金文：《开发商逾期办证违约责任的诉讼时效》，载《人民司法(案例)》2018 年第 35 期。

〔3〕 参见尹志湖诉中山市通大房地产有限公司商品房预售合同纠纷上诉案，广东省中山市中级人民法院民事判决书，(2014)中中法民一终字第 344 号。

合同没有明确约定违约金支付期限,故这种违约金应属没有履行期限的整体债务,诉讼时效应自债权人宽限期限届满或债务人明确拒绝履行时起算。有学者提出了更为具体的认定规则:此类违约金能依据合同法确定履行期限的,则从履行期届满之日起算;若不能确定履行期限的,应审查买受人在售房企业违约后有没有主张过违约金,若没有主张过,则诉讼时效从买受人向人民法院提交起诉状或口头起诉之日起计算;若主张过,则看买受人是否给售房者一定的宽限期,若有则诉讼时效从宽限期满起算,若无,则从第一次主张违约金并被拒绝之日起计算。[1]

第五种观点认为,应当自履行迟延终了、障碍消除之日起算。[2] 该观点把全部违约金整体作为一个债权请求权计算诉讼时效,并非分期计算;起算日是履行迟延终了、障碍消除之日,即权利人知道或应当知道自己权益受侵害之日,并且是法律上能够行使自己的请求权的最初一日。此处的迟延终了应包括:债务履行、拒绝履行、给付不能、合同消灭及债权人宽免。

第六种观点认为,应参照分期付款合同处理。该观点认为,累加计算的违约金按日分为多个单独违约金债权,汇总在一起构成一个分期支付的整体债权。可参照《关于审理民事案件适用诉讼时效制度若干问题的规定》第5条"当事人约定同一债务分期履行的,诉讼时效期间从最后一期履行期限届满之日起计算"的规定,从最后一份违约金债权确定之日起计算。

以上各种观点各有立足成立之处,但存在一个共同的问题:无论是学理分析还是裁判说理,均忽视了违约金债权是一项救济性权利,是基于原权受损的派生性权利,在计算分期违约金诉讼时效时,应基于不同的原权进行区别性对待。

四、确立原权属性前提下的累加计算迟延履行违约金诉讼时效差异规则

(一)权利属性与诉讼时效

我国《民法典》将诉讼时效的客体明定为民事权利,但民事权利种类众多,并非所有民事权利均适用诉讼时效的规定。存在差异的原因在于权利的基础不同,或者说权利的属性不同。权利属性的确定关系到某种权利应当如何设置,应当通过何种途径或何种措施进行保障的问题。从权利发生的因果关系来看,可分为原权与派生权

---

〔1〕 张伟:《商品房买卖纠纷中迟延办证违约责任有关疑难问题的认定与处理》,载道客巴巴网,2019年12月14日访问。

〔2〕 郗伟明:《论迟延履行违约金诉讼时效的起算》,载《环球法律评论》2010年第2期。

或救济权；从权利的地位来看，可分为主权利与从权利；从权利类型来看，可分为物权、债权、人格权、知识产权等。物权、债权均属于原权的范畴，物上请求权、债权请求权属于物权、债权的派生权利，恢复原状请求权，返还原物请求权，排除妨害请求权，消除危险请求权与违约金请求权、损害赔偿请求权等均属于救济权，也是派生权利。基于此，请求权也可分为原权的请求权、救济权的请求权。

在我国，诉讼时效客体是债权请求权已是共识，物权请求权是否适用诉讼时效曾存在很大争议，《物权法》《最高人民法院关于审理民事案件适用诉讼时效制度若干问题的规定》采取了“回避”态度，但《民法典》给予正面回应，明确了请求停止侵害、排除妨碍、消除危险、不动产物权和登记的动产物权的权利人返还财产等不适用诉讼时效[1]。这些权利排除诉讼时效的原因在于它们的基础权利是不动产所有权或使用权等物权，物权属于一种支配权，它的权利效力更多地直接作用于物本身，对第三人是否履行义务的不确定状态一般是不存在的，所以，妨碍物权的法律后果实质上是责任而非债，其应当与物权本身共始终，不受诉讼时效的限制。我国立法上为维护物权作为支配权的完整性和圆满性，一般认为物权请求权不适用诉讼时效。《日本民法典修正案》也规定：“所有权以及基于所有权发生的请求权不因时效而消灭。”物权请求权依附于物权而存在，应当与物权本身相始终，由于物权是绝对权，不适用诉讼时效的规定，因此物权的请求权不能与物权分开而单独适用消灭时效。因此，要求停止侵害、排除妨碍等请求权不适用诉讼时效制度。

（二）违约金原权对诉讼时效的影响——以商品房买卖合同为例

就司法实践中最为常见的商品房买卖合同中交房、办证纠纷而言，存在出卖人对买受人支付价款的请求权，买受人请求出卖人交付不动产的请求权，买受人请求出卖人协助办理产权变更登记的请求权，以及在发生违约行为之时，守约方请求违约方支付违约金的请求权。这些权利是物上请求权还是债上请求权？是否应适用诉讼时效？

支付价款请求权属于债上请求权，这一点毫无争议。对于不动产交付请求权，可分为两种情况：(1)未办理产权登记过户的，最高人民法院民一庭有如下倾向性意见：商品房买卖合同约定的出卖人交付房屋的期限届满，买受人根据合同约定可以请求出卖人交付房屋。其请求权属于债权请求权，应当适用《民法通则》有关诉讼时效的规定。但在诉讼时效期间的起算上，应当区分具体情况：房屋具备法定交付条件，诉

---

[1] 《民法典》第196条。

讼时效期间自合同约定的交付期限届满之日起计算;如果房屋尚不具备法定的交付条件,诉讼时效期间应从房屋具备法定的交付条件之日起计算。[1] (2)已办理产权登记过户,但未交房的,权利人已是物权人。这时权利人请求交付房屋,直接针对的是占有权,是维护物权作为支配权的完整性和圆满性。交付请求权本身就是物权,不适用诉讼时效。如果占有请求权也罹于诉讼时效,则与物权法上不动产登记公示原则相悖,也等于变相规定了取得时效。

对于已经交房但尚未办证情况下的协助办证请求权,通说认为,在商品房买卖合同履行过程中,出卖人将商品房交付给买受人以及买受人实际占有、使用商品房的事实,表明出卖人有真实的转移商品房所有权的意思表示,且大部分合同内容已经得以履行,只是尚未完成具有公示意义的权属登记。买受人请求出卖人协助办理产权过户登记,其目的就是完成商品房所有权四项权能的全部转移,买受人因而得以被登记为商品房的权利人,从而享有排他性的所有权。正是这种权利居于变动中的状态,使买受人请求协助办理产权过户登记的请求权不同于一般的债权请求权,而具有了一定的物权性质。对于这种具有一定的物权性质的请求权,主流观点认为不应当适用诉讼时效。[2]

违约金请求权属于债上请求权,这一点无争议;违约金请求权应适用诉讼时效,这一点也争议不大;但对采取累加计算的违约金的诉讼时效起算问题,就存在较大的争议,也有着前述的六种起算主张。对此,本文拟从基础权利属性进行分析。

对于欠付房款违约金来言,请求支付房款属于原权,属于债权,属于主权利;因买方不按约定支付房款而产生的违约金请求权属于派生权利,属于救济权,属于债上请

---

〔1〕 参见最高人民法院民一庭编印《民商事审判若干疑难问题》,新浪博客:刘丽娜律师。

〔2〕 最高人民法院办公厅《关于印发〈全国民事审判工作会议纪要〉的通知》(法办〔2011〕442号)中"关于其他物权纠纷案件"部分之第五项"关于诉讼时效问题"作如下表述:"已经合法占有转让标的物的受让人请求转让人办理物权变更登记,登记权利人请求无权占有人返还不动产或者动产,利害关系人请求确认物权的归属或内容,以及权利人请求排除妨碍、消除危险,对方当事人以超过诉讼时效期间抗辩的,均不应予以支持。"山东省高级人民法院《2008年民事审判工作会议纪要》(鲁高法〔2008〕243号)中"关于房地产案件和《物权法》适用中若干问题的处理"部分之第五项"关于商品房买卖合同中的买受人请求出卖人办理物权变动手续是否适用诉讼时效的问题"作如下表述:"关于商品房买卖合同中的买受人请求出卖人办理物权变动手续是否适用诉讼时效的问题。在商品房买卖中,如果出卖人已经将商品房实际交付给买受人,买受人亦实现了对商品房的占有,此时买受人请求出卖人转移房屋所有权,办理商品房产权的登记手续的请求权具有物权属性,依据《物权法》的规定不适用《民法通则》关于诉讼时效的规定。"

求权，属于从权利。从买方违约之日起，违约金就开始产生，违约金与主债权在性质上同是债上请求权，在性质上具有同一性。这时，无法将迟延履行违约金之债与其存在的基础——原合同之债完全剥离开来，这是因为违约行为由始至终只有一个，相同的事实基础导致了二次给付义务与原给付义务具有了债法上的同一性，两者的诉讼时效同时起算。再者，从主次权利来分析，房款债权为主债权，违约金债权为从债权，违约金的诉讼请求依附于给付欠付房款的请求之上。违约金债权作为依附于主债权之上的从债权，除了受违约金自身诉讼时效的约束之外，还受到其依附的主债权诉讼时效的约束，自主债权丧失胜诉权之日，违约金请求权亦当然丧失胜诉权。

对于未办理产权登记过户情况下的逾期交房违约金请求权，其基础权利是交房请求权，如前所述，为债上请求权。违约金与主债权在性质上同是债上请求权，在性质上具有同一性。其诉讼时效与主债权诉讼时效同步。

对于因逾期办证（已交房）或逾期交房（已办证）而产生的违约金请求权，其基础性权利是请求办证或交房。如前所述，鉴于物权取得的全面性特征，即在一般的不动产买卖中，交付不动产和办理产权变更登记应具有统一性，故如果已转移不动产的占有或者已变更产权登记手续，则相应的基于占有要求变更产权登记或者基于产权变更登记要求转移标的物占有的请求权，都应当属于物权请求权，不适用诉讼时效。违约金请求权在性质上是债上请求权，与其原权在性质上并不相同。基于违约金的独立性，这是违约金取得了独立的诉讼时效地位。关于其诉讼时效的起算，本文认为，在违约行为存续期间，不存在诉讼时效问题；在违约行为终止后，从违约行为终止之日起计算，违约金的计算从违约之日到违约行为终止之日。如果违约金的诉讼时效从违约行为发生之日或从起诉之日前向前倒推 2 年或 3 年起计算，则可能会存在主债权（交房或办证）尚未完成而作为从债权的违约金已经罹于诉讼时效的不合理情况。

五、对本案的分析

在本案中，瑞中运公司诉请主要包括两项内容：一是欠付的 1940 万元本金，二是因迟延支付本金而产生的违约金。瑞中运公司认为本金约定了还款期限，因主张权利而时效中断；对于违约金的支付，并没有明确的支付期限，双方合同及补充协议对违约金的约定是以违约方按每日 1‰的比例支付违约金给对方，本案合同所约定的违约金属于按日累计计算的违约金，属于持续性债权或继续性债权，即每违约一天形成一个单独的违约债权，而每个单独的违约债权从其形成之日起计算诉讼时效，因此违约金的诉讼时效起算点应从起诉之日 2018 年 1 月 10 日应向前倒推 3 年，债权并未超过诉讼时效。

（一）关于本金诉讼时效问题

根据双方约定，涉案股权回购款的最后一期履行期限届满之日为 2014 年 2 月 12 日，瑞中运公司的债权请求权诉讼时效期间从 2014 年 2 月 13 日起计算，之后又由于兆福公司分次支付股权回购款的行为导致诉讼时效的中断，则瑞中运公司剩余股权回购款及违约金的债权请求权应当从兆福公司最后一次支付行为的次日（2014 年 8 月 30 日）起计算，因本案发生在《民法总则》颁布（2017 年 10 月 1 日）之前，适用《民法通则》规定的 2 年的诉讼时效，其诉讼时效计算至 2016 年 8 月 30 日。现瑞中运公司于 2018 年 1 月 10 日向人民法院提起诉讼，已经超过了法律规定的诉讼时效。瑞中运公司提交了一份《补充协议书（二）》拟证明双方就支付款项问题一直在协商，但该协议并未有付款方的盖章确认，协议落款处的兆福公司监事伍国友签名及日期经鉴定亦非其本人所写，不能证实瑞中运公司向一审被告主张过债权，该协议并未产生诉讼时效中断的法律效力。关于纪委查扣有关资金问题与本案并无直接关系，且在案涉款项被暂扣后兆福公司仍在继续支付款项给瑞中运公司，期间并无债权主张和债务履行上的障碍。关于本金的诉讼时效，法院的认定依法有据。

（二）关于违约金的诉讼时效的认定问题

相对于主债务来说，违约之债属于从债务。必然先有主债权的存在，违约之债方能发生，其在性质上既具有从属性，又不失独立性。其从属性具体表现为：第一，违约之债在存在和效力上依附于主债权。违约之债的从属性来源于违约金条款为从合同，其契约成立以主债务之存在为必要，如主债务不成立、无效或一旦成立而经撤销时，违约之债亦不成立或为无效，权利人不能在丧失主权利的情况下单独享有从权利。如果主债务不成立、未生效或无效，“违约方”便可以就对方主张的违约金进行免责抗辩，从而消灭违约金给付请求权。[1] 第二，违约之债附随于主债权而转让。根据“从随主”的转让规则，如果主权利被转让，则从权利一般也随之发生转让，受让人在取得主权利的同时也取得该主权利之上业已存在的从权利。故在当事人无特别约定的情况下，尚未支付的违约之债将随同主债权一并转移。从权利对于主权利来说具有从属性，原则上从权利与主权利具有共同的法律命运，主权利因时效而丧失诉讼保护，则从权利也同其命运。从权利的请求权与主权利请求权的关系，也不例外。因

---

〔1〕 参见最高人民法院《关于审理买卖合同纠纷案件适用法律问题的解释》第 21 条第 1 款。

为违约之债的从属性，所以相对人对主债权的抗辩权也及于违约之债。如《德国民法典》第224条规定："附属于主请求权的从属给付请求权，其规定的时效虽未消灭，亦应随主请求权的时效而同时消灭。"

在债权本金因诉讼时效已经届满而丧失胜诉权的情况下，依附于债权本金的违约金亦应丧失胜诉权，故违约金的诉讼时效应与债权本金的诉讼时效一并届满。在本案中，违约方欠付的1940万元本金已过诉讼时效，从违约方违约之日起发生的违约金的请求权与本金的请求权是不可分割的请求权，瑞中运公司上诉主张违约金未超过诉讼时效缺乏理据，人民法院不予支持正确。

(三)本案中违约金是否享有独立诉讼时效问题

在本案中，瑞中运公司认为，对于违约金的支付并没有明确的支付期限，双方合同及补充协议对违约金的约定是违约方按每日1‰的比例支付违约金给对方。本案合同所约定的违约金属于按日累计计算的违约金，属于持续性债权或继续性债权，即每违约一天形成一个单独的违约债权，而每个单独的违约债权从其形成之日起计算诉讼时效，因此，违约金的诉讼时效起算点应为起诉之日2018年1月10日。故在向前倒推3年后，违约金债权并未超过诉讼时效，应当予以支持。瑞中运公司还以房屋买卖合同中逾期交房或逾期办证违约金诉讼时效的计算作为例证。瑞中运公司该主张背后的理论依据是违约金的独立性及继续性债权诉讼时效的计算方法。

对此问题，分析如下：关于违约之债的独立性问题。违约之债在具有从属性的同时，也具有一定的独立性。已发生的违约金即为一个已确定的债，代表着一定数额的经济利益。[1] 其独立性体现在：第一，权利主张上的独立性。债权人可单独就违约之债主张权利，请求债务人履行。第二，权利处分上的独立性。已经实际发生的违约之债，可以与主债权分离而单独转让。债权人可以单独免除违约之债，而仅要求债务人承担债务本金的偿还义务。违约方已将主债履行完毕但尚未支付违约金的，非违约方可就违约金单独提起诉讼；主债可能适用特别诉讼时效，而违约金债权适用一般诉讼时效。第三，权利消灭上的独立性。已发生之违约之债，因不同情况会有相对独立的时效期间，可先于主债权或后于主债权消灭。

违约之债在诉讼时效上独立性具有一定的前提条件。物权合同与债权合同具有不同的法律效力，债权合同的效力是在当事人之间产生债权债务关系，守约方对违约

---

〔1〕 史尚宽：《债法总论》，中国政法大学出版社2000年版，第519页。

方的请求权是一种债权请求权；物权合同的守约方对违约方的请求权是一种物上请求权。民法理论认为，债权请求权是诉讼时效的典型客体，而物权请求权和人身权请求权则不适用诉讼时效。物上请求权不能离开物权而独立存在，因此不能脱离物权单独地罹于消灭时效。违约之债可能是基于债上请求权或物上请求权（或类物上请求权）而产生，前者如金钱之债，后者最为典型的是房屋买卖合同中的逾期交房及逾期办证。

违约金的诉讼时效受制于主债权的诉讼时效，只有在主债权诉讼时效未届满的前提下，才能适用违约金的诉讼时效。基于债上请求权而产生的违约之债，如本案中的欠付股权回购款，其主债权会因超过诉讼时效而丧失了胜诉权，那么违约之债也必然会因超过诉讼时效而丧失胜诉权。按照同一性理论，违约之债是为了确保主债务的履行，违约之债请求权是主债请求权的继续，两项请求权的本质是相同的，只是外在形态有所变更，是故应受到法的同一对待。[1] 因此，违约之债本质上只是主债权的变形，并未失去债的同一性，其诉讼时效的起算点应是主债权违约之时即违约之债产生之时，在时效的起算上应与主债权保持一致。无论约定的违约金是固定金额还是按日（或按月或按年）累加计算，并不能因此产生新的债务，故违约金的时效起算不受影响。违约之债的独立性只能是在从属性之下的独立性，其独立性不能超越从属性。如果主债权已罹于诉讼时效而从债权因计算方式的原因继续享有胜诉权，累加计算的违约金就会出现永远不会超过诉讼时效，存在法律逻辑上的自相矛盾，也不利于诉讼时效制度设计功能的实现。

本案中，瑞中运公司主张对于约定为按日计付的违约金等继续性债权，应以按日形成的每个个别债权分别单独适用诉讼时效。本案不具有违约金单独适用诉讼时效的前提：主债权及从债权均为债上请求权，具备同一性，其诉讼时效与主债权诉讼时效同步。故瑞中运公司关于即使债权本金已经届满，亦应当保护其违约金的上诉主张，缺乏依据，不予支持。因此，对瑞中运公司提出的要求四被上诉人支付剩余股权回购款及违约金的诉讼请求，法院不予支持依法有据。如果主债权已罹于诉讼时效，而依然每天产生新的违约金，每日产生的违约金都可以单独计算诉讼时效，这显然是荒谬的。

---

[1] 参见韩世远：《合同法总论》（第 3 版），法律出版社 2011 年版，第 615 页。

结语

史尚宽先生指出:时效制度之设,在于尊重久已继承之事实状态,即在于社会秩序之维护。违约金请求权作为救济权伴随原权而生,以保障原权为己任。原权性质不同,救济权适用的民事时效类型也就不同。因此,违约之债请求权适应诉讼时效的规则乃至于是否适用诉讼时效,应从其所产生的法律行为基础进行分析,方能准确地适用法律。

诉讼保全中案外人权利保护相关问题辨析

周家开　茹　超*

一、当事人及民事判决书基本信息

上诉人(一审被告、申请执行人):南宁市和基房地产开发有限责任公司。

被上诉人(一审原告、执行案外人):广西志远大家汇实业有限公司。

一审第三人(被执行人):广西桂盛房地产有限责任公司。

一审判决:广西壮族自治区高级人民法院(2019)桂民初39号。

二审判决:最高人民法院(2020)最高法民终289号。

二、基本案情

2014年8月28日,宁朝敏等发起人以广西志远大家汇实业有限公司(以下简称志远公司)名义与广西桂盛房地产有限责任公司(以下简称桂盛公司)签订《房地产项目转让合同》,约定以4500万元人民币的价格购买登记于桂盛公司名下的玉商财富天下项目(案涉土地项目),款项付至桂盛公司指定的黄立夏个人账户。所有涉及土地转让的税费均由志远公司承担,由志远公司以桂盛公司名义支付。合同约定项目变更条件为:(1)项目投资额达到总投资额25%以上后,项目及土地直接转让;(2)项目投资额达到总投资额25%以上后,将该土地分立到新成

* 周家开,广西壮族自治区高级人民法院执行裁判庭副庭长,三级高级法官;茹超,广西壮族自治区高级人民法院执行裁判庭四级法官助理。

立的公司,12个月后将股权变更给志远公司;(3)用桂盛公司的名义进行开发,办理好预售证后将房产以优惠价格转让给志远公司股东或者其指定的第三人名下。公司开发利润控制在19%以内(由志远公司控制)。开发、销售所产生的一切税费均由志远公司负担。以上方式暂定第三种模式。2017年12月28日,志远公司与桂盛公司又签订《房地产项目转让合同补充协议》,约定原合同约定的项目变更条件以最先实现的方式为准。

为经营案涉土地项目,宁朝敏、文海涛等作为发起人,于2014年9月12日成立志远公司,股东为宁朝敏、文海涛、李超、梁文光、李金洲、文亿才、肖创、钟兴林、李强芳、邹涛宇。注册资本5000万元。2018年1月2日,张祖韬通过收购股权占有志远公司46%的股份,成为公司的大股东。志远公司现股东为张祖韬、文立创、谢明钦、李超、梁文光、李金洲、肖创。张祖韬也是广西石埠乳业有限责任公司(以下简称石埠乳业)的法定代表人。

前述《房地产项目转让合同》签订后,志远公司根据合同约定,于2014年9月11日与16日,通过其股东宁朝敏的个人账户向黄立夏转款3000万元和800万元。根据桂盛公司法定代表人黄东指定,于2015年7月7日,张祖韬受志远公司股东文海涛指示向桂盛公司法定代表人黄东账户转款200万元;于2015年7月10日,文雯受志远公司股东文海涛指示,向桂盛公司法定代表人黄东账户转款490万元;于2015年7月10日,志远公司以现金方式向桂盛公司交付10万元。2016年12月16日,桂盛公司出具收据和情况说明对收到志远公司4500万元案涉土地项目转让款的事实予以认可。

为开发案涉土地项目,志远公司根据《房地产项目转让合同》约定,于2015年开始将相关税费转给桂盛公司,再以桂盛公司的名义先后支付土地使用税77088.85元,技术服务费251001.01元,勘察费48080元,设计费117600元。以上税费均与志远公司向桂盛公司汇款情况相吻合。就案涉土地,南宁市国土资源局于2016年11月23日出具的《闲置土地认定书》记载:“根据调查结果和《闲置土地处置办法》(国土资源部令第53号)的规定,认定上述土地为闲置土地,闲置原因为:宗地周边道路未建设,导致该宗地项目无法按期开工建设,属政府、政府有关部门的行为造成动工开发延迟……”2019年7月4日,南宁市自然资源局与桂盛公司签订的《广西桂盛房地产有限责任公司450103004003GB00352宗地延期建设补充协议》(南宁土延(审)字20190009号)记载:“现双方就450103004003GB00352宗地开发建设事宜重新约定如下:一、甲方同意给乙方重新约定450103004003GB00352宗地的开工时间,即该宗地于 2020 年 2 月 1 日之前开工……”到本案诉讼时，案涉土地项目未进行开工建设。除案涉土地项目外，志远公司未有其他经营活动。

2018 年 3 月 9 日，桂盛公司以案涉土地为石埠乳业向中国光大银行股份有限公司南宁分行贷款人民币 5000 万元提供抵押担保并办理了抵押登记。

南宁市和基房地产开发有限责任公司(以下简称和基公司)因与桂盛公司合资合作开发房地产合同纠纷一案，向广西壮族自治区高级人民法院(以下简称广西高院)申请诉讼保全，广西高院于 2018 年 5 月 21 日查封了案涉土地。志远公司向广西高院提出执行异议后，广西高院以其不能证明付款及实际占有控制案涉土地为由驳回了其异议。志远公司提起本案案外人执行异议之诉，请求：(1)撤销广西高院(2019)桂执异 24 号执行裁定书；(2)依法对案涉土地解除查封；(3)本案诉讼费由和基公司承担。

和基公司与桂盛公司合资、合作开发房地产所涉土地与本案查封案涉土地为桂盛公司名下不同宗地。和基公司与桂盛公司合资、合作开发房地产合同纠纷一案在本案审理时尚在广西高院审理之中。

三、一、二审判决结果及理由

理由：一审法院认为，本案的争议焦点是：(1)志远公司的起诉是否符合法律法规的规定；(2)志远公司对案涉土地是否享有足以排除强制执行的民事权益。

关于志远公司的起诉是否符合法律法规规定的问题。根据最高人民法院《关于人民法院办理财产保全案件若干问题的规定》(以下简称《财产保全规定》)第 27 条“人民法院对诉讼争议标的以外的财产进行保全，案外人对保全裁定或者保全裁定实施过程中的执行行为不服，基于实体权利对被保全财产提出书面异议的，人民法院应当依照民事诉讼法第二百二十七条规定审查处理并作出裁定。案外人、申请保全人对该裁定不服的，可以自裁定送达之日起十五日内向人民法院提起执行异议之诉”的规定，对于财产保全中的执行异议，应当按照《民事诉讼法》第 227 条的规定处理。和基公司因解除合作合同要求赔偿损失的合同纠纷一案向一审法院申请财产保全，且和基公司与桂盛公司合资合作开发房地产所涉土地与本案查封案涉土地为桂盛公司名下不同宗地。志远公司基于实体权利对被保全财产提出书面异议，被驳回后，提起本案案外人执行异议之诉，符合前述法律法规的规定。因此，和基公司关于志远公司的起诉不符合法律的规定，应裁定驳回其起诉的抗辩理由不成立，该院不予支持。

关于志远公司对案涉土地是否享有足以排除强制执行民事权益的问题。根据最高人民法院《关于人民法院办理执行异议和复议案件若干问题的规定》(以下简称《执行异议和复议规定》)第28条“金钱债权执行中,买受人对登记在被执行人名下的不动产提出异议,符合下列情形且其权利能够排除执行的,人民法院应当支持:(一)在人民法院查封之前已签订合法有效的书面买卖合同;(二)在人民法院查封之前已合法占有该不动产;(三)已支付全部价款,或者已按照合同约定支付部分价款且将剩余价款按照人民法院的要求交付执行;(四)非因买受人自身原因未办理过户登记”的规定,对于金钱债权执行案件,不动产买受人对登记在被执行人名下的不动产提出异议时,人民法院应当对相关事实作实质审查,这也是审理执行异议之诉案件应该遵循的原则。本案中,和基公司因合同纠纷一案向该院申请财产保全,无论生效判决桂盛公司应赔偿和基公司多少损失数额,和基公司对桂盛公司享有的是普通金钱债权;志远公司作为案涉土地项目的受让者,要对抗的是和基公司的普通金钱债权,因此,该条应该作为本案执行异议之诉审理的参照。对相关事实的认定应适用《合同法》《物权法》《担保法》及相关司法解释等实体法进行审查判断[1]。

第一,对于志远公司是否在人民法院查封之前签订合法有效的书面买卖合同的问题。本案中,和基公司认为,因本案《房地产项目转让合同》是在志远公司成立之前签订,应为无效。该院认为,由于宁朝敏、文海涛等作为发起人,于2014年8月28日以志远公司名义与桂盛公司签订《房地产项目转让合同》,且志远公司除案涉土地项目外未有其他经营项目。志远公司于2014年9月12日成立,虽然成立时间晚于志远公司签订案涉合同时间,但根据最高人民法院《关于适用〈中华人民共和国公司法〉若干问题的规定(三)》第3条第1款“发起人以设立中公司名义对外签订合同,公司成立后合同相对人请求公司承担合同责任的,人民法院应予支持”的规定,发起人以设立中公司名义对外签订合同,合同的权利义务应由公司承担。且志远公司成立后,对《房地产项目转让合同》予以认可并以志远公司名义实际履行。因此,志远公司与桂盛公司于2014年8月28日签订的《房地产项目转让合同》是当事人的真实意思表示,内容没有违反我国法律法规的禁止性规定,是合法有效的合同。而该院于2018年5月21日才查封案涉土地。因此,志远公司关于其在人民法院查封之前签订了合法有效的书面买卖合同的主张,有事实和法律依据,该院予以支持。

第二,对于志远公司是否支付案涉土地项目转让价款的问题。本案事实表明,案

[1] 本文援引法律法规为判决作出时生效法律法规,现《合同法》《物权法》《担保法》《民法总则》等均已废止。

涉《房地产项目转让合同》签订后，志远公司根据合同约定，于2014年9月11日与16日，通过其股东宁朝敏的个人账户向黄立夏先后分两笔转款3000万元与800万元。根据桂盛公司法定代表人黄东指定，于2015年7月7日，张祖韬受志远公司股东文海涛指示向桂盛公司法定代表人黄东账户转款200万元；于2015年7月10日，文雯受志远公司股东文海涛指示，向桂盛公司法定代表人黄东账户转款490万元；于2015年7月10日，志远公司以现金方式向桂盛公司交付10万元。志远公司通过其股东宁朝敏等向桂盛公司及指定收款人实际付款共计人民币4500万元，以上款项均有银行转账流水等证据予以证实，桂盛公司也出具收据和情况说明予以认可。宁朝敏等人与桂盛公司黄立夏、黄东亦无个人债权债务关系。根据《民法总则》第162条“代理人在代理权限内，以被代理人名义实施的民事法律行为，对被代理人发生效力”及第170条第1款“执行法人或者非法人组织工作任务的人员，就其职权范围内的事项，以法人或者非法人组织的名义实施民事法律行为，对法人或者非法人组织发生效力”的规定，志远公司股东宁朝敏、文海涛的付款行为以及张祖韬、文雯受文海涛指示付款的行为，应当视为志远公司付款的行为。同时，2018年3月9日，在人民法院采取查封措施之前，桂盛公司以案涉土地为石埠乳业向中国光大银行股份有限公司南宁分行贷款人民币5000万元提供抵押担保并办理了抵押登记。而债务人就是石埠乳业，石埠乳业的法定代表人张祖韬也是志远公司控股股东。桂盛公司以案涉土地为石埠乳业作抵押担保这一事实也可以说明志远公司已经完成了付款行为。否则，桂盛公司在志远公司未付清案涉土地转让价款的情况下，还用自己的土地为志远公司控股股东的企业借款担保，明显不合常理。因此，志远公司关于其已支付案涉土地项目转让价款的主张，有事实和法律依据，该院予以支持。

第三，对于志远公司是否在人民法院查封之前已合法占有案涉土地的问题。案涉《房地产项目转让合同》签订后，志远公司按照合同约定，于2015年开始将相关税费转给桂盛公司，再以桂盛公司名义先后支付土地使用税77088.85元，技术服务费251001.01元，勘察费48080元，设计费117600元，以上费用均与志远公司向桂盛公司汇款情况相吻合。根据《城市规划综合技术服务费付款凭证》《岩土工程勘察报告》《总平面布置图》等证据，证明志远公司根据合同的约定，以桂盛公司的名义进行了土地规划、土地勘探等行为。同时，2018年3月9日，在人民法院采取查封措施之前，桂盛公司以案涉土地为石埠乳业向中国光大银行股份有限公司南宁分行贷款人民币5000万元提供抵押担保并办理了抵押登记。债务人就是石埠乳业，石埠乳业的法定代表人张祖韬也是志远公司控股股东。由于志远公司对案涉土地税费缴纳、土地规划、土地勘探及股东利用案涉土地借款抵押等行为，证明志远公司已合法控制、占有、使用案涉土地，且桂盛公司对以上事实予以认可。该院于2018年5月21日才查封案涉土地。因此，志远公司关于在人民法院查封之前已合法占有案涉土地的主张，有事实依据，该院予以支持。

第四，对于是否因志远公司自身原因未办理过户登记的问题。是否符合办理不动产过户登记属于行政权审查范围，且土地过户需要符合一定的条件。根据《城市房地产管理法》第39条“以出让方式取得土地使用权的，转让房地产时，应当符合下列条件：（一）按照出让合同约定已经支付全部土地使用权出让金，并取得土地使用权证书；（二）按照出让合同约定进行投资开发，属于房屋建设工程的，完成开发投资总额的百分之二十五以上，属于成片开发土地的，形成工业用地或者其他建设用地条件……”的规定和案涉《房地产项目转让合同》及补充协议“项目及土地直接转让需要项目投资额达到总投资额25%以上”的约定，由于本案中各方当事人均认可目前案涉土地闲置的事实，乃至投资未达25%，不符合过户条件。同时，南宁市国土资源局出具的《闲置土地认定书》亦可以证明，本案案涉土地项目未进行动工建设的根本原因是周边道路未建设导致的土地闲置。南宁市自然资源局因此与桂盛公司签订了《广西桂盛房地产有限责任公司450103004003GB00352宗地延期建设补充协议》，约定对案涉土地进行延期至2020年进行开发。案涉土地项目因政府原因未能动工开发导致开发进度未达到法律规定及合同约定的产权变更过户条件。因此，可以认定案涉土地未办理过户非志远公司自身原因所致。

综合上述分析，志远公司在人民法院查封之前已签订合法有效的书面买卖合同、已合法占有该不动产、已支付全部价款且非因志远公司原因未办理过户登记，本案符合《执行异议和复议规定》第28条规定的条件，志远公司对案涉土地享有的不动产物权期待权，足以排除和基公司普通金钱债权的强制执行。因此，志远公司关于足以排除和基公司对案涉土地的强制执行的主张有事实和法律依据，该院予以支持，本案不得对执行标的进行执行。根据最高人民法院《关于适用〈中华人民共和国民事诉讼法〉的解释》（以下简称《民诉法解释》）第314条第1款“对案外人执行异议之诉，人民法院判决不得对执行标的执行的，执行异议裁定失效”的规定，由于该院支持了志远公司关于排除和基公司对案涉土地的强制执行的诉讼请求，原执行异议的裁定自动失效，无须撤销。

理由是：最高人民法院认为，本案的争议焦点是志远公司对案涉土地享有的民事权益是否足以排除强制执行。

案外人执行异议与执行异议之诉分属不同的诉讼程序，功能亦存不同。执行异议作为执行程序的一部分，其价值取向更注重程序效率，同时兼顾实体公平，侧重于对执行标的上的权利进行形式审查。执行异议之诉作为与执行异议衔接的后续诉讼程序，是一个独立于执行异议的完整的实体审理程序，其价值取向是以公平优先、兼顾效率，通过实质审查的方式对执行标的权属进行认定，进而作出案外人享有的民事权益是否足以排除强制执行的判断，以实现对案外人民事权益的实体救济。人民法院在执行异议之诉中，应根据《民诉法解释》第312条第1款关于“对案外人提起的执行异议之诉，人民法院经审理，按照下列情形分别处理：（一）案外人就执行标的享有足以排除强制执行的民事权益的，判决不得执行该执行标的；（二）案外人就执行标的不享有足以排除强制执行的民事权益的，判决驳回诉讼请求”的规定，基于案件具体情况对案外人是否享有足以排除强制执行的民事权益进行实质审查，并依法作出是否支持案外人异议请求的判断。但因两者具有一定的关联性和共通性，在针对执行异议之诉具体审查标准的法律规定或者司法解释出台前，执行异议之诉案件可参照适用《执行异议和复议规定》的相关规定，对案外人享有的民事权益是否足以排除强制执行进行审查认定。《执行异议和复议规定》第28条规定：“金钱债权执行中，买受人对登记在被执行人名下的不动产提出异议，符合下列情形且其权利能够排除执行的，人民法院应予支持：（一）在人民法院查封之前已签订合法有效的书面买卖合同；（二）在人民法院查封之前已合法占有该不动产；（三）已支付全部价款，或者已按照合同约定支付部分价款且将剩余价款按照人民法院的要求交付执行；（四）非因买受人自身原因未办理过户登记。”参照该规定内容，该院对志远公司享有的民事权益能否排除对案涉标的的强制执行的问题，从以下四个方面分述之。

第一，关于案涉《房地产项目转让合同》是否合法有效的问题。案涉《房地产项目转让合同》虽订立于志远公司成立之前，但最高人民法院《关于适用〈中华人民共和国公司法〉若干问题的规定（三）》第3条第1款关于“发起人以设立中公司名义对外签订合同，公司成立后合同相对人请求公司承担合同责任的，人民法院应予支持”的规定，并未否认设立中公司对外签订合同的民事行为能力，发起人有权代表公司对外从事民事活动，相应的民事权利义务亦应由设立后的公司享有和承担。和基公司主张案涉《房地产项目转让合同》系志远公司在其成立之前签订，不是有效合同，于法无据，不予支持。《城市房地产管理法》第39条虽然规定了国有土地使用权转让的限制条件，但该规定是在国有土地使用权发生实际变更登记时，对其物权效力产生影响的规定；而民事主体之间签订的合同，只要符合法律规定的民事法律行为的效力要件，一般应认定该合同依法成立，合法有效。本案中，志远公司以买受人身份与桂盛公司签订《房地产项目转让合同》，并约定受让案涉土地使用权，进行房地产项目开发，意思表示真实，不违反法律、行政法规的强制性规定，合法有效。

第二，关于志远公司是否已合法占有案涉土地的问题。占有是指对动产或者不动产的实际管理、控制。因案涉不动产系尚未开工建设的国有土地，故该土地的占有一般表现为开工前的准备，一定程度的支配、使用等行为。根据一审查明的事实，志远公司先后将相关税费支付给桂盛公司，由桂盛公司以自己的名义支付土地使用税、技术服务费、勘察费、设计费等费用。志远公司亦提供证据证明，该公司存在以桂盛公司名义进行土地规划、土地勘探等行为。志远公司的上述行为表明其已为案涉土地的开工、使用做了一定的准备工作。同时，桂盛公司以案涉土地为志远公司控股股东担任法定代表人的企业的银行贷款提供抵押担保，也能够印证志远公司对案涉土地的实际占有和使用。因此，和基公司关于志远公司没有合法占有案涉土地的主张，没有事实和法律依据，不能成立。

第三，关于志远公司是否已支付全部价款的问题。根据一审查明的事实，志远公司股东宁朝敏向案涉《房地产项目转让合同》约定的收款账户支付转让款 3800 万元，张祖韬经志远公司原股东文海涛介绍，以自己成为志远公司股东为条件，向桂盛公司法定代表人黄东账户支付 200 万元，同时，文海涛作为广西金冠通讯设备有限公司的法定代表人，令其工作人员文雯向黄东账户支付 490 万元。此外，志远公司通过现金形式支付 10 万元转让款。以上款项的金额、支付时间能够与案涉《房地产项目转让合同》相互印证。桂盛公司亦在查封之前出具收据证明收到转让款 4500 万元。和基公司主张相关款项的支付为其他经济往来，但却没有提供相应的证据予以证明。根据《民诉法解释》第 90 条第 1 款关于“当事人对自己提出的诉讼请求所依据的事实或者反驳对方诉讼请求所依据的事实，应当提供证据加以证明，但法律另有规定的除外”的规定，对于和基公司的该项主张，不予支持。此外，无论桂盛公司通过自然人账户收取案涉转让款是否违反法律对法人财产独立性的规定，桂盛公司作为案涉《房地产项目转让合同》的受让方，在志远公司与桂盛公司均确认案涉款项为土地使用权转让款的情况下，本案证据能够证明案涉土地使用权转让款已经支付完毕。

第四，关于是否因志远公司自身原因未办理过户登记的问题。案涉土地在《房地产项目转让合同》签订之时尚未开工，故不符合《城市房地产管理法》第 39 条规定的房地产转让需要完成开发投资总额的 25% 以上的转让条件，但法律并不禁止志远公司就案涉土地使用权签订转让合同。后南宁市国土资源局《闲置土地认定书》载明，案涉土地项目未进行动工建设的原因是周边道路未建设导致的土地闲置。直至志远公司提出执行异议时,案涉土地仍未达到开工建设标准。因此,案涉土地在《房地产项目转让合同》签订后长达4年的时间里一直无法开工建设,进而导致案涉土地使用权无法办理过户登记不是志远公司自身原因所致。

综上所述,和基公司的上诉请求不能成立,应予驳回;志远公司就案涉执行标的享有足以排除强制执行的民事权益。最高人民法院遂作出上述判决。

四、本案所涉及问题及法律要点

(一)诉讼保全之救济程序与处理

诉讼保全,主要是财产保全,是指人民法院对于可能因当事人一方行为或者其他原因,使判决不能执行或难以执行的案件,在对该案判决前,依法对诉讼标的物或与本案有关的财物采取的强制性措施。诉讼保全,通常情况下需要申请人提供相应的担保,特别是诉前财产保全,担保是申请的必要条件。同时,人民法院亦有依职权启动诉讼保全的权力。因此,对于申请人和被申请人而言,诉讼保全都是一项具有负担的诉讼权利义务行为。在诉讼保全的过程中,也要注重对各方当事人权益的保护。

实践中,各地法院从效率、公平的角度出发,其负责审查及执行保全措施的部门并不相同。诉前保全,一般由立案部门负责审查执行或迅速分配给民事部门审查执行。诉中保全,一般由审判部门负责审查执行。也有地方法院由审判部门审查,执行部门执行。加之诉讼保全的规定分散于民事诉讼法律及最高人民法院的相关司法解释中,实务中对相关主体诉讼保全权利的救济程序,如执行异议、申请复议、执行复议、执行异议之诉等很容易造成混淆。如何准确区分以上程序,是实现对诉讼保全行为中的权利主体予以保护的前提。根据《民事诉讼法》的规定,裁定书是做出保全行为的文书形式,查封、扣押、冻结等是保全行为的内容。因此,异议的对象是区分不同救济程序的参照。

1. 申请复议

对保全裁定本身不服而提出的异议,救济程序是申请复议。根据《财产保全规定》第25条"申请保全人、被保全人对保全裁定或者驳回申请裁定不服的,可以自裁定书送达之日起五日内向作出裁定的人民法院申请复议一次。人民法院应当自收到复议申请后十日内审查。对保全裁定不服申请复议的,人民法院经审查,理由成立的,裁定撤销或变更;理由不成立的,裁定驳回。对驳回申请裁定不服申请复议的,人民法院经审查,理由成立的,裁定撤销,并采取保全措施;理由不成立的,裁定驳回”之规定,对于诉讼保全裁定的异议,提出的主体是申请保全人及被保全人,案外人或者利害关系人不能针对保全裁定提出异议。申请复议的管辖法院是作出裁定的法院。裁定书是审查意见的文书形式。

对保全裁定申请复议,本质上是对有无作出保全行为的必要性的审查。其包括应否保全或者保全范围是否过大。《财产保全规定》之所以规定复议的审查法院为作出裁定的法院,理由在于:一方面,从便利当事人的角度出发,可以为当事人节约时间、交通费用等各种诉讼成本;另一方面,可以提高审查效率,节约司法成本。由于案件的基础材料在作出保全裁定的法院手中,作出裁定的法院来进行审查更为快捷。倘若向作出裁定的上一级法院申请复议,案件材料流转需要一段时间,可能会出现案件已审理完毕而复议结果未出或者出现与审理结果相矛盾的情况。由于保全只是一种预防性的控制措施,并且在申请人提供担保的情况下,即便保全错误,被保全人也能获得相应的赔偿,因此,由作出裁定的法院进行复议审查对当事人更加有利。

2. 执行异议、复议

认为保全裁定实施过程中的执行行为违反法律规定的,救济程序是执行异议、复议。根据《财产保全规定》第26条“申请保全人、被保全人、利害关系人认为保全裁定实施过程中的执行行为违反法律规定提出书面异议的,人民法院应当依照民事诉讼法第二百二十五条规定审查处理”的规定,对保全行为不服的异议主体是申请保全人、被保全人、利害关系人。从范围上来说,其主体要比对保全裁定不服的主体更加广泛。利害关系人指认为执行行为侵害其法律上权益的第三人,一般与当事人有一定的关联性,其范围包括当事人的债权人、债务人、合伙人、抵押权人、质权人、留置权人、承租人(租赁权形成于查封之后)、优先权人、近亲属、被抚(扶)养人以及法院的协助执行人等。虽然利害关系人的范围比较广泛,但人民法院在审查过程中还是要注意审查其身份是否适格。

申请复议的管辖法院是作出执行异议裁定的上一级法院。这与保全裁定的复议不同。执行异议、复议的目的是纠正违法的执行行为。就上下级人民法院的关系角度而言,上级法院与下级法院之间是监督、指导的关系。执行机构作为比较特殊的人民法院的内设部门,具有强烈的行政化色彩。上级法院的执行机构对下级法院的执行机构具有管理及协调的权力。由上级法院执行机构对下级法院的执行行为合法性进行审查,一方面可以实现人民法院上下级监督作用(执行行为本身不可诉),另一方面也可以排除地方上其他社会力量的干扰,实现执行的正确与高效。

3. 执行异议之诉

对保全的财产主张实体权利，而对保全行为不服，救济的程序是执行异议之诉。根据《财产保全规定》第 27 条“人民法院对诉讼争议标的以外的财产进行保全，案外人对保全裁定或者保全裁定实施过程中的执行行为不服，基于实体权利对被保全财产提出书面异议的，人民法院应当依照民事诉讼法第二百二十七条规定审查处理并作出裁定。案外人、申请保全人对该裁定不服的，可以自裁定送达之日起十五日内向人民法院提起执行异议之诉。人民法院裁定案外人异议成立后，申请保全人在法律规定的期间内未提起执行异议之诉的，人民法院应当自起诉期限届满之日起七日内对该被保全财产解除保全”之规定，基于对保全财产的实体权利（如所有权）提出异议的主体只有案外人，其目的是阻止保全其财产或者阻止保全财产的交付。管辖法院是采取保全措施的法院。在审执分离体制改革后，执行异议之诉已经实现由审判部门对案件进行实体审查，以审判权运行的方式实现对执行实施权的监督。因此，由执行实施机构的审判部门对执行行为的适当性进行审查，也可以起到监督执行行为的作用。

财产保全中的执行异议之诉与民事执行中的执行异议之诉最大的区别在于，民事执行中的执行异议之诉争议的标的是被执行的财产，而财产保全中的执行异议之诉争议的标的必须是申请保全人与被保全人诉讼争议标的以外的财产。比如，在前述案件中，假设和基公司与桂盛公司合资、合作开发房地产所涉土地是 A，则在执行异议之诉中的争议土地只能是 A 以外的其他被保全的土地。如果志远公司是基于所有权而对 A 主张排除保全，则应当以有独立请求权的第三人的身份提起诉讼，以原告身份主张权利。在人民法院受理后，可以以被保全人的身份对保全裁定申请复议或提供相应担保解除保全。这也是财产保全中的执行异议之诉对案外人资格审查的要点。

4. 执行异议之诉的起诉条件

根据《民诉法解释》第 305 条“案外人提起执行异议之诉，除符合民事诉讼法第一百一十九条规定外，还应当具备下列条件：（一）案外人的执行异议申请已经被人民法院裁定驳回；（二）有明确的排除对执行标的执行的诉讼请求，且诉讼请求与原判决、裁定无关；（三）自执行异议裁定送达之日起十五日内提起。人民法院应当在收到起诉状之日起十五日内决定是否立案”的规定，诉讼保全中的案外人在提起执行异议之诉时也需要符合上述规定。需要注意的是，案外人执行异议之诉的起诉期限虽然也适用一般诉讼时效关于中断等的规定，但是起诉期限只有 15 天的时间（异议裁定送达时起计算）。15 天过后的法律效果是案外人已丧失起诉的资格而并非申请执行人获得诉讼时效的抗辩权。

（二）设立中公司责任承担规则

1. 发起人与设立中公司的法律关系

发起人、公司章程和资本是公司成立的三大要素。根据《公司登记管理条例》第3条“公司经公司登记机关依法登记，领取《企业法人营业执照》，方取得企业法人资格。自本条例施行之日起设立公司，未经公司登记机关登记的，不得以公司名义从事经营活动”之规定，设立中的公司是不具有法人资格的，是不能够从事民事法律行为的。所以，在不存在设立中公司这个民事实体的情况下，发起人与设立中公司的法律关系，实际上表现为发起人与公司之间的法律关系。公司的设立过程是自发起人订立发起协议开始。发起协议是发起人之间为设立公司这个共同目标而形成的民事合同，发起人之间形成合伙关系。从制定公司章程、资本募集到选任公司的董事会、监事会等机构与工作人员，多数工作均由发起人完成。也就是说，发起人与公司之间的关系是一种概括承受，即发起人在设立公司过程中与第三人所产生的债权债务关系由公司以其名义替代承受。

2. 公司设立成功时的责任承担规则

《民法典》第75条“设立人为设立法人从事的民事活动，其法律后果由法人承受；法人未成立的，其法律后果由设立人承受，设立人为二人以上的，享有连带债权，承担连带债务。设立人为设立法人以自己的名义从事民事活动产生的民事责任，第三人有权选择请求法人或者设立人承担”及最高人民法院《关于适用〈中华人民共和国公司法〉若干问题的规定（三）》第3条第2款“公司成立后有证据证明发起人利用设立中公司的名义为自己的利益与相对人签订合同，公司以此为由主张不承担合同责任的，人民法院应予支持，但相对人为善意的除外”规定了设立中公司责任的承担规则。在公司成功设立的情况下，对设立中的行为产生的法律后果承担主要是两个方面：(1)发起人以公司名义从事的民事活动，产生的法律后果由公司承担，但发起人为自己利益与相对人签订合同的除外；(2)发起人以自己名义从事民事活动，产生的法律后果由公司承担，但第三人可以选择发起人或者公司承担。

权利与义务是对等的，公司在承担责任的同时，也应当享有因发起人的设立行为而产生的民事权利。在公司成立后，其是这些权利的适格主体。成立公司是一个复杂的过程，准确区分发起人是为自己利益还是为公司利益从事民事活动，以及该民事活动是否属设立公司所需要保护之交易行为，是审判实务中需要注意的问题。本案中，宁朝敏作为志远公司的发起人，以志远公司的名义与桂盛公司签订合同，目的就是开发案涉土地项目。到本案诉讼时，志远公司未有其他经营活动。在志远公司成立后，并未对宁朝敏的行为提出异议。可见，合同签订行为是需要保护之交易行为。宁朝敏在成立志远公司时所签订案涉合同并没有自己去经营，也未以公司名义处理案涉土地，没有证据证明其是为个人利益签订合同，该行为也未损害其他股东及债权人利益，因而属于合法有效的发起行为。志远公司依法享有案涉合同所产生的权利。相应地，该合同产生的债务，也应当由公司承担。

3. 公司设立失败时的责任承担规则

对公司未设立产生的债权债务，公司的发起人之间对外承担连带责任。公司的债权人可以请求任一发起人承担责任。发起人之间的债权债务关系，应当按照合伙协议和民事合伙的规则处理。但是，如果发起人以自己名义为设立公司必要行为所产生的债务，对外债权人有权选择由该发起人承担或要求全体发起人承担连带责任。发起人以设立中公司名义为设立公司的非必要行为所产生的债务，其他发起人如果追认的，应当承担连带责任；不追认的，由行为人承担责任。发起人以自己名义为设立公司非必要行为所产生的债务，由该发起人自己承担相应的民事责任。人民法院在审理相关案件时公司已不能成立或在审理阶段不能成立的，按照公司设立失败处理。本案中，如果志远公司未设立，则宁朝敏等作为发起人可以以案外人身份主张相应权利来对抗人民法院的强制执行。

（三）国有土地使用权期待权保护认定

在目前执行异议之诉的专门司法解释及强制执行法未出台的情况下，实务中所审理有关物权的执行异议之诉案件通常都是参照《执行异议和复议规定》。虽然我国立法中还没有明确的物权期待权的概念、内涵、条件等相关规定，但对于《执行异议和复议规定》第 28 条设立的目的是保护物权期待权已经达成了共识，也把其作为认定物权期待权是否成立的标准之一。国有土地使用权作为物权的一种，当然也是参照《执行异议和复议规定》第 28 条进行判断其是否构成物权期待权，进而对抗人民法院强制执行。在签订转让合同后又以他人名义进行开发的情况下，认定付款行为是否完成及是否由案外人实际占有、未完成过户登记的原因是判断物权期待权成立的主要因素。

1. 关于付款行为的认定

案外人执行异议之诉重点审查案外人对执行标的是否享有相应的权利，能否排除人民法院的强制执行。特别需要注意案外人与被执行人有无相互串通、逃避执行的可能性，以防范虚假诉讼的发生。本案的特殊性之一在于付款行为并非由志远公司账户直接付至桂盛公司账户，而是陆续由志远公司的股东宁朝敏等以转款及现金方式交付给桂盛公司指定的账户，桂盛公司对此予以认可。因此，需要重点审查宁朝敏等人付款的真实性。本案中，一方面，案涉《房地产项目转让合同》签订后，志远公司根据合同约定，于2014年9月11日与16日，通过其股东宁朝敏个人账户向黄立夏先后分两笔转款3000万元与800万元。根据桂盛公司法定代表人黄东指定，于2015年7月7日，张祖韬受志远公司股东文海涛指示向桂盛公司法定代表人黄东账户转款200万元；于2015年7月10日，文雯受志远公司股东文海涛指示，向桂盛公司法定代表人黄东账户转款490万元；于2015年7月10日，志远公司以现金方式向桂盛公司交付10万元。志远公司通过其股东宁朝敏等向桂盛公司及指定收款人实际付款共计人民币4500万元，以上款项均有银行转账流水等证据予以证实，桂盛公司也出具收据和情况说明予以认可。在对银行流水的审查中未发现宁朝敏等人与桂盛公司黄立夏、黄东亦之间的个人债权债务关系。另一方面，2018年3月9日，在人民法院采取查封措施之前，桂盛公司以案涉土地为石埠乳业向中国光大银行股份有限公司南宁分行贷款人民币5000万元提供抵押担保并办理了抵押登记。债务人就是石埠乳业，石埠乳业的法定代表人张祖韬也是志远公司控股股东。桂盛公司以案涉土地为石埠乳业作抵押担保这一事实也可以说明志远公司已经完成了付款行为。否则，桂盛公司在志远公司未付清案涉土地转让价款的情况下，还用自己的土地为志远公司控股股东的企业借款担保，明显不合常理。案涉土地的担保数额与转让价款基本相当。以上的证据可以形成完整的证据链，按照民事诉讼优势证据的证明规则，可以认定付款行为已经完成并且不存在相互串通、逃避执行的行为。

2. 关于占有行为、未完成过户登记的原因的认定

对不动产的占有通常体现为直接性的控制，如对房屋的装修行为、居住行为、出租行为。本案中志远公司对案涉土地的占有并非直接性的控制，而是体现为对案涉土地进行勘探开发等行为，案涉土地实际上是闲置状态。在此，对占有应当作宏观性的理解，要结合其占有的意思及为实现直接性控制而采取的措施来判断。本案中，因案涉土地登记在桂盛公司名下，志远公司无法以自己名义对案涉土地进行勘探。同时，在志远公司与桂盛公司签订的合同中也明确约定了以桂盛公司名义对案涉土地进行勘探。因此，为开发做准备以及以案涉土地进行抵押借款的行为，表明了志远公司对案涉土地的占有意思和在能力范围之内的占有行为。桂盛公司并未对案涉土地进行排他性的控制，也未否认志远公司的占有行为，因此可以认定志远公司已经占有了案涉土地。

3. 关于未办理过户登记的原因的认定

非自身原因导致未办理过户登记是物权期待权成立的最后一个条件，案外人通常因为主观过错而怠于行使合同权利。本案未办理过户登记的原因是周边道路未建设而导致土地闲置，开发进度及条件不符合办理过户的条件。《城市房地产管理法》第 39 条规定房地产转让需要完成开发投资总额 25% 以上的转让条件。此为办理过户的必要条件，也是受让方需要完成的条件。在可以开发的情况下，如果因受让方自身原因长期未进行积极开发或者已符合转让条件的情况下未办理过户，可以认定为受让方的原因。本案中案涉土地是因客观条件导致无法开发，已经有行政机关的公文可以证明，故可以认定未办理过户非志远公司的过错。对案外人而言，在不属于自身原因导致未办理过户登记的情况下，可以认为其已经符合物权期待权成立的条件。

（四）案外人执行异议之诉的判项

对于一般的民事诉讼而言，人民法院在查清案件事实后依据相关法律直接作出支持或者驳回原告诉讼请求的判项。执行异议之诉与此不同，它的判项结果直接指向的是是否准许执行的问题。根据《民诉法解释》第 312 条“对案外人提起的执行异议之诉，人民法院经审理，按照下列情形分别处理：（一）案外人就执行标的享有足以排除强制执行的民事权益的，判决不得执行该执行标的；（二）案外人就执行标的不享有足以排除强制执行的民事权益的，判决驳回诉讼请求。案外人同时提出确认其权利的诉讼请求的，人民法院可以在判决中一并作出裁判”及第 313 条“对申请执行人提起的执行异议之诉，人民法院经审理，按照下列情形分别处理：（一）案外人就执行标的不享有足以排除强制执行的民事权益的，判决准许执行该执行标的；（二）案外人就执行标的享有足以排除强制执行的民事权益的，判决驳回诉讼请求”的规定，对于案外人执行异议之诉，人民法院如果认为案外人对执行标的享有排除执行的民事权益的，应当判决不得执行该执行标的。理所当然的是，案外人对部分执行标的享有排除执行的民事权益的，就判决不得执行，对其他部分应当驳回其诉讼请求。需要注意的是，案外人同时提出确认其权利的诉讼请求的，人民法院在此有自由裁量权。一般在不准许执行的情况下，为防范诉讼风险，可以由案外人与被执行人自己协商解决执行标的的权属问题。此种风险，是对于人民法院审查时虽然可以查明案外人对执行标的享有排除执行的权益，但不能否定仍存有第三人对于执行标的享有权属的可能性。执行异议之诉的首要目的是助力执行。因此，在无法排除执行标的真正权利人的情况下，一般建议对确权诉讼请求予以驳回。

结　语

执行的首要原则是效率优先。实践中在执行异议之诉与执行程序的衔接上还存在一个需要注意的问题。根据《民诉法解释》第314条"对案外人执行异议之诉,人民法院判决不得对执行标的执行的,执行异议裁定失效。对申请执行人执行异议之诉,人民法院判决准许对该执行标的执行的,执行异议裁定失效,执行法院可以根据申请执行人的申请或者依职权恢复执行"的规定,在执行异议裁定失效的情况下,执行法院对执行标的需要终止或者恢复执行。由于执行法院并非当事人,且一般情况下执行异议之诉争议较大,通常会持续到二审结束,因此,从终审判决生效到执行法院得知仍有一段时间。此时仍需要案外人或者申请执行人拿到判决的生效证明材料才得向执行法院申请终止或者恢复对执行标的的执行。这样既耽搁了执行效率,也会造成当事人诉讼成本的增加。如何做好执行异议之诉与执行程序的衔接,是执行异议之诉的裁判部门与执行机构需要共同努力的方向。笔者认为,在执行系统中添加执行异议之诉裁判部门对案件进行注明案件生效情况及建议是否执行的权力或是一个解决的途径。

查获尚未销售的非法经营烟草专卖品应认定犯罪既遂

——吴绍明犯非法经营罪抗诉再审案

王晓丹　徐　丽*

【裁判要旨】

行为人未经国家烟草专卖行政主管部门许可，无烟草专卖经营许可证而购进、运输烟草专卖品，在尚未销售前被查获，虽未完成销售行为，但烟草专卖品已完成购进、运输行为，即烟草专卖品已在流通领域交易，扰乱烟草专卖管理秩序，情节严重的，构成非法经营罪犯罪既遂。

【案件索引】

一审：广西壮族自治区南宁市兴宁区人民法院

(2019)桂0102刑初153号(2019年6月13日)

二审：广西壮族自治区南宁市中级人民法院

(2019)桂01刑终477号(2019年9月12日)

抗诉再审：广西壮族自治区高级人民法院

(2019)桂刑抗5号(2020年3月23日)

(2020)桂刑再3号(2020年9月22日)

【基本案情】

被告人吴绍明、曾俊、倪国军(曾俊、倪国军二人均已判决)为获取非法利益，在没有相关烟草专卖经营许可证的情况下共同出资购进走私

* 王晓丹，广西壮族自治区高级人民法院审判管理办公室一级法官助理；徐丽，广西壮族自治区高级人民法院审判监督第二庭四级高级法官。

卷烟意图贩卖获利。吴绍明负责卷烟的货源及销售，曾俊、倪国军负责接收、搬运、打包卷烟。2018年3月5日16时许，曾俊、倪国军在广西南宁市兴宁区三塘镇路东村柳杨坡一民房打包一批走私卷烟时被当场抓获，公安人员现场查扣到软盒红塔山（经典1956）1095条、硬盒红塔山（经典100）494条、硬盒云烟（紫）693条、硬盒ESSE LIGHTS 100条、硬盒ESSE MENTHOL 400条、硬盒云烟（如意）493条，经鉴定，上述卷烟系真品卷烟，但不能在广西卷烟市场销售，共价值人民币364900.5元。吴绍明于2018年12月27日被公安机关抓获。

【审判结果】

一审南宁市兴宁区人民法院于2019年6月13日作出（2019）桂0102刑初153号刑事判决，认定吴绍明犯非法经营罪，但因其购买的卷烟尚未销售，系犯罪未遂，给予吴绍明减轻处罚，判处有期徒刑4年6个月，并处罚金人民币5万元。

吴绍明不服，提出上诉。南宁市中级人民法院于2019年9月12日作出（2019）桂01刑终477号刑事裁定，认为非法经营罪是情节犯，只要达到情节严重标准，即构成犯罪既遂，一审认定犯罪未遂并减轻处罚错误，予以纠正，但根据上诉不加刑原则，驳回上诉，维持原判。

判决发生法律效力后，广西壮族自治区人民检察院向广西壮族自治区高级人民法院提出抗诉，认为吴绍明违法经营卷烟情节特别严重，其行为构成非法经营罪既遂，量刑应在5年以上有期徒刑，一审判决适用法律不当，量刑畸轻。

再审合议庭一致认为，本案中行为人无烟草专卖经营许可证、无烟草专卖品准运证而实施了跨区域购进、跨区域运输、储存等非法经营行为，且卷烟价值在25万元以上，情节特别严重，已经严重扰乱国家对烟草专卖品实施的专营管理秩序，已构成非法经营罪犯罪既遂。原判量刑畸轻，依法对被告人吴绍明改判有期徒刑5年，并处罚金人民币5万元。

经广西壮族自治区高级人民法院审判委员会讨论，一致认为：(1)吴绍明构成非法经营罪，且系犯罪既遂，对其改判有期徒刑5年，并处罚金人民币5万元。(2)本案涉案卷烟系来源于中越边境城市防城港市，虽被认定为走私香烟，但因为对于走私部分的事实没有证据证实而无法以走私罪论处，不利于打击边境走私犯罪。全区各级人民法院应当与检察院、公安、海关等相关部门沟通，完善打击走私犯罪的联动机制，建立完善执法、司法机关联席会议制度。

【裁判评析】

本案中对于吴绍明构成非法经营罪不存在争议，争议焦点在于查获尚未销售的烟草是否构成犯罪既遂。目前,法学理论上对于该问题主要存在以下两种不同观点:第一种观点认为,非法经营罪是情节犯,经营行为是复合行为,只要行为人实施了生产或者流通环节(包括收购、储存、运输、包装、批发、零售)的任一活动,即已扰乱了正常的市场秩序,扰乱了国家限制买卖物品经营许可的市场管理制度,对该罪的犯罪客体造成了侵害,情节严重的,即构成非法经营罪犯罪既遂;第二种观点认为,非法经营罪主观上以谋利为目的,生产、购买、储存、运输等一系列经营行为的最终落脚点都是为了销售并获得利益,只有进行了销售才是犯罪的完成,如果行为人因意志以外的原因而未得逞,卷烟尚未流入社会,应认定为犯罪未遂。

笔者同意第一种观点。理由如下:

首先,非法经营罪是情节犯,该罪既遂的成立要件应当以情节严重作为判断标准。最高人民法院、最高人民检察院《关于办理非法生产、销售烟草专卖品等刑事案件具体应用法律若干问题的解释》第3条规定非法经营烟草专卖品,"具有下列情形之一的,应当认定为刑法第二百二十五条规定的'情节特别严重':(一)非法经营数额在二十五万元以上,或者违法所得数额在十万元以上的;(二)非法经营卷烟一百万支以上的"。如本案中,吴绍明伙同他人违反国家规定,未经许可,非法购进、运输、打包专营专卖物品货值达364900.5元,其购进卷烟货值已达到司法解释规定的"情节特别严重"的情形。

其次,衡量非法经营烟草专卖品的行为是否构成犯罪既遂,还应从非法经营罪的构成角度出发。经营行为是复合行为,包括生产环节以及流通环节的收购、储存、运输、包装、批发、零售等一系列行为,只要实施了任一经营活动且情节严重即构成犯罪既遂。根据《烟草专卖品准运证管理办法》的规定,烟草专卖品准运证是运输烟草专卖品必备的合法证件。办理烟草专卖品准运证的前提是合法的烟草专卖品经营单位。本案中行为人无烟草专卖经营许可证、无烟草专卖品准运证而实施了跨区域购进、跨区域运输、储存等非法经营行为,虽未销售但已经使卷烟进入了市场的流通领域,应属非法经营罪犯罪既遂。

最后,判断非法经营罪是否既遂应当建立在准确理解该罪的保护法益和惩罚范围上。非法经营罪侵犯的法益是社会主义市场经济秩序。为维护市场经济秩序,我国法律和行政法规规定,对一些物品的经营、进口实行专营、专卖及许可证制度,从而实现对于垄断、暴利、背信等侵犯市场公平秩序的行为进行必要的干预。非法经营烟草专卖品犯罪活动,造成国家税款大量流失,严重冲击和扰乱了卷烟市场的正常秩序,破坏了国家烟草专卖制度,因此需要加大打击力度。如认为只有进行了销售才是犯罪既遂,不利于源头治理,也不利于维护社会主义市场经济秩序。

【实证检视】

笔者通过北大法意类案检索系统,以2019年1月1日至2021年6月20日为区间,以“非法经营罪”“非法经营烟草”“未销售”“未遂”为关键词进行全文检索,共检索出生效刑事判决36份。通过阅读整理,笔者发现司法实践中对于本罪的既、未遂的认定不统一,同案异判频发,亟须统一认识。

1. 全国范围内不统一。在36份判决中,对尚未销售的非法经营烟草制品认定为既遂的有19份,对尚未销售的非法经营烟草制品认定为未遂的有17份。分布情况如图1所示。

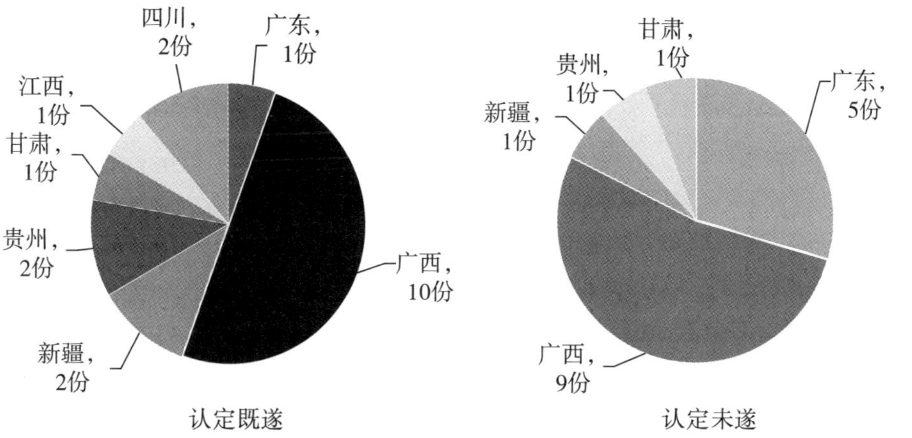

图1　各省(区)认定既遂、未遂情况

2. 同一省区内亦不统一。如在我区的19份相关判决中,对尚未销售的非法经营烟草制品认定为既遂的与认定为未遂的几乎各占一半,同案不同判现象较为明显。详细情况如表1所示。

表 1　我区认定既遂、未遂情况

分类	序号	裁判法院	案号
认定既遂	1	广西壮族自治区高级人民法院	(2020)桂刑再 3 号
	2	柳州市中级人民法院	(2020)桂 02 刑终 43 号
	3	南宁市中级人民法院	(2020)桂 01 刑终 270 号
	4	贵港市港北区人民法院	(2019)桂 0802 刑初 193 号
	5	桂林市临桂区人民法院	(2019)桂 0312 刑初 243 号
	6	防城港市中级人民法院	(2019)桂 06 刑终 117 号
	7	防城港市中级人民法院	(2019)桂 06 刑终 70 号
	8	北海市中级人民法院	(2019)桂 05 刑终 26 号
	9	北海市中级人民法院	(2019)桂 05 刑终 21 号
	10	钦州市钦南区人民法院	(2018)桂 0702 刑初 287 号
认定未遂	1	兴业县人民法院	(2020)桂 0924 刑初 183 号
	2	灵山县人民法院	(2020)桂 0721 刑初 128 号
	3	玉林市中级人民法院	(2020)桂 09 刑终 305 号
	4	玉林市中级人民法院	(2020)桂 09 刑终 143 号
	5	玉林市中级人民法院	(2019)桂 09 刑终 384 号
	6	玉林市中级人民法院	(2019)桂 09 刑终 349 号
	7	玉林市中级人民法院	(2019)桂 09 刑终 332 号
	8	钦州市中级人民法院	(2019)桂 07 刑终 143 号
	9	灵山县人民法院	(2018)桂 0721 刑初 464 号

【相关法条】

《刑法》第二百二十五条　【非法经营罪】违反国家规定，有下列非法经营行为之一，扰乱市场秩序，情节严重的，处五年以下有期徒刑或者拘役，并处或者单处违法所得一倍以上五倍以下罚金；情节特别严重的，处五年以上有期徒刑，并处违法所得一倍以上五倍以下罚金或者没收财产：（一）未经许可经营法律、行政法规规定的专营、专卖物品或者其他限制买卖的物品的；（二）买卖进出口许可证、进出口原产地证明以及其他法律、行政法规规定的经营许可证或者批准文件的；（三）未经国家有关主管部门批准非法经营证券、期货、保险业务的，或者非法从事资金支付结算业务的；（四）其他严重扰乱市场秩序的非法经营行为。

最高人民法院、最高人民检察院《关于办理非法生产、销售烟草专卖品等刑事案件具体应用法律若干问题的解释》第三条 非法经营烟草专卖品,具有下列情形之一的,应当认定为刑法第二百二十五条规定的"情节严重":(一)非法经营数额在五万元以上的,或者违法所得数额在二万元以上的;(二)非法经营卷烟二十万支以上的;(三)曾因非法经营烟草专卖品三年内受过二次以上行政处罚,又非法经营烟草专卖品且数额在三万元以上的。具有下列情形之一的,应当认定为刑法第二百二十五条规定的"情节特别严重":(一)非法经营数额在二十五万元以上,或者违法所得数额在十万元以上的;(二)非法经营卷烟一百万支以上的。

整体经营商业体中不具有事实上独立的商铺所有人基于多数人的共利共意负有强制缔约的义务

杨　钉　周　嫚*

【裁判要旨】

商铺业主在签订商铺购买合同时,即已知悉其所购买的商铺需整体经营管理,且该商铺区别于事实上独立的商铺,各商铺之间在平面上紧密相连,在空间上没有墙体分隔,没有独立的消防通道,没有独立的给、排水系统,单个商铺仍受商场整体限制,不具有结构上和使用上的独立性。商铺业主与商场签订租赁合同期满后,商铺业主在行使其所有权时应顾及其他业主的利益,尤其是多数业主的共同利益,在多数业主同意续签合同的前提下,不应直接判决商场返还商铺给少数业主,而应在大多数商铺业主同意维持现状的情况下,判定少数业主负有与原承租人强制缔约的义务,从而实现法律效果与社会效果的统一,以维持商场正常运营管理,确保各方权益不受到损害。

【案号】

一审:(2016)桂 0103 民初 8930 号

二审:(2019)桂 01 民终 10951 号

【基本案情】

原告:何某某、谢某。

* 杨钉,广西壮族自治区高级人民法院四级高级法官;周嫚,广西壮族自治区高级人民法院四级高级法官。

被告:A 公司、B 公司、C 公司。

2006 年 1 月 7 日,何某某、谢某向 C 公司购买某商场三层 G12 号商铺。何某某、谢某取得了房屋所有权证,载明:“规划用途:商业用房;建筑面积 12.7 平方米,其中套内建筑面积 6.24 平方米。”2008 年 12 月 20 日,何某某、谢某(委托人、甲方)与 B 公司(受托人、乙方)、C 公司(担保方、丙方)签订《委托租赁协议》,约定:甲方自愿将其出资购买的坐落于某地商场三层 G12 号商铺,委托乙方统一出租给 A 公司(以下简称承租方)整体经营管理。该物业产权登记面积为 12.7 平方米,购买总价为 119994 元。在协议有效期内,甲方将该物业不可撤销地特别授权给乙方统一出租管理,且甲方不参与经营管理。委托权限包括但不限于征得丙方同意后:(1)代为出租、转租本物业;(2)代为决定和修改物业的经营定位,代为决定和修改本物业经营范围和经营方式;(3)在不危及本物业基本结构安全的前提下,代为决定本物业的结构改造和装修;(4)代理其他与出租本物业有关的事项。乙方按合同约定将租金收入定期汇入指定账户。委托期限自 2006 年 9 月 1 日起至 2015 年 8 月 31 日止。违约责任:如乙方不按上述约定,准时向甲方支付租赁收入,则每逾期一日,按应付而未付租赁收入的 2‰向甲方缴付滞纳金;超过半年未付,甲方有权终止本协议。合同变更、终止:(1)合同终止:本委托租赁合同期满自行终止。(2)合同到期:在本合同期满前 1 年,由商铺业主大会决定商铺是收回经营权自行经营还是继续统一对外招租,并以书面形式通知乙方。

2008 年 8 月 28 日,B 公司、C 公司(甲方)与 A 公司(乙方)共同签订《租赁代理合同书》,约定:(1)为方便乙方经营,解决乙方承租商场第一层至第四层商场时与众多产权人签订承租合同的困难,乙方在已委托甲方向标的商场各产权人取得租赁代理权的基础上,由甲方代表产权人将标的商场整体出租给乙方经营。(2)甲方取得标的商场所有商铺出租期限均应至 2015 年 12 月 31 日。标的商场的出租合同由甲方统一代表标的商场的产权人与乙方签订,以保证乙方不再与各产权人签订类似的承租合同。在本合同有效期内,甲方代表标的商场的所有产权人将标的商场不可撤销地特别租赁给乙方经营管理。(3)标的商场租赁期限为 2007 年 1 月 1 日起至 2015 年 12 月 31 日止。(4)标的商场的租金由乙方直接支付给标的商场的各产权人。2011 年 10 月 26 日,前述各方又签订《租赁代理合同书补充协议》,就变更事项和新增租赁面积等内容达成补充条款。2013 年 11 月 1 日,B 公司(甲方)与 A 公司(乙方)签订《租赁合同补充协议(二)》,约定将涉案商城的租赁期限延长至 2035 年 12 月 31 日。

涉案商场负一层至四层共有商铺数量2928户,共有商铺面积51145.41平方米,尚未成立业主委员会。原《委托租赁协议》到期后,对于是否继续委托B公司统一出租管理,各业主意见不一。与B公司续签合同的业主有1866户,占业主总数的63.73%,未续签合同但实际已收取A公司支付的租金的业主有457户,占业主总数的15.61%;已与B公司续签合同的商铺面积为35139.41平方米,占商铺总面积的68.7%,未续签合同但已实际收取A公司支付的租金的商铺面积为6818.1平方米,占商铺总面积的13.33%。整个商场目前处于正常经营中。

《委托租赁协议》约定期限届满后,A公司共向何某某、谢某支付款项5448.3元。何某某、谢某以与各方未达成续租协议为由向法院起诉请求:(1)A公司返还商铺,协助疏散场地、搬离货物,并按同地段其他商城租金标准支付自2015年9月1日起至实际搬离商铺并办理交接手续之日止的占有使用费。(2)B公司、C公司承担连带责任。

【审判结果】

南宁市青秀区人民法院于2019年7月12日作出(2016)桂0103民初8930号民事判决,判令A公司、B公司共同向何某某、谢某支付占用费(计算方法:自2015年9月1日起至2018年12月6日止,按每年8382元计付,并扣减已支付的5448.3元),驳回何某某、谢某其他诉讼请求。

何某某、谢某不服一审判决,向南宁市中级人民法院提起上诉,请求撤销一审判决,改判支持其一审全部诉讼请求。

二审法院经审理认为,本案的争议焦点是:(1)案涉商铺和场所是否应当返还给上诉人;(2)上诉人请求支付商铺占用费有何法律依据及占用费标准应如何确定;(3)C公司是否应当承担连带责任。

1.关于案涉商铺是否应当返还给上诉人的问题。首先,虽然案涉商铺已进行物权登记,业主已依法取得商铺的产权证,对商铺享有占有、使用、收益和处分的权利;但案涉商铺有别于独立商铺,各商铺之间在平面上紧密相连,在空间上没有墙体分隔,也没有独立的消防通道,没有独立的给、排水系统,单个商铺仍受市场整体限制,不具有结构上和使用上的独立性。各业主在购买商铺之初,就直接通过与C公司、B公司签订《委托租赁协议》的形式,统一将商铺交由A公司进行整体经营和管理。因此,上诉人在购买案涉商铺时对商场统一规划、统一布局、统一经营、统一管理以获取经营收益具有一定的合同预期,即上诉人对案涉商铺的经营收益模式应属明知,其应当知道该商铺所有权的性质不能等同于独立商铺,其权利行使必然要受到一定的限制，必须服从于业主的整体意志及共同利益，必须接受商场整体功能发挥的限制和约束。其次，根据《委托租赁协议》第11条第2项“在本合同期满前一年，由商铺业主大会决定商铺是收回经营权自行经营或是继续统一对外返租，并以书面形式通知B公司”的约定及《物权法》第68条第1款“业主大会或者业主委员会的决定，对业主具有约束力”、第7条“物权的取得和行使……不得损害公共利益和他人合法权益”的规定，目前案涉商铺的业主中选择与B公司续签合同的业主，人数与所占面积比例均超过半数，虽然各业主系分别与B公司续约，并非通过召开业主大会的形式作出决定，但超过半数的业主已续约的事实应当视为多数业主已就商铺由A公司继续经营的事项作出了有效的共同决定，在多数业主均选择继续将商铺交由A公司进行整体经营的情况下，若将少数零散分布的商铺拆分返还，必然会破坏整个商场的结构，导致商场无法正常经营，并损害其他大部分业主的利益。目前只有继续对商场进行整体利用，才能最大限度地发挥商场的功能和作用，维护大部分业主的共同利益。故一审法院出于整体利益的考量，在本案中未支持上诉人要求返还案涉商铺的诉请，并无不当。

2. 关于商铺占用费的标准问题。因A公司至今仍占有使用案涉商铺，故理应向上诉人支付《委托租赁协议》届满后的商铺占用费。为维护广大业主的合法权益，占用费应由业主委员会与B公司协商确定，但鉴于商铺业主委员会尚未成立及多数业主已经续签协议对租金标准进行约定的事实，南宁市中级人民法院按照公平原则，根据多数业主与B公司续签协议约定的租金标准，确定本案占用费按照660元/年·平方米计算，一审判决认定的占用费计算标准并无不当，予以维持。上诉人上诉提出以其他标准计算占用费的主张，其依据不充分，理由亦不能成立。上诉人主张占用费期间从委托租赁期限届满的次日起至商铺返还之日止，一审判决计至一审庭审之日。由于案涉商铺不具备返还条件，一审庭审之后，A公司实际使用商铺的状态仍延续，占用费仍实际产生，故本院纠正为占用费支付至本判决生效之日。

3. 关于C公司应否承担连带责任的问题。根据《委托租赁协议》，C公司对委托租赁期间B公司支付租金收益的义务承担担保责任，现上诉人主张C公司对委托租赁期限届满后的商铺占用费承担连带责任，缺乏合同依据，本院不予支持。

综上所述，上诉人的上诉理由不能成立，一审判决认定事实清楚、适用法律正确，但一审判决对占用费期限计至一审庭审之日欠妥，本院予以变更。依照《民事诉讼法》第170条第1款第1项、第2项，第175条的规定，判决如下：

1. 维持南宁市青秀区人民法院（2016）桂0103民初8930号民事判决第二项；

2. 变更南宁市青秀区人民法院(2016)桂0103民初8930号民事判决第一项为:被上诉人B公司、A公司共同向上诉人何某某、谢某支付占用费(计算方法:自2015年9月1日起至本判决生效之日止,按每年8382元计付,并扣减已支付的5448.3元)。

【裁判评析】

本案的争议核心是在委托租赁协议约定期限届满后,在多数商铺业主选择与商场续签租赁协议的前提下,商场是否有权要求其他商铺业主继续履行合同义务,将商铺交由商场进行整体经营和管理?这一问题涉及强制缔约义务的理解与运用。

一、强制缔约的概念分析及域外比较

强制缔约,是指个人或企业负有应相对人的请求,与其订立契约的义务。易言之,即对相对人的要约,非有正当的理由不得拒绝承诺。

个人可依据自己意思形成法律关系的原则,即契约自由原则是近代民法理论的基本原则。但在经济社会发展过程中,当市场交易行为出现利益失衡并不断累加,将导致经济结构发生变化,甚至带来政治秩序的混乱。国家出于社会整体利益和维护社会经济秩序的目的,会对个人缔约自由进行一定程度的限制,避免无限制契约自由所造成的社会不公正,维护缔约各方的利益,从而实现实质上的社会公平。强制缔约义务设置的初衷就是保护人们的生活利益或者维护公共秩序而对个人或者企业的缔约自由作出的限制。

世界各国对强制缔约义务都有相关规定。《德国民法典》中没有关于强制缔约制度的一般性条款,但是《德国铁路交通法》第3条、第6条和第53条对强制缔约制度作了详尽的规定;《德国护理保险法》第5条第2款规定了经营汽车责任保险的保险企业,对负有保险义务的汽车持有人提供保险保障;《德国能源经济法》第10条规定了能源供应企业有义务向自己供能范围内的相对人供给能源;《德国反对不正当竞争法》第20条规定了禁止歧视的原则,该条第6款规定了一个经济或者职业联合组织,或者一个品质标志协会,可以负有接纳企业的义务。《法国劳动法》规定了雇主的强制缔约义务。在司法实践中,法国规定了某些使用格式合同的民事主体负有这一义务,如果民事主体拒绝相对人缔约请求的,那么该义务主体就必须承担法律责任。在美国,公共服务组织没有正当理由拒绝正当合理的缔约请求,可能会违反《美国反歧视法》的规定。[1]

我国现行法律对强制缔约没有统一明确规定,只有个别法律条款对某些主体的强制缔约义务进行了规定。如《民法典》第820条规定,“从事公共运输的承运人不得拒绝旅客、托运人通常、合理的运输要求”;《电力法》第26条第1款规定,“供电营业区内的供电营业机构,对本营业区内的用户有按照国家规定供电的义务;不得违反国家规定对其营业区内申请用电的单位和个人拒绝供电”;《执业医师法》第24条规定,“对急危患者,医师应当采取紧急措施进行诊治;不得拒绝急救处置”;《民法典》第726条及第305条分别规定了承租人的优先购买权与按份共有人的优先购买权,等等。

综上分析可知,强制缔约的出现和发展,主要是民法为适应社会经济环境的巨大转变而作出的调整。即使在我国现行的法律条文中,亦已体现强制缔约的“影子”,其中较为典型的就是我国《公司法》中规定的异议股东请求公司回购股份的权利。故而,笔者认为,在当今优化营商环境的经济大背景下,如何正确理解与运用强制缔约显得尤为重要。社会发展中的合同自由不是绝对的、不受限制的,在涉及社会公共利益领域(可理解为大多数的共利)而又没有法律规定的情况下,法院应根据具体案情及“公平正义”的价值取向自由裁量是否可以适用强制缔约的法理。

二、强制缔约的类型

强制缔约根据不同的标准,可以分为强制要约和强制承诺、直接强制缔约和间接强制缔约等。

(一)强制要约和强制承诺

根据照强制义务所处的阶段的不同,强制缔约可被区分为强制要约与强制承诺。强制要约,是指在某些类型的交易关系中,一方当事人必须向特定或者不特定的相对人发出要约,一旦相对人作出承诺,合同即告成立,如自动售货机、无人售票车、收费性公园等。在这些交易形式中,其营业本身就是以向社会公众公开、持续地发出要约的方式进行的,故而企业不得随意撤销其要约,无正当理由时也不得拒绝相对人的承诺。强制承诺,是指一方当事人负有接受相对人的要约而与其订立合同的义务,非有正当理由不得拒绝承诺。如公路、铁路、飞机、电信、煤气、自来水等关乎人们日常用

---

[1] 江金凤:《论违反强制缔约义务的民事责任》,南昌大学2015年硕士学位论文。

行的行业，即负有应消费者的请求而与其订立合同的义务。[1]

也有学者认为，强制缔约不包括强制要约。首先，自动售货机与无人售票车因其不具有辨别相对人的能力，对其赋予强制缔约义务并无实益，将之视为强制缔约并不合适。其次，收费性公园往往有专人负责售卖门票，其设置只能看作一种要约邀请，而购票人的购票行为属于要约。此种情况下，收费性公园负有强制承诺的义务则更为合理。[2]

笔者认为，对强制缔约应作狭义理解，仅限定在强制承诺范畴，不应包括强制要约。原因是如果强制要约人履行义务，没有相对人承诺，不一定导致合同成立，且如果要约义务人不履行要约义务，也无须承担相应的民事责任，因此，强制要约的效果与强制缔约设置的初衷相悖。

（二）直接强制缔约和间接强制缔约

有学者根据强制缔约的义务是否来源于法律规定，将强制缔约分为直接强制缔约和间接强制缔约。直接强制缔约主要包括公共运输领域的强制缔约义务，电信企业的强制缔约义务，供电企业的强制缔约义务，供水企业的强制缔约义务，供气、供热的企业的强制缔约义务，医院及医生在危重病人就医、急诊情况下的强制缔约义务；保险业的强制缔约义务，优先购买权制度下的强制缔约义务，建设用地使用权续期场合的强制缔约义务等。间接强制缔约包括商店、理发、住宿、餐饮等服务业在一定条件下的强制缔约义务，地役权制度中的强制缔约义务。[3]

另有学者根据违反强制缔约义务的后果不同来区分直接强制缔约和间接强制缔约。对直接强制缔约而言，当负有缔约义务的一方不接受他方的要约时，要约人得诉请公权力介入，强制受要约人为承诺的意思表示；对间接的强制缔约而言，如果缔约义务人拒绝承诺，要约人只能依民法关于侵权行为的规定请求损害赔偿，因为滥用法律上或者事实上的独占地位，特别是居于这种优势地位的企业拒绝以一般所接受的且妥当的条件来缔约是违反善良风俗的行为。[4] 前者主要包括越界建筑、法定地上权的成立、共有人的优先购买权、有承受委托之公然表示者拒绝承诺时之通知义务、土地所有人对地上权人工作物的购买权以及地上权人的补偿请求权、承揽人的抵押

〔1〕 参见崔建远：《强制缔约及其中国化》，载《社会科学战线》2006 年第 5 期。

〔2〕 参见贾翱：《强制缔约制度重思》，载《行政与法》2015 年第 3 期。

〔3〕 参见崔建远：《强制缔约及其中国化》，载《社会科学战线》2006 年第 5 期。

〔4〕 参见黄茂荣：《民事法判解评释》（修订版），1985 年自版发行，第 351～352 页。

权。后者主要包括公用事业的强制缔约义务和基于特定身份或职业而发生的强制缔约义务。[1]

根据缔约义务主体的不同,强制缔约还可分为公益事业主体强制缔约义务、国家在特定情形下负有强制缔约义务、普通民事主体的强制缔约义务等。

三、违反强制缔约义务的法律后果

由于强制缔约是一种法律拟制的契约义务,如果缺少法律责任的辅助,它的功能将会大打折扣。那么,在缔约义务人不履行缔约义务时,应该承担什么样的责任呢?

(一)缔约过失责任说

该学说认为,当事人违反强制缔约义务拒绝与相对人缔结契约的行为是一种缔约过失行为,应当承担缔约过失责任。因为强制缔约义务是基于对法律的信赖,这种信赖比先契约义务的信赖程度更深,而且违反义务的行为是发生在契约成立之前,违反强制缔约义务将给契约相对人信赖利益造成损害。

(二)侵权责任说

德国、法国和我国台湾地区均持这种观点。理由在于,基于违反保护他人的法律或基于违背公序良俗原则,凡是独立于合同关系之外的发生损害的事实即为侵权责任,是由于违反强制缔约义务实际上损害了相对人的利益,应该为自己的侵权行为负责。

(三)独立责任说

该说认为,违反该义务所产生的是一个独立的责任类型。强制缔约义务的设立,是为使公共服务部门履行其应尽的社会职能,以满足人民基本的生活需要,因而违反强制缔约义务的承担方式主要是强制合同的订立。这与侵权责任的承担方式主要是赔偿损害完全不同。

笔者认为,缔约过失责任的赔偿范围以受害人遭受的信赖利益为限,侵权责任则以过错和发生实际损害为前提,单一适用这两者都不足以全面维护当事人合法权益和社会经济秩序。因此,不宜简单认定违反强制缔约义务的责任类型,而要从司法实务出发,对违反强制缔约义务的责任进行区分处理。在强制缔约义务人没有正当理由拒绝相对人的订约请求时,若合同的性质属于继续性合同,为保障相对人能够获得生存和发展的权利,以充分贯彻强制缔约义务宗旨,法院应该强制义务人与相对人订

---

〔1〕 参见易军、宁红丽:《强制缔约制度研究——兼论近代民法的嬗变与革新》,载《法学家》2003 年第 3 期。

立合同。若合同的性质属于一时性合同时，再强制其与相对人订立合同，对相对人而言可能已经没有必要。[1] 与此同时，基于过错原则，义务人应赔偿因违反强制缔约义务给相对人造成的利益损失。

四、本案商铺业主应承担强制缔约义务

在本案中，基于上述强制缔约义务原理，业主何某某、谢某应该继续履行与B公司签订的《委托租赁协议》中的义务，将案涉商铺继续交由A商场统一经营管理。理由如下：

第一，根据《委托租赁协议》的约定，在合同期满前1年，由商铺业主大会决定商铺是收回经营权自行经营还是继续统一对外返租，并以书面形式通知B公司。在合同期限届满后，虽然没有成立业主委员会，但商场大多数商铺业主选择继续签订合同，将商铺交由A公司继续经营管理，为了确保商场正常运营、多数业主继续得到租金的共利，对何某某、谢某是否缔约的自由有必要进行一定程度的限制，即为何某某、谢某设定与B公司和A公司强制缔约之义务。从这个意义上来看，强制缔约制度的目的并不在于对一方当事人的自由予以限制，而是赋予另一方当事人以权利，当这种权利没有得到实现的时候给予救济。本案中，以何某某、谢某为代表的少数业主的自由极大扩张，必然以牺牲大多数业主的自由和利益为代价。因此，设置强制缔约义务就是为了解决这种自由扩张造成的实质不平等，是对已经倾斜的、被滥用的自由进行矫正。

第二，在购买商铺之初，何某某、谢某通过与B公司、C公司签订《委托租赁协议》的形式，统一将商铺交A公司进行整体经营和管理。何某某、谢某在购买案涉商铺时对商场统一规划、统一布局、统一经营、统一管理以获取经营收益的模式是知晓的。且何某某、谢某所购商铺所有权的性质不能等同于独立商铺，是不能拆分的整体，其权利行使必然要受到一定的限制，必须服从于业主的整体意志及共同利益，必须接受商场整体功能发挥的限制和约束。否则，何某某、谢某非独立的商铺将难以实现作用最大化，其自身权益也终将受损。

第三，从当前服务优化营商环境的视角，南宁市两级法院对此类案件的判决也可资借鉴。假使依据租赁合同约定时限，何某某、谢某等业主与A公司、B公司的权利义务在2015年8月31日就已经终止了，如果法院仅依据合同关系终止而判决商场

---

〔1〕 冉克平：《论强制缔约制度》，载《政治与法律》2009年第11期。

返还商铺，商场就无法正常经营至今了。全国此类商业体不在少数，在现行法律未明确的情况下，如果法院不刻以少数商铺业主强制缔约之义务，则将对实体经济发展造成难以修复的损害，商场、商铺业主包括消费者在内的各方利益都将无法得以保障。

综上所述，如果商铺业主在签订商铺购买合同时，即已知悉其所购买的商铺是需整体经营管理，且该商铺区别于事实上独立的商铺，单个商铺仍受商场整体限制，不具有结构上和使用上的独立性，那么当此类商铺业主与商场签订租赁合同期满后，商铺业主行使其合同自由权时应受到一定限制，在多数业主同意续签合同的前提下，应判定少数业主负有与原承租人强制缔约的义务，而不能简单判决商场返还商铺。

同一消费事件中公益诉讼与私益诉讼的关系

——广西壮族自治区贵港市人民检察院诉梁某、韦某、马某侵害消费者权益公益诉讼案

韩胜强　周艳华*

【裁判要旨】

消费民事公益诉讼的目的在于维护社会公共利益,即不特定的广大消费者权益,而同一消费事件往往公益与私益并存。对于二者之间的关系,目前司法解释遵循的基本原则是,公益诉讼中不能一并处理私益诉讼请求,公益诉讼的提起也不影响私益诉讼适格原告另行提起新的诉讼,以解决其自身合法权益受到损害的问题。除法律和司法解释规定的特殊情形外,消费民事公益诉讼中提起的私益诉讼请求,一般不应支持。有权提起消费民事公益诉讼的机关或者社会组织在公益诉讼中径行主张《食品安全法》第148条规定的惩罚性赔偿权利,目前人民法院不应将该项诉讼请求纳入作为公益诉讼审理范围。

【相关法条】

最高人民法院《关于适用〈中华人民共和国民事诉讼法〉的解释》第二百八十八条　人民法院受理公益诉讼案件,不影响同一侵权行为的受害人根据民事诉讼法第一百一十九条规定提起诉讼。

* 韩胜强,广西壮族自治区高级人民法院环境资源审判庭法官;周艳华,广西壮族自治区高级人民法院环境资源审判庭法官助理。

最高人民法院《关于审理消费民事公益诉讼案件适用法律若干问题的解释》第九条 人民法院受理消费民事公益诉讼案件后，因同一侵权行为受到损害的消费者申请参加诉讼的，人民法院应当告知其根据民事诉讼法第一百一十九条规定主张权利。

第十七条 原告为停止侵害、排除妨碍、消除危险采取合理预防、处置措施而发生的费用，请求被告承担的，人民法院可予支持。

第十八条 原告及其诉讼代理人对侵权行为进行调查、取证的合理费用、鉴定费用、合理的律师代理费用，人民法院可根据实际情况予以相应支持。

【案件索引】

一审：广西壮族自治区贵港市中级人民法院（2018）桂08民初27号民事判决（2018年12月19日）。

二审：广西壮族自治区高级人民法院（2019）桂民终227号（2019年8月22日）。

【基本案情】

2012年4月，梁某在平南县大坡镇大坡街开设"耀平副食店"（原名"源利批发部"），经营日用品、百货、预包装食品等。韦某在平南县寺面镇寺面街开设"利源日杂批发部"，经营日杂、副食品等。马某在平南县大洲镇大洲街开设"马六副食店"，经营日杂、副食品等。2014年2月至7月，梁某通过非正常渠道购进假冒的"桂山牌"海藻碘盐并用于销售，其中销售给经营"利源日杂批发部"的韦某1397.5千克，销售给经营"马六副食店"的马某1075千克，共计销售2472.5千克，销售额12020元。韦某从梁某处购买该批假冒盐品后，除了被平南县盐务管理局扣押209.41千克外，其余的1188.09千克全部批发给本镇各村屯小店或零售给附近街坊居民；马某从梁某处购买该批假冒盐品后，除了被平南县盐务管理局扣押1849千克外，其余的1056.51千克也全部批发给本镇各村屯小店或零售给附近街坊居民。经韦某、马某销售后流入消费市场未收回的假冒盐品共计2244.6千克（1188.09+1056.51=2244.6）。从梁某、韦某、马某处提取该批盐品样品经检验，均是盐品碘含量为零，不符合GB 26878—2011《食用盐碘含量》的规定，该批盐品不合格。2015年11月30日，平南县人民法院判决梁某犯销售不符合安全标准的食品罪，判处有期徒刑10个月，并处罚金2.5万元。2016年1月29日，贵港市中级人民法院裁定驳回梁某的上诉，维持原判。该刑事裁判已经发生法律效力。本案经销售后流入市场未收回的假冒碘盐有2244.6千克。

平南县是缺碘地区，仍需补碘，预防碘缺乏病。长期食用缺碘食盐，足以引起人体严重食源性疾病,对人民群众身体健康造成极大危害和影响。

广西壮族自治区贵港市人民检察院(以下简称贵港市检察院)于 2017 年 12 月 26 日在《检察日报》上刊登公告,告知有关组织就梁某销售不符合安全标准的假冒碘盐侵害众多消费者合法权益的行为提起民事公益诉讼。30 日公告期满,有关组织没有提起民事公益诉讼。贵港市检察院向贵港市中级人民法院提起侵害消费者权益公益诉讼,请求:(1)判令梁某、韦某、马某消除危险。其中,韦某与梁某承担连带责任,负责收回已流入消费市场的 1188.09 千克中尚未被食用的假冒碘盐并依法处置;马某与梁某承担连带责任,负责收回已流入消费市场的 1056.51 千克中尚未被食用的假冒碘盐并依法处置。(2)判令梁某、韦某、马某各自在平南县电视台及平南县的县级主要媒体上向社会公众赔礼道歉。(3)判令韦某与梁某承担连带责任,支付韦某所销售的流入消费市场的假冒碘盐价款十倍的赔偿金 57758.71 元;判令马某与梁某承担连带责任,支付马某所销售的流入消费市场的假冒碘盐价款十倍的赔偿金 51361.98 元。

在诉讼过程中,贵港市中级人民法院经征求梁某、韦某、马某的意见,三人表示愿意履行贵港市检察院的第一个请求;对贵港市检察院第二个请求,愿意在《贵港日报》赔礼道歉;对贵港市检察院第三个请求,愿意各赔偿人民币 5000 元。

【审判结果】

贵港市中级人民法院一审认为,梁某、韦某、马某的行为构成侵犯众多消费者权益,应当依法承担消除危险、赔礼道歉和支付赔偿金的责任,但贵港市检察院的起诉已经超过诉讼时效,鉴于梁某、韦某、马某自愿履行义务,可以按照梁某、韦某、马某的意见判决。贵港市中级人民法院依照《食品安全法》第 63 条、第 148 条第 2 款,最高人民法院《关于审理消费民事公益诉讼案件适用法律若干问题的解释》第 13 条第 1 款的规定,判决:(一)韦某与梁某应在本判决生效之日起一个月内负责收回已流入消费市场的 1188.09 千克中尚未被食用的假冒碘盐并依法处置;(二)马某与梁某应在本判决生效之日起一个月内负责收回已流入消费市场的 1056.51 千克中尚未被食用的假冒碘盐并依法处置;(三)梁某、韦某、马某应在本判决生效之日起十日内各自在《贵港日报》上发表经该院认可的赔礼道歉声明;(四)梁某、韦某、马某应在判决生效之日起十日内分别向该院支付惩罚性赔偿金 5000 元,由该院上缴国库。一审案件受理费 175 元,由梁某、韦某、马某共同负担。

贵港市检察院不服一审判决,提起上诉,请求:撤销一审判决第三项,改判韦某与梁某连带支付韦某所销售的流入消费市场的假冒碘盐价款十倍的赔偿金 57758.71

元,判令马某与梁某连带承担支付马某所销售的流入消费市场的假冒碘盐价款十倍的赔偿金 51361.98 元。事实与理由:(1)本案诉讼时效期间应当从贵港市检察院取得公益诉讼起诉资格之日起计算。本案属于《产品质量法》第 45 条第 1 款规定的“因产品存在缺陷造成损害要求赔偿”的情形,应当适用该条款规定的诉讼时效期间,自贵港市检察院知道或者应当知道其权益受到损害时起计算。然而,《民事诉讼法》2017 年 7 月始赋予检察院提起公益诉讼的程序权利,故本案的诉讼时效应当从 2017 年 7 月 1 日起计算。(2)贵港市检察院的诉前公告具备时效中断的效果。贵港市检察院于 2017 年 12 月 26 日在《检察日报》上发布公告,告知有关组织就本案提起公益诉讼,该行为属于贵港市检察院主张权利的一种方式,具备使诉讼时效中断的法律效果,诉讼时效应当从发布公告之日起重新计算。(3)贵港市检察院没有怠于行使提起公益诉讼的程序性权利。新修正的《民事诉讼法》于 2017 年实施,贵港市检察院于 2017 年 11 月 2 日获悉本案的线索后,于 2017 年 11 月 23 日将本案立为民事公益诉讼案件进行审查处理,并及时完成审查,在全国性媒体上进行公告,同时层报最高人民检察院审查批准提起诉讼。最高人民检察院于 2018 年 5 月 25 日批准同意提起本案公益诉讼,贵港市检察院便及时提起诉讼。综上,贵港市检察院认为本案起诉未超过诉讼时效,一审判决适用法律错误,判决错误。

梁某、韦某、马某答辩称:民事公益诉讼同样应当遵循民事诉讼法关于诉讼时效的规定。本案诉讼时效的起算日应当是自治区盐业产品质量监督站出具检验报告的日期,即 2014 年 7 月 25 日,至 2018 年 6 月 28 日本案一审起诉,已经将近过去 4 年时间,明显超过了诉讼时效。贵港市检察院未参加梁某销售不符合安全标准食品罪的刑事程序,不能作为其不知道梁某销售假盐损害社会公共利益的理由。根据贵港市检察院在一审起诉书中的表述,平南县人民检察院在履行审查起诉职责时,就发现了上述情况。综上,一审判决认定事实清楚,适用法律正确,请求驳回贵港市检察院的上诉请求。

广西壮族自治区人民检察院派员出庭并在庭审中发表意见:(1)本案的诉讼时效期间应当从 2017 年 7 月 1 日起计算。检察机关提起民事公益诉讼与普通民事诉讼具有不一样的权利基础,不能简单以案涉合法权益遭受损害的消费者的起诉时效作为民事公益诉讼时效的起算时间,而应当以检察机关知道或者应当知道公益受损之日起计算。《民事诉讼法》2017 年 7 月始赋予检察院提起公益诉讼的程序权利,故本案的诉讼时效应当从 2017 年 7 月 1 日起计算。(2)贵港市检察院的诉前公告具备时效中断的效果。贵港市检察院于 2017 年 12 月 26 日在《检察日报》上发布公告,告知有关组织就本案提起公益诉讼,该行为属于贵港市检察院主张权利的一种方式,具备使诉讼时效中断的法律效果,诉讼时效应当从发布公告之日起重新计算。(3)贵港市检察院提起的 10 倍惩罚性赔偿应予支持。诉请惩罚性赔偿金,旨在使食品药品领域制假售假的行为人在经济上受到制裁,使其付出高昂的代价,同时震慑潜在的不法分子。在消费民事公益诉讼案件中如何体现惩罚性赔偿的赔偿、教育、预防功能,需要通过这个案件来推动制度的确立和完善。

广西壮族自治区高级人民法院二审认为,本案为人民检察院提起的侵害消费者权益公益诉讼。消费民事公益诉讼的目的在于维护社会公共利益,即不特定的广大消费者权益,而非特定消费者的个体私益。《食品安全法》第 148 条规定的损害赔偿责任,是受到损害的这一特定消费者的个体私益,即使该主体尚未明确,但并不能否认该权益的私益属性。根据目前的法律及司法解释规定,贵港市检察院依据《食品安全法》第 148 条规定提起的第三项诉讼请求即"判令韦某与梁某承担连带责任,支付韦某所销售的流入消费市场的假冒碘盐价款十倍的赔偿金 57758.71 元;判令马某与梁某承担连带责任,支付马某所销售的流入消费市场的假冒碘盐价款十倍的赔偿金 51361.98 元"不应作为公益诉讼审理的范围,一审法院将此项请求纳入公益诉讼审理并作出实体判决不当,该院予以纠正。广西壮族自治区高级人民法院依照最高人民法院《关于适用〈中华人民共和国民事诉讼法〉的解释》第 330 条规定,于 2019 年 8 月 22 日作出(2019)桂民终 227 号民事裁定:(一)撤销贵港市中级人民法院(2018)桂 08 民初 27 号民事判决第四项;(二)驳回贵港市检察院要求"判令韦某与梁某承担连带责任,支付韦某所销售的流入消费市场的假冒碘盐价款十倍的赔偿金 57758.71 元;判令马某与梁某承担连带责任,支付马某所销售的流入消费市场的假冒碘盐价款十倍的赔偿金 51361.98 元"该项诉请的起诉。

对于本案贵港市检察院的其他诉讼请求,即"韦某与梁某承担连带责任,负责收回已流入消费市场的 1188.09 千克中尚未被食用的假冒碘盐并依法处置;马某与梁某承担连带责任,负责收回已流入消费市场的 1056.51 千克中尚未被食用的假冒碘盐并依法处置"和"梁某、韦某、马某各自在平南县电视台及平南县的县级主要媒体上向社会公众赔礼道歉",广西壮族自治区高级人民法院认为,梁某、韦某、马某的行为已构成侵犯众多消费者合法权益的损害社会公共利益的行为。一审法院针对上述两项诉讼请求分别作出的第一项至第三项判决有事实和法律依据,各方当事人对一审判决第一项至第三项均未上诉请求改判,且未损害国家利益、社会公共利益、他人合法权益或者违反法律禁止性规定,故该院予以维持。至于贵港市检察院上诉主张该项诉讼请求的诉讼时效问题。因《食品安全法》第148条的损害赔偿责任,是受到损害的消费者的个体私益,其诉讼时效应当根据消费者不同的情况予以确定。故贵港市检察院关于本案诉讼时效期间应当统一从人民检察院取得公益诉讼起诉资格之日起计算以及贵港市检察院的诉前公告具有时效中断的效果等诉讼意见,缺乏法律依据。但一审判决认为"检察院起诉已经超过诉讼时效"亦属不当,且该表述使人误解贵港市检察院本案中关于要求消除危险、赔礼道歉的诉请也已超过诉讼时效,故该院特予指正。广西壮族自治区高级人民法院依照《民事诉讼法》第170条第1款第1项的规定,于2019年8月22日作出(2019)桂民终227号民事判决:维持贵港市中级人民法院(2018)桂08民初27号民事判决第一项、第二项、第三项。一、二审案件受理费合计200元,由被上诉人梁某负担100元,被上诉人韦某、马某各负担50元。

【裁判评析】

本案为人民检察院提起的侵害消费者权益公益诉讼。消费民事公益诉讼的目的在于维护社会公共利益,即不特定的广大消费者权益,而非特定消费者的个体私益。《食品安全法》第148条以及《消费者权益保护法》第55条规定的损害赔偿权利,都是受到损害的这一特定消费者的个体私益,即使该主体尚未明确,但并不能否认该权益的私益属性。根据目前的法律及司法解释规定,贵港市检察院依据《食品安全法》第148条规定提起的第三项诉讼请求即"判令韦某与梁某承担连带责任,支付韦某所销售的流入消费市场的假冒碘盐价款十倍的赔偿金57758.71元;判令马某与梁某承担连带责任,支付马某所销售的流入消费市场的假冒碘盐价款十倍的赔偿金51361.98元"不应作为公益诉讼审理的范围。理由如下:

其一,公益起诉人在公益诉讼中主张《食品安全法》第148条规定的损害赔偿权利,不符合民法上的民事主体对其民事权利自由处分原则,也缺乏法律依据。根据民法的基本原理,民事主体的民事权利受法律保护,有权按照自己的意愿依法行使民事权利,不受干涉,任何组织或者个人不得侵犯。受到损害的特定消费者有权按照自己的意愿依法行使和处分该民事权利。公益起诉人以未见受到损害的特定消费者主张该权益为由,径行以公益诉讼起诉人身份主张《食品安全法》第148条规定的私益属性的赔偿权利,缺乏法律依据。

其二,根据最高人民法院《关于适用〈中华人民共和国民事诉讼法〉的解释》第288条"人民法院受理公益诉讼案件,不影响同一侵权行为的受害人根据民事诉讼法第一百一十九条规定提起诉讼"以及最高人民法院《关于审理消费民事公益诉讼案件适用法律若干问题的解释》第9条"人民法院受理消费民事公益诉讼案件后,因同一侵权行为受到损害的消费者申请参加诉讼的,人民法院应当告知其根据民事诉讼法第一百一十九条规定主张权利”之规定,在处理因同一消费事件引起的公益诉讼与私益诉讼之间的关系时,公益诉讼中不能一并处理私益诉讼请求,公益诉讼的提起也不影响私益诉讼中适格原告另行提起新的诉讼,以解决其自身合法权益受到损害的问题。公益诉讼中提起的私益诉讼请求,除法律和司法解释规定的特殊情形外,如最高人民法院《关于审理消费民事公益诉讼案件适用法律若干问题的解释》第17条“原告为停止侵害、排除妨碍、消除危险采取合理预防、处置措施而发生的费用,请求被告承担的,人民法院应依法予以支持”、第18条“原告及其诉讼代理人对侵权行为进行调查、取证的合理费用、鉴定费用、合理的律师代理费用,人民法院可根据实际情况予以相应支持”等,一般不应支持。

其三,在公益诉讼中径行依据《食品安全法》第148条的规定行使赔偿请求权,会导致公益和私益的混淆,存在如下问题:(1)根据《食品安全法》第148条的规定,受到损害的消费者可以选择向生产者或经营者主张权利,除要求赔偿损失外,受到损害的消费者还可选择不同计赔方式主张惩罚性赔偿。如公益诉讼起诉人在公益诉讼中径行主张《食品安全法》第148条规定的惩罚性赔偿权利,那么受到损害的消费者另行提起私益诉讼时,在程序上是否还有权主张惩罚性赔偿或另外选择更有利于自己的不同计赔方式要求赔偿等问题无法回避,且难以解决,相应地对受到损害的消费者另行提起私益诉讼的独立性产生影响。(2)即使不考虑上述影响,现有制度下公益诉讼将本属于私益性的赔偿上缴国库,在无赔偿金分配给受损害消费者的制度设计前提下,受到损害的消费者另行提起私益诉讼时,该级人民政府应否作为当事人的程序问题复杂化,亦不符合诉讼效率的目的。(3)《食品安全法》第148条规定的损害赔偿责任,是受到损害的消费者的个体私益,其诉讼时效应当根据消费者不同的情况予以确定,在一个公益诉讼程序中难以解决。

其四,从公法的角度看,国家对公民、法人或其他组织课以公法责任应当具有法律依据。法律赋予的惩罚性赔偿权利,也有激励消费者维权的立法目的。以避免侵权者应承担的侵权责任落空为由,以公益诉讼方式将该私法债权上缴国库,案涉的民事惩罚性赔偿的性质将在事实上与行政罚款、刑事罚金相似,类似加重其公法责任,法律依据及法理基础不足。

其五,从现行民事诉讼制度看,诉讼标的是同一种类、当事人一方人数众多在起诉时人数尚未确定的,《民事诉讼法》第54条以及最高人民法院《关于适用〈中华人民共和国民事诉讼法〉的解释》第77条至第80条规定了代表人诉讼制度。受到损害的消费者不仅可以单独提起诉讼，而且也可以通过代表人诉讼维护权益。公益诉讼旨在维护社会公共利益，私益诉请即使涉及人员众多且不确定，也宜通过代表人诉讼而非公益诉讼解决。基于诉请的私益属性，无权利人的让渡或法律规定，公益诉讼起诉人在公益诉讼中径行主张《食品安全法》第 148 条规定的惩罚性赔偿权利，不宜支持。

竞争性磋商期间向采购方发送侵权警告函的正当性分析

——以北京平治东方科技股份有限公司诉山东御银智慧金融设备有限公司虚假宣传及商业诋毁纠纷案为例

陈雪娇*

【裁判要旨】

对采取公开竞争性磋商方式进行采购的项目,在参与响应的供应商范围确定后磋商结果公布前,行为人作为参与响应的供应商之一直接向采购方发送侵权警告函,介绍其享有的相关技术、业绩等,具有使采购方选择其作为最终供应商的意图,该发函行为具有商业宣传性质,如存在虚假或者引人误解的内容,应认定构成虚假宣传。因警告的时间和对象较为特殊,行为人对其警告行为负有较高的审慎注意义务,如警告内容缺乏确定的权利依据及侵权事实,损害其他竞争者的商业信誉的,将构成商业诋毁。

【案号】(2020)桂民终1785号

【基本案情】

原告:北京平治东方科技股份有限公司(以下简称平治东方公司)。

被告:山东御银智慧金融设备有限公司(以下简称御银公司)。

2019年1月31日,邮政广西分公司在中国邮政网发布《中国邮政集团公司广西壮族自治区分公司代理金融网点电话营销系统采购项目

* 陈雪娇,广西壮族自治区高级人民法院民三庭法官助理。

竞争性磋商公告》,就“代理金融网点电话营销系统采购项目”以公开竞争性磋商方式进行采购,邀请合格供应商提交响应文件参与竞争性磋商。该项目采购内容为电话营销设备 400 台、智能电话营销系统 1 套、相关系统接口集成服务,项目最高限价为 84 万元,响应文件递交截止时间为 2019 年 2 月 13 日。2019 年 2 月 13 日,平治东方公司按照邮政广西分公司发布的竞争性磋商公告要求,交纳 1 万元报价保证金参与邮政广西分公司上述“代理金融网点电话营销系统采购项目”的竞争性磋商,御银公司亦参与了该项目的竞争性磋商。

响应文件递交截止日之后,御银公司于 2019 年 2 月 28 日向邮政广西分公司发出《知识产权侵权告知函》,称:从邮政广西分公司发布的采购文件看,未来能与贵公司的邮政数据应用平台系统对接并提供精准电话营销的客户营销管理解决方案的供应商,只有本公司才是唯一的、合法的,贵公司上述行为已涉及知识产权侵权等风险。邮政广西分公司拟通过技术交流和公开竞争性磋商方式选择 1 家或多家企业为贵公司提供与本公司类似或相同的商品和服务,已侵犯本公司上述知识产权和涉嫌不正当竞争的风险。侵权风险说明如下:(1)软件著作权侵权的风险:如果贵公司将本公司系统技术方案、技术参数、产品功能介绍、宣传文字材料作品或电话营销系统软件等相关资料、技术允许他人或协助他人使用,抄袭、剽窃、盗用、非法复制、未经著作权人许可擅自使用的行为将涉嫌违反《著作权法》,贵公司已知上述违法行为而允许他人或协助他人抄袭、剽窃、盗用、非法复制、未经著作权人许可擅自使用与本公司产品著作权相同的电话营销系统软件产品和服务,贵公司将面临高额赔偿、项目停建、民事和刑事上的法律风险。(2)发明专利侵权的风险:本公司电话营销系统软件及智能设备通过软硬件结合的方式已为全国 10 个省邮政分公司解决了精准营销、智慧营销及营销管理方面的难题,整套系统功能、技术的实现本公司已申请了发明专利,专利名称为《基于云计算的企业客户营销智能化管理系统》,发明专利号:201710549830.3,该发明专利已于 2017 年 11 月 24 日进行发明公布,目前已进入实质审查待授权阶段,已受《专利法》保护。如果未经本公司授权贵公司明知上述违法行为而允许他人使用或协助他人抄袭、剽窃、盗用、非法复制、未经我公司许可擅自使用与本公司发明专利权、著作权相同的电话营销系统产品和服务,贵公司和关联方将面临高额赔偿、项目停建、民事和刑事上的法律风险。该侵权告知函附有计算机软件著作权登记证书及发明专利的申请受理通知书、发明专利申请及进入实质审查阶段通知书。同日,御银公司委托律所向邮政广西分公司发出《律师函》,函件主要内容为:邮政广西分公司的采购文件及采购方式涉嫌知识产权侵权。涉案项目采购文件中“技术(服务)规范”部分对御银公司拥有著作权的技术资料进行复制并公开发布，构成著作权侵权。涉案项目所涉核心技术知识产权属御银公司所有，如其他供应商提供与其相同或相似的商品和服务，则涉嫌知识产权侵权。邮政广西分公司以竞争性磋商方式采购，采购方式涉嫌违法。2019 年 3 月 12 日，邮政广西分公司向平治东方公司送达成交通知书，平治东方公司最终获得该采购项目，成为项目供应商。

御银公司于 2017 年 7 月 7 日向国家知识产权局提交名称为“基于云计算的企业客户营销智能化管理系统”的发明专利申请，2020 年 12 月 1 日获得授权，专利号为 ZL201710549830.3。御银公司在其发明专利申请未获授权期间，在其网站文章以及在发给客户的公司介绍 PPT 中，以“发明专利号:201710549830.3”字样描述其基于云计算的客户关系管理系统。

2019 年 10 月 24 日，平治东方公司向南宁市中级人民法院提出诉讼请求，主张御银公司在其网站、向客户提供的公司介绍 PPT、侵权告知函、律师函等中使用“发明专利号”宣传其产品技术，以及在侵权告知函、律师函中使用“唯一的、合法的”字样进行宣传，构成引人误解的虚假宣传。御银公司在侵权告知函、律师函中，虚构其是唯一、合法的供应商，暗射平治东方公司抄袭、剽窃、盗用、非法复制其拥有合法著作权的产品和服务，侵害其商誉，构成商业诋毁。平治东方公司起诉请求法院判令御银公司停止其不正当竞争行为，赔礼道歉，消除影响，赔偿经济损失 500 万元以及合理费用 168189 元。

【审判结果】

一审法院认为，平治东方公司的经营范围与御银公司的经营范围存在重叠部分，特别是在电话机的销售上，双方存在直接的竞争关系。平治东方公司与本案具有直接利害关系，有权提起本案诉讼。《广告法》第 12 条第 3 款规定:“禁止使用未授予专利权的专利申请和已经终止、撤销、无效的专利作广告。”御银公司明知自己的技术未获授予专利权，仍宣传其产品为发明专利产品，客观上足以使相关公众对其产品的特性产生错误认识，误解其产品为专利产品，为自己获取竞争优势，同时也损害了其他经营者的合法权益，构成引人误解的虚假宣传。对于御银公司在侵权告知函中使用“唯一的、合法的”字样进行宣传的行为，邮政广西分公司采购文件中的技术(服务)规范，仅对采购的商品的功能作出了规定，没有对实现商品功能的技术提出要求，没有针对实现技术作出限制。商品的功能与实现该功能的技术显然是存在区别的，两者并非简单的一一对应的关系。御银公司在并未对参与涉案项目的供应商的产品采取的技术进行比对的情况下，宣称其系“唯一的、合法的”供应商，缺乏基本事实支撑。

御银公司宣称其系涉案项目的“唯一的、合法的”供应商，使相关公众对其产品产生错误认识，为御银公司获得不当的竞争优势，减损了其他经营者公平竞争的机会，损害了其他经营者的合法权益，破坏了公平竞争的市场秩序，御银公司的该行为构成引人误解的虚假宣传。关于御银公司的被诉行为是否构成商业诋毁的问题。一审法院认为，御银公司在参与邮政广西分公司涉案项目竞争性磋商之后、磋商结果公布之前，向邮政广西分公司发送涉案侵权告知函、律师函，函件中虽附有权利证明文件，但缺乏具体侵权事实作为依据，内容空泛，且律师函中有“本项目应采用单一来源方式采购”等表述。由此可以看出，函件并非完全以维权为目的，按一般理解，邮政广西分公司在接到函件后往往会担心侵权事宜而使其与其他参与竞争性磋商的经营者的商业关系受到影响，干扰了邮政广西分公司与其他经营者之间的商业关系，影响交易秩序。因此，该发函行为具有市场竞争属性。如前文所述，一方面，御银公司并未获得专利授权，不享有其所称的专利权；另一方面，御银公司称其系涉案项目的“唯一的、合法的”供应商缺乏充分的事实依据。御银公司在缺乏事实依据的情况下，在函件中使用“违法行为”“允许他人使用或协助他人抄袭、剽窃、盗用、非法复制、未经我公司许可擅自使用”“贵公司和关联方将面临高额赔偿、项目停建、民事和刑事上的法律风险”等用语，对参与涉案项目竞争性磋商的经营者及其产品进行贬低性宣传，损害了参与竞争的经营者的商誉。一审法院认定御银公司的行为构成不正当竞争，判令御银公司停止侵权，并在其官网刊登声明消除影响，赔偿经济损失及合理开支共计 8 万元。御银公司不服一审判决，提起上诉。

二审法院认为，关于是否构成虚假宣传的问题。根据《反不正当竞争法》第 8 条第 1 款“经营者不得对其商品的性能、功能、质量、销售状况、用户评价、曾获荣誉等作虚假或者引人误解的商业宣传，欺骗、误导消费者”的规定，判断被诉行为是否构成虚假或引人误解的宣传，应当符合以下要件：(1)被诉行为属于商业宣传；(2)该商业宣传的内容虚假或者引人误解；(3)有欺骗、误导消费者的后果。本案中，御银公司在其官网上的宣传、向客户提供的公司介绍 PPT 属于商业宣传行为容易识别，但是其向邮政广西分公司发送的侵权告知函、律师函，是否属于商业宣传争议较大。御银公司认为，其向邮政广西分公司发送的函是“点对点”的“私人”警示函、维权函，不是宣传行为，更不是广告。但二审法院认为，御银公司作为参与涉案项目竞争性磋商的供应商之一，在竞争性磋商期间直接向涉案项目的采购方发函，并在函件中介绍其拥有解决涉案项目的软件技术以及在相同领域与其他单位的合作情况，意欲使采购方选择其作为最终的供应商，较之向社会公众所作的商业宣传，这种就特定事项向特定对象发送的函件更能达到宣传的效果,应认定具有宣传性质。被诉商业宣传的内容是否虚假或者引人误解,则应结合具体的行为内容和表现形式进行分析:御银公司在其官网使用“发明专利号”字样宣传其产品技术,并未说明该专利处于实质审查阶段尚未获得专利授权,容易使相关公众误认为其已实际取得发明专利权,并违反了《广告法》第12 条第 3 款“禁止使用未授予专利权的专利申请……作广告”的规定。御银公司在向客户提供的公司介绍 PPT、侵权告知函中虽然使用了“发明专利号”,但已对专利处于申请阶段如实进行了说明,不属于虚假宣传。御银公司发送的律师函中并没有使用“发明专利号”宣传其产品技术,一审认定该行为构成虚假宣传,缺乏事实依据。御银公司在侵权告知函中使用“唯一的、合法的”字样的行为,结合函件的原文表述进行文义解释,“唯一的、合法的”修饰的是“供应商”,虽然邮政广西分公司在其发布的竞争性磋商文件中公布的技术规范与御银公司提供的技术资料在功能描述方面基本相同,但御银公司没有证据证明实现这些功能的技术具有唯一性,且这种唯一技术只有御银公司掌握,故其称是涉案项目唯一的、合法的供应商,缺乏事实依据。被诉行为是否有欺骗、误导消费者的后果。御银公司在官网中使用“发明专利号”宣传其尚未获得专利权的技术,容易使消费者误认为其已经实际取得专利权,这种误导性宣传容易影响消费者理性决策,分流他人的潜在消费者,损害市场竞争秩序。同样地,御银公司在没有充分事实依据的情况下,直接向涉案项目的采购方宣传其为唯一的供应商,容易使采购方误认误购,具有欺骗、误导消费者的后果。综上所述,御银公司在其官网使用“发明专利号”以及在侵权告知函中使用“唯一的、合法的”字样的行为违反了《反不正当竞争法》的规定,属于虚假或引人误解的宣传。

关于御银公司的行为是否构成商业诋毁的问题。本案中,御银公司在向邮政广西分公司发送的侵权告知函、律师函中就专利侵权和著作权侵权作出了警告,但因被诉构成商业诋毁的是著作权侵权警告行为,故对该问题的审查仅针对御银公司作出的著作权侵权警告。二审法院认为,根据《反不正当竞争法》第 11 条“经营者不得编造、传播虚假信息或者误导性信息,损害竞争对手的商业信誉、商品声誉”的规定构成商业诋毁行为有两个要件:一是编造、传播虚假信息或者误导性信息;二是损害竞争对手的商业信誉、商品声誉。具体到本案,被诉著作权侵权警告是否构成商业诋毁,应在上述构成要件内综合御银公司的权利状况,警告的内容、对象、时机、意图等因素进行判断。御银公司称邮政广西分公司在采购文件中“技术(服务)规范”部分对其拥有著作权的技术资料进行复制构成侵权,但未提供相应的权属证明,其称是涉案项目唯一的供应商亦与事实不符,故御银公司作出的著作权侵权警告缺乏基本的事实支撑。那么,该警告是否损害了平治东方公司的商业信誉、商品声誉?二审法院认为,御银公司发送侵权警告的时间处于涉案项目响应时间截止但磋商结果尚未公布期间,此时参与响应的供应商范围已经固定,御银公司在函件中提及的“关联方”“其他供应商”,对象具有可确定性。御银公司在此期间向涉案项目的采购方邮政广西分公司发送侵权警告,在没有事实依据的情况下称其是涉案项目唯一的供应商,如采购方选择其他供应商的产品将面临著作权侵权等,意在影响采购方的交易选择,使采购方对平治东方公司等提供的产品的合法性产生怀疑,误认为平治东方公司的产品存在复制、抄袭他人作品的情形,对平治东方公司的商誉作出负面评价,御银公司的行为损害了竞争对手平治东方公司的商业信誉、商品声誉,构成商业诋毁,应承担相应的民事责任。平治东方公司最终是否获得涉案采购项目,是民事责任承担部分应予考虑的问题,并不影响被诉行为构成商业诋毁的认定。综上所述,御银公司的行为构成不正当竞争,应承担相应的民事责任,二审判决驳回上诉,维持原判。

【裁判评析】

在知识产权保护实践中,权利人发现自己的权利受侵害时,通常会向涉嫌侵权的相关人员发送侵权警告以寻求解决纠纷。关于侵权警告的性质,最早认为是民法上的自助行为,但随着司法实践的发展,认为这是一种由知识产权派生出来的救济性权利[1]或维权手段,应受到禁止权利滥用原则的限制,这已基本达成共识。如果权利人借侵权警告的名义滥用权利,为谋求市场竞争优势或者破坏竞争对手的竞争优势,损害竞争对手的合法权益,则该侵权警告将构成商业诋毁或其他不正当竞争行为。在司法实践中,因侵权警告引发的诉讼不少,但大多表现为确认不侵权案件[2],直接针对侵权警告本身是否构成虚假宣传或者商业诋毁等不正当竞争行为的案件,为数不多。本案在现有类似裁判的基础上,对判断侵权警告行为是否构成不正当竞争进行了有益探索,具有一定的实践意义。

1. 明确了被诉行为属于商业宣传是判断是否构成虚假宣传的第一要件。1993 年

---

〔1〕 孔祥俊:《反不正当竞争法新原理(分论)》,法律出版社 2019 年版,第 328 页。

〔2〕 最高人民法院《关于审理侵犯专利权纠纷案件应用法律若干问题的解释》第 18 条规定:“权利人向他人发出侵犯专利权的警告,被警告人或者利害关系人经书面催告权利人行使诉权,自权利人收到该书面催告之日起一个月内或者自书面催告发出之日起二个月内,权利人不撤回警告也不提起诉讼,被警告人或者利害关系人向人民法院提起请求确认其行为不侵犯专利权的诉讼的,人民法院应当受理。”

施行的《反不正当竞争法》第9条〔1〕对商业宣传的方式作出规定,即利用"广告或者其他方法"进行宣传,但在实践中的认定一直都比较困难,后来在2017年的法律修订中直接将其删除,不再规定商业宣传的具体方式。现行法律虽然没有规定宣传的具体方式,但是构成虚假宣传的行为在性质上仍需为宣传行为,这仍是一个基本的前提。本案中,对御银公司发送侵权告知函和律师函的行为是否属于宣传行为争议较大,二审明确将其作为构成虚假宣传的第一要件进行分析。在案件的处理过程中,有观点认为,涉案函件仅向邮政广西分公司发送,函件中虽然提及其产品及相关的知识产权,但主要目的是提示存在的知识产权侵权风险,是一种常见的维权手段,不属于商业宣传行为。但多数意见认为,随着市场经济的发展,商业宣传的方式日益多样,软广告、商业植入等手段越来越高明,仅凭外在表现形式很难进行识别,御银公司作为参与涉案项目竞争性磋商的供应商之一,直接向涉案项目的采购方发函,虽在函件中介绍其拥有解决涉案项目的软件技术并向采购方提示侵权风险,但在采购方选择决策期间称其是涉案项目唯一的供应商,其意欲使采购方选择其作为供应商的意图和目的较为明显,是以侵权警告之名行商业宣传之实。该案二审判决明确了在被诉行为是否属于商业宣传争议较大时,应结合行为的主体、对象、内容、时机等因素对被诉行为是否属于商业宣传进行综合分析。

2. 厘清了《反不正当竞争法》与《广告法》之间的关系。这个问题主要发生在虚假宣传行为的认定问题上,即被诉宣传行为违反《广告法》是否构成《反不正当竞争法》所规制的虚假宣传行为?本案中,一审法院适用《广告法》第12条第3款,认为御银公司在专利申请阶段以发明专利号进行宣传的行为违反法律规定,容易使相关公众对其产品的特性产生错误认识,为自己获取竞争优势,损害了其他经营者的合法权益,其行为属于不正当竞争行为中的虚假宣传行为。该论证容易让人产生违反《广告法》即违反《反不正当竞争法》的错误认识。二审判决对此问题予以明晰,《广告法》是针对广告行为的行为规范,不要求主观过错或法律后果要件,只要存在法律禁止的情形即违反《广告法》,而不正当竞争行为则有其具体的构成要件,如虚假宣传行为,除了考虑宣传的内容是否虚假或者引人误解,还要考虑是否有欺骗、误导消费者的后果。所以,违反《广告法》的行为并非一定是不正当竞争行为,是否构成不正当竞争,还应结合具体的构成要件进行分析判断。

---

〔1〕 1993年《反不正当竞争法》第9条规定:"经营者不得利用广告或者其他方法,对商品的质量、制作成分、性能、用途、生产者、有效期限、产地等作引人误解的虚假宣传。"

3. 明确了判断侵权警告是否构成商业诋毁，应在法律构成要件的框架内，结合警告的时机、内容、对象、意图以及所依据的权利进行认定。一审法院以侵权警告行为具有市场竞争属性为逻辑起点，认为函件内容缺乏事实依据以及使用了贬低性用语，最终认定构成商业诋毁，判决结果虽然正确，但没有区分侵权警告的权利类型，导致论证逻辑层次不够清晰，理由不够充分。本案中，御银公司发送的函件涉及著作权侵权警告和专利权侵权警告，而被诉构成商业诋毁的是著作权侵权警告，从权利的稳定性来看，著作权专利权更加稳定，故在判断侵权警告是否有权利依据和侵权事实的问题上相对容易。假设本案被诉构成商业诋毁的是专利权侵权警告，如御银公司在发出专利权侵权警告时并未获得专利权，但事后获得了授权，或者在发出侵权警告时享有专利权，但事后专利被宣告无效或被诉产品（方法）未落入专利权的保护范围，在这种情形下，如何判断警告行为的正当性有不同的观点。一种观点认为，应采结果标准，以最终的权利状态确定先前的警告是否有编造、传播虚假信息的情形。笔者认为，采用这样的判断标准准确性较高，但是这也使警告人承担了过重的责任，其必须在证据确凿无疑的情形下方可发出权利警告，否则将会构成侵权。由于专利权具有不稳定性，权利人无法准确预测其权利的最终状态，如等到权利最终确定后方进行侵权警告将无意义，也违背了通过侵权警告鼓励当事人自行解决纠纷的制度初衷。另一种观点认为，应对侵权警告的行为进行整体分析，即行为标准，综合考量警告的时机、内容、对象、意图等因素对警告行为的正当性作出综合判断，此种标准考虑了市场、政策等法外因素，有利于实现权利人行使权利与保护竞争者市场利益之间的平衡。本案二审借鉴了行为标准，并使其回归到商业诋毁法律要件的框架内进行充分考量，通过分析权利人的权利基础，警告的时机、对象、范围、意图等因素，判断侵权警告是否编造、传播了虚假信息或者误导性信息，损害了竞争对手的商业信誉、商品声誉，明确了该类型案件的判断思路与规则。

商标侵权成立情形下基于相同侵权事实的反不正当竞争行为判定

——广西南宁市恒焱贸易有限公司等与昆明群英经贸有限公司、昆明群之英科技有限公司侵害商标权及不正当竞争纠纷案

潘曌东*

【裁判要旨】

被诉侵权人销售侵犯他人注册商标的产品时,附带提供载有商标权人企业名称的假冒《产品质量检验报告》及《合格证书》(以下简称假冒产品资质文件),权利人据此主张被诉侵权人同时构成商标侵权及不正当竞争,若人民法院已认定商标侵权行为成立的情况下,则在判定是否构成不正当竞争行为时,应注意区分商标侵权与不正当竞争构成要件的差异,考虑被诉侵权人提供假冒产品资质文件的主观目的是销售被诉侵权产品而非攀附他人企业名称。如果权利人在诉讼中无法明确主张不正当竞争诉请的具体行为指向,也未能提供证据证明被诉侵权行为已造成扰乱市场竞争秩序的后果,那么基于相同的侵权事实,在已获得商标法保护的情况下,不宜再给予反不正当竞争法的重合保护。

【案件索引】

一审:(2017)桂01民初914号

二审:(2019)桂民终760号

---

* 潘曌东,广西壮族自治区高级人民法院民三庭法官助理。

【基本案情】

上诉人(原审被告):广西南宁市恒焱贸易有限公司(以下简称恒焱公司)。

被上诉人(原审原告):昆明群英经贸有限公司(以下简称群英公司)、昆明群之英科技有限公司(以下简称群之英公司)。

原审被告:周毅(系恒焱公司法定代表人)、十一冶建设集团有限责任公司(以下简称十一冶公司)。

原审原告群英公司于2011年1月14日经国家工商行政管理总局商标局核准注册第7843671号"WAB"商标,该商标核定使用在第6类"金属水管、金属管道配件、金属管道"等商品上。同日,群英公司与群之英公司签订《商标使用许可合同》,该合同约定由群英公司将该商标许可给群之英公司使用,许可期限为2011年1月14日至2021年1月13日,群之英公司未经群英公司授权,不得以任何形式和理由将该商标许可第三方使用。2016年10月31日,柳州市柳江区工商局接到群英公司举报后,在十一冶公司承建工程项目工地查扣一批涉嫌侵害"WAB"商标权的铁铸导流三通管,上述被查处的产品金额约9万元。2017年9月7日,柳州市柳江区工商局对恒焱公司作出《行政处罚决定书》。此外,群英公司、群之英公司认为恒焱公司、周毅伪造群之英公司的《产品合格证》《检验报告》等产品资质文件,并以群之英公司经销商的名义销售被诉侵权产品,构成不正当竞争。恒焱公司为一人有限责任公司,其法定代表人周毅与恒焱公司的人格混同,应共同承担责任。十一冶公司以明显低于市场价格采购,亦应承担侵权责任。群英公司、群之英公司诉至法院,请求判令恒焱公司、周毅、十一冶公司停止侵权,并赔偿经济损失及维权合理开支共计33万元,同时承担本案诉讼费、保全费、鉴定费等费用。

恒焱公司、周毅辩称,其并不存在侵权行为,群英公司已授权恒焱公司使用涉案商标,被诉侵权行为是在得到授权后实施的。此外,恒焱公司是有限责任公司,周毅是公司的法定代表人,二者之间不存在连带责任的关系。十一冶公司辩称,其通过合法渠道向恒焱公司购买涉案被诉侵权产品时,已经查验相应证照、合格证、检验报告,已尽到相应的注意义务。铁铸导流三通管的市场价格在160元左右,十一冶公司购买被诉侵权产品的单价为150元,并非以明显低于市场的价格购买。综上,群英公司、群之英公司请求十一冶公司赔偿损失的诉请没有事实和法律依据。

【审判结果】

广西壮族自治区南宁市中级人民法院(以下简称一审法院)经审理认为,本案被诉侵权产品为铁铸导流三通管,根据《商标法》及相关司法解释的规定,被诉侵权产品上的标识与涉案注册商标“WAB”在视觉上基本无差别，且各方当事人在一审庭审中均认可两者构成相同，被诉侵权产品与涉案注册商标核定使用的商品为同种商品，恒焱公司委托他人生产被诉侵权产品并销售给十一冶公司，一审法院认定恒焱公司生产、销售被诉侵权产品，十一冶公司使用被诉侵权产品。恒焱公司抗辩其在被诉侵权产品上使用“WAB”标识系已经得到群之英公司的授权许可，属于合法使用，在群之英公司否认授权恒焱公司使用涉案商标的情况下，恒焱公司在诉讼中提供的证据不足以证明其属于合法使用注册商标的情形，故一审法院认定涉案被诉侵权产品侵犯了群英公司、群之英公司的注册商标专用权，但群英公司、群之英公司未能举证证明恒焱公司与周毅存在人格混同，一审法院未支持其主张周毅与恒焱公司共同承担侵权责任的诉请。十一冶公司在购买被诉侵权产品时已经查验了相关证照及产品资质文件，尽到相应的合理注意义务，且十一冶公司购买被诉侵权产品的价格并未明显低于市场价格，一审法院认定十一冶公司的行为并未侵害群英公司、群之英公司的注册商标专用权。

关于恒焱公司、周毅的行为是否构成不正当竞争问题。由于本案被控侵权行为发生于2016年，根据法不溯及既往原则，应适用修改前《反不正当竞争法》的相关规定。根据修订前《反不正当竞争法》第5条第3项及最高人民法院《关于审理不正当竞争民事案件应用法律若干问题的解释》第6条第1款的规定，本案中，“昆明群之英科技有限公司”是群之英公司经核准注册的企业名称，恒焱公司在销售被诉侵权产品给十一冶公司时，附带提供了产品检验报告及合格证，其中产品检验报告上载明生产单位为“昆明群之英科技有限公司”，合格证上显著位置亦载明生产、质检单位为“昆明群之英科技有限公司”，在群之英公司否认上述产品资质文件由其出具和提供的情况下，恒焱公司未能就上述产品资质文件的合法来源进一步举证，故一审法院认定恒焱公司未经群之英公司许可，在商业活动中擅自使用群之英公司的企业名称，其行为在客观上使相关公众误认为被诉侵权产品系群之英公司生产或授权生产，构成不正当竞争。综上，一审法院依照《侵权责任法》、《商标法》、《反不正当竞争法》、最高人民法院《关于审理商标民事纠纷案件适用法律若干问题的解释》等相关规定，判决：(1)恒焱公司立即停止生产、销售侵害群英公司“WAB”注册商标专用权的产品；(2)恒焱公司立即停止对群之英公司的不正当竞争行为；(3)恒焱公司赔偿因商标侵权造成的群英公司、群之英公司经济损失及维权合理开支共9万元；(4)恒焱公司赔偿因不正当竞争行为造成的群之英公司经济损失及维权合理开支共4万元；(5)驳回群英公司、群之英公司的其他诉讼请求。

宣判后,恒焱公司不服一审判决,提起上诉。

恒焱公司认为其已支付商标许可使用费且取得涉案“WAB”注册商标许可使用权,因而委托他人生产并销售标注有“WAB”标识且规格为 DN125 × 100 的铁铸导流三通管,所以恒焱公司主张其行为并未侵害群英公司、群之英公司的注册商标专用权。由于其并未构成商标侵权,所以亦不构成不正当竞争行为。

广西壮族自治区高级人民法院(以下简称二审法院)经审理认为,根据柳州市柳江区工商局查处侵权产品时制作的现场笔录等证据材料显示,被诉侵权产品铁铸导流三通管上均标注了“WAB”标识,经比对该标识与第 7843671 号“WAB”注册商标在视觉上基本无差别,且被诉侵权产品与涉案注册商标核定使用的商品属于同种商品,因此被诉侵权产品属于侵犯注册商标专用权的商品。恒焱公司上诉主张其系合法使用商标,但其在诉讼中无法举证证明已经支付商标许可使用费并获得授权许可的事实,二审法院对其上诉理由不予采信,一审法院认定恒焱公司侵害群英公司、群之英公司的注册商标专用权正确。

关于恒焱公司是否构成不正当竞争的问题。群英公司、群之英公司在一审中主张恒焱公司的行为同时构成不正当竞争,在二审中经释明,群英公司、群之英公司无法指明恒焱公司实施的哪个行为构成不正当竞争。一审法院认为由于恒焱公司无法举证证明其向十一冶公司销售被诉侵权产品时附带提供的《云南省产品质量监督检验研究院检验报告》及《合格证明》等产品资质文件的合法来源,故认定恒焱公司伪造产品资质文件,构成实施仿冒企业名称权的不正当竞争行为。但二审法院认为,恒焱公司向十一冶公司销售被诉侵权产品时附带提供该产品的相关资质文件,其目的是销售被诉侵权产品而非实施混淆市场的不正当竞争,群之英公司在诉讼中并未提供恒焱公司其他以群之英公司的企业名称开展市场交易的事实,也未提供证据证明上述行为扰乱了市场竞争秩序以及相关公众易对经营主体产生混淆的后果。由于本案已经认定恒焱公司构成侵害注册商标专用权,并判决恒焱公司承担相应的侵权责任,二审法院结合恒焱公司在本案中侵权行为的牵连性及未扰乱市场竞争秩序的后果等因素,不再认定恒焱公司另行构成不正当竞争行为。一审法院认定恒焱公司另行构成不正当竞争行为并判决恒焱公司承担赔偿损失 4 万元的民事责任欠妥,二审法院予以纠正。

据此,二审法院判决:(1)维持南宁市中级人民法院(2017)桂 01 民初 914 号民事判决第一项、第三项、第五项;(2)撤销南宁市中级人民法院(2017)桂 01 民初 914 号民事判决第二项、第四项。

【裁判评析】

一、关于是否构成商标侵权的判定问题

本案被诉侵权产品为标注有“WAB”标识的铁铸导流三通管，在商标比对方面，恒燚公司被控侵权的“WAB”标识与涉案注册商标标识在视觉上基本无差别，被控侵权标识与涉案注册商标构成商标相同。在商品类别比对方面，被诉侵权产品铁铸导流三通管与涉案注册商标核定使用的商品属于同一种商品。综上，可以认定恒燚公司构成《商标法》第 57 条第 1 项、第 3 项[1]规定的侵犯注册商标专用权的行为。恒燚公司在一审、二审中抗辩不构成商标侵权的理由是其已获得涉案注册商标的许可使用权并缴纳商标许可使用费。《民事诉讼法》第 64 条第 1 款规定：“当事人对自己提出的主张，有责任提供证据。”最高人民法院《关于适用〈中华人民共和国民事诉讼法〉的解释》第 90 条规定：“当事人对自己提出的诉讼请求所依据的事实或者反驳对方诉讼请求所依据的事实，应当提供证据加以证明，但法律另有规定的除外。在作出判决前，当事人未能提供证据或者证据不足以证明其事实主张的，由负有举证证明责任的当事人承担不利的后果。”由于诉讼中恒燚公司提供的证据不足以证明其已获得授权许可使用涉案注册商标的事实，因此一审、二审均未采信恒燚公司已获得涉案注册商标许可使用权的主张，恒燚公司生产、销售被诉侵权产品的行为侵害了群英公司、群之英公司第 7843671 号“WAB”注册商标专用权。

二、关于是否构成不正当竞争的判定问题

由于商标法与反不正当竞争法在保护权利客体方面存在相似性，因此在商标侵权纠纷案件中，原告除起诉被告侵害注册商标专用权以外，往往会同时起诉被告构成不正当竞争。鉴于商标侵权、不正当竞争分别受到商标法、反不正当竞争法的调整与规制，商标法保护的是注册商标专用权，而反不正当竞争法保护的是有序竞争，因而在具体案件中判定被诉侵权人是否构成商标侵权及不正当竞争，需要权利人在诉讼中明确分别主张商标侵权及不正当竞争的具体行为指向，以便法院依据商标法、反不正当竞争法判断不同行为是否符合相应的侵权行为构成要件。

---

〔1〕《商标法》第 57 条第 1 项、第 3 项规定：“有下列行为之一的，均属侵犯注册商标专用权：（一）未经商标注册人的许可，在同一种商品上使用与其注册商标相同的商标的……（三）销售侵犯注册商标专用权的商品的……”

群英公司、群之英公司一审起诉时主张恒焱公司的行为同时构成不正当竞争的理由是恒焱公司在销售被诉侵权产品时附带提供了载有群之英公司企业名称的假冒产品资质文件，并以群之英公司经销商名义销售，属于仿冒企业名称的不正当竞争行为。由于诉讼中恒焱公司无法举证证明《产品合格证》及《检验报告》来源的合法性，一审法院支持了群之英公司的诉请，认定恒焱公司销售被诉侵权产品时附带提供假冒产品资质文件构成仿冒企业名称权的不正当竞争行为。二审诉讼中，法院在认定恒焱公司已构成商标侵权行为的前提下，认为恒焱公司在销售被诉侵权产品时附带提供《产品质量检验报告》及《合格证书》的行为符合日常交易习惯，其目的是销售被诉侵权产品而非实施独立于商标侵权行为之外的不正当竞争行为，并不具有实施不正当竞争行为的主观过错。此外，群之英公司在诉讼中未能提供证据证明恒焱公司的被诉行为已造成扰乱市场竞争秩序、相关公众易对经营主体产生混淆的后果，亦无法举证证明恒焱公司还存在其他以群之英公司企业名称开展交易的事实。综合上述因素，二审法院认定恒焱公司不构成仿冒企业名称的不正当竞争行为，判决撤销一审判决关于不正当竞争的相关判项。

本案关于恒焱公司是否构成不正当竞争行为，一审法院与二审法院的认定并不相同，主要的差异在于是否将恒焱公司销售被诉侵权产品时附带提供假冒产品资质文件的行为认定为不正当竞争行为。由于商标侵权行为和不正当竞争行为在构成要件方面存在明显的区别，认定商标侵权行为是否成立只需考察被诉侵权行为是否落入商标权的控制范围，而判定是否构成不正当竞争行为则需要同时考虑被诉侵权人是否存在主观过错的主观要件与是否实施被诉侵权行为的客观要件。本案中，首先，恒焱公司销售被诉侵权产品的行为明显已经落入商标权的控制范围，而在判定恒焱公司在销售被诉侵权产品时附带提供假冒产品资质文件的行为是否另行构成不正当竞争时，群英公司、群之英公司未能在诉讼中明确关于不正当竞争诉请的具体行为指向，二审法院认定恒焱公司的相关行为符合日常交易习惯，其主观目的并非利用群之英公司的企业名称进行市场混淆而是意图攀附“WAB”商标的商誉，恒焱公司并不具有实施不正当竞争行为的主观过错。其次，由于本案侵权事实发生于 2016 年，根据修订前《反不正当竞争法》第 5 条第 3 项的规定，擅自使用他人的企业名称或者姓名，引人误认为是他人的商品的，构成不正当竞争行为。值得注意的是，虽然修订前的《反不正当竞争法》第 5 条第 3 项在法条表述中并未对企业名称的知名度作出明确规定，但“引人误认为是他人的商品”的表述中，已经暗含涉案企业名称必须具有一定知名度的要求，因为若涉案企业名称不具有知名度，就难以产生误导相关公众的后果。[1] 群英公司、群之英公司在本案一审、二审诉讼期间，均未提交涉及企业名称知名度的相关证据。最后，根据《反不正当竞争法》与《商标法》保护范围的差异，前法主要对未注册商标标识提供保护，后法作为特别法主要对注册商标提供保护，因涉案"WAB"商标为注册商标，针对恒焱公司制造、销售被诉侵权产品的行为，在商标法已经给予群英公司、群之英公司保护的情况下，基于相同的侵权事实，结合反不正当竞争法补充性、兜底性保护之特征，不宜再给予反不正当竞争法的重合保护。综上，可以认定恒焱公司实施相关违法行为并未构成擅自使用他人企业名称的不正当竞争行为。

〔1〕 孔祥俊：《反不正当竞争法新原理（分论）》，法律出版社2019年版，第108页。